財政学
Public Finance
[第3版]

貝塚啓明 ——[著]

東京大学出版会

Public Finance, 3rd ed.
Keimei KAIZUKA
University of Tokyo Press, 2003
ISBN 4-13-042116-6

はしがき

　この書物は，近代経済学の基礎を一応マスターし財政学を学ぼうとする学生諸君や大学院修士過程の院生諸君やさらには，社会人を念頭におき執筆されたテキストである．その水準は専門学部における4単位の財政学の講義にほぼ対応する内容となっている．

　この書物において，筆者が意図したテキストとしての特色を挙げてみれば次のようになろう．

　まず第一に，現代の経済社会において重要な役割を果たしている財政，すなわち公共部門の経済活動について，理論面，政策面，制度面からバランスのとれた分析を示したことである．第二に，財政の役割の理解にとって肝要な財政理論を，ほとんど数式を使わない形で図解などによって整合的に説明を加えたことである．第三に，日本のみならずアメリカやイギリスの研究を含めて最近の財政学の成果を吸収し，現実の政策にまで応用しようとしたことである．最後に，主として補論という形ではあるが，「大きな政府」，法人税と民間投資，簡素な税制，税制改革，租税理論の現状と日本のフィスカル・ポリシーという現在の財政問題についても簡単ではあるが概観し，財政理論の具体的な適用ケースを示したことである．なお，やや程度の高い部分は，＊印が付されているので，この部分や補論は省略して先に読み進んで頂いて差し支えない．

　この書物の初版は，1988年に出版され幸いにして財政学に関心を持つ学生諸君や大学院生諸君に広く受け入れられ，その後の第2版（1996年）を出版し，ここに第3版を出版することとなった．この第3版と第2版が異なるところは，次の3点に要約される．

　まず，現実の財政制度や具体的な財政支出の内容を概観する第1章，第2章

と第5章は，時日の経過を反映して大きく書き替えられた．すなわち，第1章「公共部門の現状」と第2章「日本の財政システム」は，統計がすべて新しい数字に変えられ，財政投融資のように大きな制度の改革をふくむ現在のシステムの説明に修正された．また，第5章「現実の財政支出」は，統計が新しくなったとともに，制度の変化が織り込まれた．

次に，この10年間のあいだに，租税理論が大きく変化したことがある．すなわち，第9章「公平な税制」においては，かつては新税として関心を呼んだ消費税も定着したので，簡単な説明にとどめ，これに代わって，補論3「多様化する租税理論」において，最近の租税理論の変貌を跡づけた．実をいえば，所得税中心の租税理論は，ほとんど影響力がなくなり，支出税への移行が論ぜられている租税理論の過渡期において，決定的な租税理論を説明することが困難であるので，このような形をとらざるをえなかったのである．

最後に，財政政策に関しては，マクロ経済理論のフレイム・ワークそれ自身が典型的な *IS-LM* 理論とは異なるという変化が生じてきた．この点もかならずしも定説とまでいわれるフレイム・ワークが登場しているとは言い切れないことと，日本における財政政策への評価が欧米諸国と異なり異常に高いという背景を説明するという問題意識で第11章の補論「1970年代以降の日本の財政政策」が付け加えられた．

以上，この第3版に新しく盛り込まれた部分を説明したが，筆者の力不足により，これでも充分に最近の財政理論の変化と，財政事情そのそのものの変容を跡づけられたとはいえないが，最小限の配慮を施したつもりである．

最後にこの第3版の出版に際しては，東京大学出版会編集部の黒田拓也氏と池田知弘氏の大きな協力を得ることができた．記して厚く御礼申し上げたい．

2003年2月

貝塚啓明

目次

はしがき

序章　現代経済と公共部門

0-1. 財政学の領域 …………………………………………………… 1
0-2. 非市場型経済活動と公共部門 ………………………………… 2
　　　公共部門の存在理由　5
0-3. 公共部門の三つの機能 ………………………………………… 8
　　　資源配分上の機能　8／所得再分配機能　13／安定化機能　15

I　公共部門の概観

第1章　公共部門の現状

1-1. 公共部門の比重 ………………………………………………… 21
1-2. 公共支出の主体と公共支出の構成 …………………………… 24
　　　中央と地方　25／目的別支出　27
1-3. 租税と公債 ……………………………………………………… 29
　　　租税収入　30／公債　34

第2章　日本の財政システム

2-1. 公共部門の制度的概観 ………………………………………… 37
2-2. 予算制度 ………………………………………………………… 40
　　　予算の基本的枠組み　40／予算の構造　42／予算過程　43
　　　財政計画　47／公債　49
2-3. 租税システムと租税過程 ……………………………………… 51
　　　租税過程　52

2-4. 財政投融資（公的金融） ……………………………………… 54

2-5. 地方財政 ………………………………………………………… 57
　　地方分権と地方政府　57／国と地方との財政関係　58

II　財政支出

第3章　公共部門の純粋理論

3-1. 財政分析のフレイム・ワーク——利益税と能力説—— ……… 63
　　利益説　65／能力説　67／両説の比較　69

3-2. 公共財の理論 …………………………………………………… 70
　　数式による定義　70／図解　71／パレート最適　73／市場の失敗　74

3-3. 公共財をめぐる問題 …………………………………………… 75
　　公共財の定義　75／公共財の提供と所得分配　77／リンダール均衡　79／民営化の可否　81

補論(1)　パレート最適の必要条件 ………………………………… 82

補論(2)　地方財政の純粋理論 ……………………………………… 83
　　「足による投票」　83／留保条件　84

第4章　政治過程の経済分析

4-1. 社会的選択の理論 ……………………………………………… 88
　　不可能性定理　88／整合的な社会的選択　89

4-2. 投票による決定に伴う問題 …………………………………… 91
　　戦略的な行動　92／単峰型でない選好・結託　93

4-3. 公共選択の理論 ………………………………………………… 94
　　最適意思決定のルール　94／多数決原理の場合　96／議会制民主主義の場合　98

補論　「大きな政府」 ………………………………………………… 101
　　経験的事実　101／いくつかの説明　103

第5章　現実の財政支出

5-1. 社会保障(1)——医療—— ……………………………………… 109
　　医療費の急増　109／医療費増加の原因　110／医療保険の
　　仕組み　111／医療費と財政負担　113

5-2. 社会保障(2)——年金—— ……………………………………… 113
　　日本の老齢年金　114／老齢年金と貯蓄　115／老齢年金と
　　退職　115／年金と財政負担　116

5-3. 公共投資 …………………………………………………………… 116
　　公共投資と財政　118

　補論　公共投資の効率性——費用・便益分析—— ……………… 122
　　公共投資の経済計算　122／投資基準の有用性　123

Ⅲ　租　税

序　論　租税システムの現状 ………………………………………… 127

第6章　税制の誘因効果

6-1. 労働供給に対する影響 …………………………………………… 133
　　控除のない比例所得税　135／累進所得税　136／比例所得
　　税と累進所得税　136／資産所得と社会保障給付　138／労
　　働市場への影響　140／実証研究　141

6-2. 貯蓄への影響 ……………………………………………………… 142
　　生涯消費と課税方式　142

6-3. 投資と課税 ………………………………………………………… 146

　補論　新古典派の投資理論と法人税 ……………………………… 150

第7章　税制と資源配分

7-1. 直接税と間接税——伝統的な議論—— ……………………… 153
　　ヒックスの分析　154／フリードマンの分析　155

7-2. 超過負担——一般的な議論—— ……………………………… 156

二財とレジャーの選択　157／次善　159

7-3. 超過負担の測定と最適課税の理論 …………………………………… 161
　　個別消費税の超過負担　162／最適間接税　164／最適所得税　165

第8章　租税の転嫁・帰着

8-1. 転嫁と帰着 ……………………………………………………………… 167
　　二つの概念の差異　167／正確な帰着の定義　169

8-2. 転嫁の分析──部分均衡分析── …………………………………… 171
　　個別消費税の場合　172／法人税の場合　174

8-3. 帰着分析(1)──一般均衡分析の簡単な例── ……………………… 176
　　所得税と売上税　176

8-4. 帰着分析(2)──一般消費税── ……………………………………… 179
　　二部門分析による結果　179／他の税と帰着との差異　181

8-5. 帰着分析(3)──法人税── …………………………………………… 183
　　二部門分析による結果　184／分析のもつ意味　185

第9章　公平な税制

9-1. 課税ベースの選択 ……………………………………………………… 188
　　経済力の指標　189／所得・消費・資産　190／所得税と支出税　191／経済力を測定する期間　193

9-2. 所得税(1)──包括的所得の定義── ………………………………… 197
　　サイモンズの定義　197／資本利得と社会保障給付　198／租税特別措置（租税支出）　200

9-3. 所得税(2)──課税標準・控除・税率── …………………………… 201
　　包括的所得と現実の課税標準　202／所得税における経費と控除　204／税率　206

9-4. 所得税と法人税 ………………………………………………………… 207
　　法人税の基本的性格　208／転嫁と法人税　210／二重課税の調整　212

9-5. 消費税 ………………………………………………………………… 215

補論(1)　簡素な税制 ……………………………………………………… 217
　　税務行政コスト　217／納税協力費用　218／節税と脱税　219／
　　所得税と税制の簡素さ　220

補論(2)　税制改革 ………………………………………………………… 223
　　税制の歴史的背景　223／いくつかの問題点　225／1988年
　　の税制改革とその評価　226

補論(3)　多様化する租税理論 …………………………………………… 228
　　望ましい租税体系　228／所得税への信認低下——アメリ
　　カの場合——　230／所得税支持者の退場と支出税の復活
　　231／アメリカの税制改革論議　232／背景にある多様な租
　　税理論　232／むすび　236

IV　公債発行

第10章　公債の負担

10-1.　公債の負担(1)——その定義—— ……………………………… 239
　　資源利用の視点からする機会費用　240／将来世代への負担
　　の転嫁　240

10-2.　公債の負担(2)——負担の転嫁—— …………………………… 241
　　資本蓄積でみた負担の転嫁　242／生涯消費でみた負担の転
　　嫁　243／負担は転嫁されるか　244

第11章　公債発行と総需要

11-1.　財政支出と総需要 ………………………………………………… 249
　　硬直的な物価・賃金の下でのフィスカル・ポリシー　249／
　　乗数効果　252

11-2.　金融的要因の重要性 ……………………………………………… 253
　　IS-LM 曲線　253／国債の市中消化と中央銀行引受け　256
　　／国債発行と資産効果　257

11-3. インフレーションと財政金融政策 …………………………………… 259
　　　フィリップス曲線　259／マネタリストの主張　261／合理
　　　的期待形成論の主張　263
11-4. 国債管理政策 ……………………………………………………………… 264
　　　制度的選択　265／狭義の国債管理政策　266
補論　1970年代以降の日本の財政政策
　　　── フィスカル・ポリシーの役割 ── ……………………………… 269
　　　安定化政策としての財政政策の地位 ── アメリカの場合 ──
　　　269／多用された財政政策 ── 日本の場合 ──　272／財政政策
　　　が多用された理由　275／財政政策の役割はあるのか？　276／む
　　　すび　277

参考文献 ………………………………………………………………………… 279
索　引 …………………………………………………………………………… 291

序章

現代経済と公共部門

　本書は多様な政府の経済的活動を理論的・制度的・政策的な側面から明らかにしようとするものである．最初に序章では，現代経済における公共部門の役割について概観しておきたい．まず第1節では財政学の領域を明らかにし，第2節で非市場的活動の代表的存在としての政府活動についてふれ，公共部門の存在理由について検討する．次に第3節では公共部門の果たしている経済的役割をその三つの機能，すなわち資源配分機能，所得再分配機能，安定化機能とに分けて説明する．

0-1. 財政学の領域

　財政学は政府の経済活動を対象とする応用経済学の重要な一分野である．政府活動は，当然のことであるが経済的分野に限らず，政治・外交・軍事などのあらゆる分野に及んでいるが，財政学はそのすべての活動を対象とするわけではない．財政学は，政府が活動する際に生ずる広い意味での経済的な取引に焦点を合わせて分析する．典型的には，政府活動を行なうためには，労働力を雇用したり設備を必要とするためにコストがかかる．すなわち財源が必要となる．また，政府活動は多くの場合，政府が支出主体として登場することから，経済取引としての支出活動を伴う．より具体的にいえば，租税や公債発行で財源を調達して必要とされる支出を行なうのである．財政学とは元来英語の public finance の訳語と考えられるが，この言葉は公共部門の資金調達ということであるから正確には意味が狭すぎるが，政府の経済的取引はなんらかの意味で財

源調達と関係するからまったく的外れというわけではない．

　財政学と隣接する分野に公共経済学（public economics）がある．公共経済学という分野は，少なくとも政府活動が分析の対象となるという意味では財政学と重なり合っている．しかし公共経済学の分野は，市場機構が円滑に機能しない場合を広くカバーしている．市場機構が資源の効率的配分を保証しない場合は，市場の失敗（market failure）と呼ばれ，市場の失敗が生ずれば，政府による政策的介入が必要となるので，政府活動が多かれ少なかれ関係してくる．たとえば，政府による規制（regulation）は政府の経済活動とはいいにくいので，財政学においては扱われない．しかし，民間の経済活動への政府による介入としては重要であり，公共経済学の不可欠な研究対象となる．

0-2. 非市場型経済活動と公共部門

　現在の先進資本主義国を中心とする経済社会は通常，混合経済（mixed economy）といわれる．混合経済とは，言葉どおりにとれば民間部門と公共部門の併存ということであるが，経済のシステムの差異に注目すれば市場経済（market economy）と非市場型経済（non-market economy）の併存といった方がより適切である．すなわち，民間部門は主としてその希少な資源を市場機構を通じて配分しているが，それ以外に市場機構とは異なる別のメカニズム（非市場的な機構）でもって資源を配分している分野が存在しているからである．公共部門（政府部門）は，このような分野の典型的な例である．すなわち，公共部門は，通常強制力をもって課税して得られた収入を独自のルールにより支出して配分しているのであり，市場経済とは異なった行動原理が支配しているといってよい．

　混合経済においては，政府以外にも非市場的な経済活動は存在する．最も小さい経済単位である家族は，それぞれの家族毎に異なったルールや慣習の下で，家族内での収入を支出に配分しているのである．逆に，現代の経済社会における大きな組織である大企業は，市場経済のルールに従っているとはいえ，その企業の内部では市場を通じない取引が行なわれているとみてよく，企業の内部

表 0-1　政府規模の国際比較(対 GDP 比)　　　　　　　　　　　(%)

		国内総生産比						'75からの ポイント増
		一般政府 最終 消費支出	一般政府 総資本 形成	社会保障 移転	その他	うち利払費	合計 (一般政府 総支出)	
日本	1975	10.0	5.3	7.8	3.6	1.2	26.7	10.7
	1998	10.2	6.0	14.7	6.4	3.8	37.3	
アメリカ	1975	18.6	2.1	11.1	1.3	2.4	33.1	0.0
	1997	15.2	1.9	12.6	3.4	4.2	33.1	
イギリス	1975	22.0	4.7	9.9	8.6	3.9	45.2	−1.2
	1994	21.6	1.8	15.4	5.3	3.3	44.1	
ドイツ	1975	20.5	3.6	17.6	6.6	1.3	48.3	−0.5
	1997	19.4	2.0	18.4	8.1	3.7	47.9	
フランス	1975	16.6	3.7	17.4	5.7	1.2	43.4	8.7
	1997	19.3	2.8	23.5	6.4	3.8	52.0	
スウェーデン	1975	23.8	4.3	14.2	5.5	2.2	47.8	15.8
	1996	26.2	2.8	22.5	12.0	7.2	63.5	

1. 日本は年度，諸外国は暦年．
2. ドイツの欄の 1975 年の数字は旧西ドイツのもの．
3. 大蔵財務協会編『図表解説 財政データブック』平成 13 年度版，大蔵財務協会，288 頁．

組織が部分的に市場機構に代わる役割をもっているというのが，「内部組織の経済学」が主張している重要な論点の一つである[1]．さらに NPO(非営利組織)が活動を行なっている場合にも，非市場的なルールが支配しているとみてよい．このように非市場的な経済活動の例は数多くあげることができるが，これらの例のなかで政府部門の経済活動は，その規模の大きさや重要性からみて，また市場経済との際立った対照性からみても，その代表的な存在であるといってよい．

　政府部門の規模やその内容については第Ⅰ部(第 1 章・第 2 章)において詳しくとり扱われるが，ここでは先進資本主義国における政府規模の大きさを示すものとして，表 0-1 において主要国の国内総生産(GDP)に占める政府支出の割合をあげておこう．

　この表 0-1 をみてもわかるように，政府の経済活動の比重は，日本の場合はやや低いがヨーロッパ諸国の場合には高く，とくに社会保障による所得の移

---

[1] 代表的な文献としては，Williamson [1975] を参照のこと．

転を含めると経済活動全体の 50 ％前後の比重となっている．単一の経済主体でおそらくこのような規模をもつ主体は存在しえないであろうから，政府規模の大きさが特筆されるべきものであることは疑う余地はなかろう．さらにつけ加えていえば，国民所得における比重ということだけでは適切に表わすことはできないが，重要な役割をもつ政府活動がある．その典型的な例は，規制や行政指導のような一種の行政サービスである．

具体的な例として，政府による米価の規制（食糧管理）を考えてみよう．かつてのように農業（とくに米作）がかなりの比重を経済において占める時代を考えると，このような米価の規制が経済全体に与える影響は無視できない．すなわち，都市と農村との間の所得格差は，工業やサービスと農産物との相対的な価格差によってかなりの程度左右されるから，米価を高めに維持する価格規制は，地域間の所得格差ひいては都市と農村との人口移動にまで効果が波及しうる．また国内農産物の保護による国際政治上の摩擦をも引き起こす．もう一つの例として，金融に対する規制をあげておこう．現在では規制撤廃がほぼ完了したが，かつては金融行政はその規制が厳しすぎるとかえって民間の金融活動を制約し，その効率性を低める危険性があった．このように政府活動は，その規模の大きさのみでは表わせない影響力をもっているのである．

さらに政府活動は，当然のことであるが，市場機構の下におけるルールとは異なったルールに従って行なわれていることも指摘しておく必要がある．政府活動以外の非市場的な経済活動は，それが企業やその他の組織活動であっても，多くの場合基本的には自発的な参加を前提としている．企業であれば雇用契約，クラブであれば入会金を支払っての加入といった形をとり，組織活動への参加は自発的である．しかし，政府の経済活動については，いわばその構成員は強制加入であり，その会費は租税として一方的に課税されるとみてよい．また企業は，それが大きな組織であるかあるいは家族のような小単位であるかに関係なく，市場経済を無視して行動することはできない．しかし政府活動は，市場経済のルールとは独立に自らルールを作って他の経済主体を強制力をもって従わせることができるのである．このようにみてくると，非市場型経済活動のう

ちでも政府の経済活動が際立った特徴をもっているといってよいであろう．財政学がとくに経済学の分野のなかで伝統的に重要視されてきたのは，それが非市場型経済活動のなかでは，潜在的には市場的経済と真正面から対立しうる存在であったからに他ならない．

公共部門の存在理由　財政活動の機能を概観する前に，公共部門の存在理由を問うておく必要がある．いま市場経済あるいは民間の経済活動を中心にもっぱら運営されている経済社会を考えてみよう．ここでは，外部経済・外部不経済も生ぜず，完全雇用が維持され，所得もまた公正に分配されているとしよう．いわば理想的に機能している市場経済に公共部門は必要であろうか．このような理想的な市場経済においても公共部門が必要不可欠なものであることが明らかであれば，はっきりと公共部門の存在理由が示されたといえよう．

民間経済が市場機構の下で円滑に機能しているときにも，市場機構が存立するために公共部門が重要な役割を果たしているのである．個々の経済主体が自発的な取引を行なうとしても，取引のためのいわばゲームのルールが制度的に確立されていなくてはならない．このようなゲームのルールは慣習によって維持されたり，あるいは社会の構成員の直接の意思表示による合意によって維持されたりする場合もあろう．しかし，市場経済が円滑に機能するためには，すべての経済主体がルールを守り，またルールから逸脱する人がないように監視する必要があるのである．このような活動は，任意加入によるクラブのようにルールの適用をまぬがれる人びとがいるのでは十分には役割が果たされず，社会のすべての人びとに強制力をもってルールを守らせる公共部門（政府）が必要となるのである．

市場経済にとって不可欠な契約に関するルールや私有財産権の維持に関しては通常，民法・商法等の私法によって規定されているが，このような法律や制度を作りあげていくことが政府の不可欠な役割となる．このような制度に慣れきってしまったわれわれにとっては当然のことであるので，政府の積極的役割を意識しないで過ごしているが，円滑な市場機構の維持のためにはどうしても

政府の存在が必要なのである．いわば市場的経済活動を維持するために不可欠な非市場的経済活動としての政府の役割が必要となるのである．たとえば，社会主義崩壊後の移行期にあるソ連や東欧の重要な課題の一つはこの点にある．市場機構のもつ長所を重要視するアダム・スミスによって代表される古典派経済学が認めている政府の役割も，主としてこの点にあるといえよう．具体的には，議会，司法，警察の諸活動や社会の存続自体を保障するために必要であれば，軍備もこのような役割に含められるとみてよい．

この種の最小限不可欠な政府活動の存在理由を主張している代表的な例として，フリードマンの見方を挙げることができる．シカゴ学派の中心的な存在であったフリードマンは，政治的な自由を獲得するためには経済的な自由が必要であり，そのためには政府活動はできるだけ縮小すべきであるとして，古典的な政府に対する見方を現代においても強く主張している．

フリードマンはルールの設定者あるいは審判者としての役割が政府の基本的役割であるという．すなわち，「良い社会の要件は，その構成員がその相互関係を律する一般的な条件と，この条件の違った解釈を調停する手段とこれらの受け入れられたルールを守るように強制することについて合意が成立していることである」という．そしてこのような合意を確実にするためにルールの設定者あるいは審判者としての政府の必要性を不可欠なものとみるのである[2]．

政府の存在理由は，経済的な説明以外に社会哲学的な見方をも必要としよう．フリードマンの経済効率重視の見方とは違って，かつては経済学者であったがその後社会哲学的な側面に傾斜したハイエクの議論は注目に値すると考えられる[3]．自由主義者であるハイエクは，人間の創造的活動力を発揮するには，他から制約を受けない（あるいは強制されない）状況が望ましいとみる．そしてこのような強制されない領域をはっきりと保障しておくことが必要であり，そのためにむしろ政府が必要とされる．すなわち，もし私的な主体がこのような強制力をもてば恣意的な強制が生じる．このような恣意的強制をさけるには，

---

[2] Friedman [1962] p. 25.
[3] ハイエクの著作は多数にのぼるが，ここでは Hayek [1960] によった．

政府が一般原則（general rule of law）を設けてこれを守るよう強制力を発揮することが必要となる．その具体的な例が私有財産権であり，この権利によって他から強制されない領域が設定されるとする．ハイエクにとってはいわば，恣意的でない予測可能な強制力を発揮しうる主体として政府（あるいは国家）の存在理由があるのである．このように個々人の自由という点からみる政府活動は，恣意的な強制を伴わないかぎり，必ずしも否定されるべきではなく，フリードマンのように政府活動は小さければ小さいほどよいというわけではない．ハイエクにとっては政府が害悪をもたらすのは，それが恣意的な介入を行なうときである[4]．

　さて，政府の経済的機能に話を戻そう．公共部門の存在理由は，市場経済の機能が十分でないとすれば（市場の失敗が生ずれば）拡大されていく．環境汚染あるいは公害の存在は，市場機構のなかでは対価が支払われることなしに一方的に汚染や公害の被害を受ける人が発生し，消費者の利益に応じた資源配分がもはや保障されないことを示している．すなわち，公害発生源である企業は，その被害者に対して一方的に対価を支払うことなく損失を与え続けるのであり，消費者の損失は市場価格（企業の製品価格）に反映することがなく，資源の配分は公害発生源である企業の製品に過大に向けられることとなるからである．したがって，このような環境汚染については，規制や環境税等によって政府が介入する必要が生ずる．

　また市場経済の動きに経済全体を委ねたときには，失業やインフレーションが生ずるとすれば，ここでもどの程度まで失業やインフレーションが許容されるか否かに判断の差異があるとはいえ，深刻な失業や高い物価上昇が続くときには公共部門の政策的介入が必要となる．さらに，市場機構の下で形成される所得や富の分配が公正であるという保証はなく，その程度の多少はともかく所得や富の再分配を行なう必要が生じ，この場合にも政府の介入が必要となる．

　先進諸国の経済においては，すでにみた古典的な政府の存在理由，あるいは

---

　4) ハイエクと違ってはっきりと最小国家（minimal state）を主張しているのは Nozick [1974] である．

保守的な自由主義者すらも認める政府の存在理由に加えて，市場経済のもついわば機能障害（市場の失敗）の故に数多くの政府の活動や介入が行なわれている．そこで以下では，これらの公共部門の役割をあらためて三つの機能に分けてごく簡単に概観してみることにしよう．

0-3. 公共部門の三つの機能

　政府の経済活動は，多様な存在理由を反映して複雑な役割を果たしているが，その役割を理解するためには次の三つの機能に分けて考えるのが便利である．

　第一に，経済社会の資源をどの程度まで公共部門に振り向け，また公共部門のなかでどのような用途に効率的に配分するかという資源配分上の機能がある．この資源配分上の機能を広く解釈すれば，民間部門の効率的な資源配分のために，公共部門が果たすべき役割も含まれうる．たとえば，経済成長の促進とか，民間の勤労意欲を高めるなどがこれらの役割である．第二に，経済社会の所得分配が公正でないとしたときに，再分配を行なう所得再分配上の公共部門の機能がある．第三に，経済社会において失業が増加したり，インフレーションが進行したりする場合にこれらを阻止し，経済を安定させる安定化の機能を果たしている．

　資源配分上の機能　　資源配分における公共部門の機能は，現代社会においてはきわめて複雑である．次の表0-2は国民経済計算に示された日本の政府支出の目的別分類（1998年度）である．この表は政府活動を目的別に分類したもので，現在の政府活動のもつ多様性を反映している．ここでは政府活動が最終消費支出と公共投資（総固定資本形成）に分かれ，それぞれ総額83兆2,884億円と38兆5,185億円であった．その配分の内訳は表0-2のようになっている．

　前節で説明した，政府が最小限不可欠なサービスを提供するというのは，一般政府サービスに大部分含まれるわけで，一般行政サービス，外交，法務，警察，消防などの支出がほぼこの項目に対応する．防衛もまたこのような性格をもつ

表 0-2　政府支出の目的別分類(1998年度)　(%)

	最終消費支出	公共投資
一般政府サービス	27.7	5.7
防　　衛	8.9	—
(小　計)	36.6	5.7
教　　育	31.8	5.9
保　　健	4.6	3.3
社会保障・福祉サービス	7.0	1.8
住宅・地域開発	6.9	25.9
その他の地域社会サービス	3.2	3.1
経済サービス	9.0	53.7
その他	0.6	0.5
(小　計)	63.5	94.3
合　　計	100.0	100.0

経済企画庁『国民経済計算年報』平成 12 年版.

支出とみてよい．これらの支出はいわば政府のみが行ないうるような支出である[5]．

　表 0-2 の政府サービスの分類でいえば，教育，保健，社会保障・福祉サービス，住宅・地域開発，地域社会サービス，経済サービスは，政府のみが提供しうるサービスではない．たとえば，義務教育のために公立の小・中学校へかなりの最終消費支出（経常支出）がなされているが，他方，授業料収入に頼る私立学校もサービスを提供している．また，社会福祉サービスは，たとえば特別養護老人ホームのように，主として恵まれない人びとを対象に無料に近い形でサービスが提供されるが，その経営主体は民間であるといってよい．また，地方公共団体が提供している保育所も同じである．すなわち，同じようなサービスを提供する私立である幼稚園は保育料で運営されている．もっとも，これらの社会福祉サービスは，むしろ現物給付として財政の所得再分配機能の側面を強くもっていることにも注意を払う必要があろう．

　また表 0-2 にある経済サービスには，道路・港湾や運輸・通信等の施設へ

---

[5] このような支出は公共財と呼ばれる．より詳しい説明は第 3 章を参照されたい．

の公共投資が含まれ，さらに住宅・地域開発には住宅建設や都市施設への公共投資が含まれている．これらの政府支出は地域的には受益の範囲を限定することができるとしても，街路のように受益者にいちいち料金を課すことが煩雑で費用（コスト）が高くつき，事実上料金の設定が不可能な分野から，家賃をとって賃貸する公営住宅のように民間賃貸住宅と同じようなサービス提供までが含まれている．

さて，先進国経済では最小限不可欠な政府サービスの比重はかなり低下している．日本の場合，表0-2で示されているように必要不可欠とみられる一般政府サービスと防衛費を加え合わせた支出額の全体の政府最終消費額に占める比重は37％弱であり，残りの63％強はあとで説明される厳密な意味での公共財の範囲を超えた分野に支出されているのである．また通常公共投資とよばれる支出は，ほとんど最小限不可欠な政府支出の分野の枠外にあるといえよう．

そこで資源配分の視点からみたとき，大きな比重を占める教育，保健，福祉サービス，住宅，経済サービス（道路，鉄道，電信・電話など）における政府の果たしている役割がどのようなものかが問われなければならない．この点については，いろいろな見方がある．たとえばフリードマンのようにこれらの分野における政府の役割をほとんど否定する見方もある．また日本でもすでに電電公社，専売公社，国鉄が民営化され，最近では郵政事業の民営化が議論され，公企業の範囲は狭くなりつつある．これらの政府活動の必要性の是非についてはコンセンサスはないといってもよい．しかし，ここでは政府部門の比重を現実に高めているこれらの経済活動が必要とされる，いくつかの理由を挙げてみよう．

まず，典型的な分野である教育をとりあげてみよう．たしかに教育は私立学校でも行ないうるが，なぜ政府は小・中学校で無料でサービスを提供するのであろうか（無料のサービス提供は必ずしも公教育を意味するわけではない）．経済社会が円滑に運営されるためには，すべての構成員が最小限の教育を受けることが必要という見方がありえよう．すなわち，義務教育の年限を決め，無料で教育サービスを提供することは，教育を受ける人々に帰属する利益以外に，

すべての人びとが読み書きができるという形でコミュニケーションが円滑になり，社会全体に目にみえない形で大きな利益が生ずる．あるいは，親が子供を教育せずに放置することは，子供にとっては不幸なことであり，最小限，政府は子供のために教育を義務づける必要があるという見方もありうる．この場合には，政府はいわば個人の選択の近視眼的な弊害を是正するという家父長的な立場にあるといえよう[6]．

次に，表0-2の公共投資（総固定資本形成）の大半を占める経済サービスや地域開発サービスが，なぜ政府によって提供されるのであろうか．すでに言及したように，道路・港湾等の施設あるいは都市施設のなかには，多くの人びとが絶えず利用し，その利用に応じて料金を徴収することがきわめて煩雑なサービスがある．街路や都市公園等はこの種の施設であり，無料でサービスを提供することが適切であろう．しかし現実の公共投資には，民間部門が投資した施設を利用して市場経済のルールの下でも運営しうるものが含まれている．景勝地の公園は，入場料をとって経営することができるし，鉄道はかつての国鉄のような公社形態ではなくとも民間会社（私鉄）で運営可能である．

この種の投資活動が現実には公共部門によって行なわれている理由の一つは歴史的事情による．市場経済は，それぞれの社会において歴史的な発展をとげてきた．市場経済が成熟した段階に達するまでには長い期間を必要とするのである．したがって，市場経済が未発達の段階では，公共部門が主導権をとって経済活動を行なう場合が多かった．たとえば，経済発展のための運輸施設としては公共部門が鉄道建設を担当しなければこの種の運輸サービスの提供は不可能であり，（西ドイツ，フランス，日本のように）国有鉄道が中心的役割を果たさざるをえなかったのである．市場経済が発展して私鉄の発展もみられる場合には，国有鉄道と私鉄とが併存する形になる．

さらにこの種の公共投資は，環境の維持のために重要な役割を果たしている

---

[6] マスグレイヴは後者の観点から提供される財・サービスを価値財 (merit goods) と呼んでいるが，教育はその一例といえよう．Musgrave [1959] 参照．

という宇沢弘文氏に代表される見方がある[7]．公害あるいは環境汚染とよばれる現象は，市場経済において生ずるのは避けがたいことはすでに説明した．大気汚染の場合のように，環境の保全は広域的に維持されることが不可欠であるとすると，環境それ自身の維持は公共サービスを提供する社会的間接資本としての性格をもつものである．環境の悪化を防止するための都市施設への投資は，環境の維持のために必要であり，受益者がきわめて広い範囲にわたる性格のものであるから，公共部門が担当すべきであるということになる．換言すると，市場経済が発展すれば，逆に環境の維持のために政府活動が必要となってくるのである．

以上，資源配分からみて公共部門が行なっている経済活動の性格について検討した．現実の公共部門の経済活動を政府のみが提供しうるサービスに限定することは困難であるとはいえ，一見，私的部門と同じサービスが政府によって提供されるのは，社会全体にとってそれが利益になるという側面が重視されたことの結果である．このような側面をどの程度重要視するか否かは，それぞれの社会で支配的な価値判断に依存しているが，同時にそれぞれの社会で市場経済が成熟している程度，さらにはその効率性の如何にも依存するといえよう．

表0-3　移転支出の内訳(1998年度)　　　　　　　　　　　(%)

支出の目的	社会保障給付・社会扶助金・無基金雇用者福祉給付	その他の反対給付のない経常移転
一般政府サービス	0.1	17.0
防　衛	—	2.8
教　育	0.2	20.5
保　健	33.7	4.3
社会保障・福祉サービス	66.1	28.4
住宅・地域開発	0.0	0.4
その他の地域社会サービス	0.0	−4.3
経済サービス	0.0	31.6
その他	0.0	—
合　計	100.0	100.0

経済企画庁『国民経済計算年報』平成12年版．

7)　宇沢[1973]参照．

所得再分配機能　公共部門が果たす第二の機能は，所得再分配機能である．国民経済計算による政府の支出活動のうち所得再分配に向けられる財政支出は，一応次の表0-3によって示される．ここでは，社会保障を通ずる所得の移転，それ以外の所得移転（たとえば，災害による損失への移転）が支出の目的に応じて分類されているが，社会保障を通ずる給付が圧倒的な比重を占めていることがわかる．たとえば老齢年金の給付は社会保障・福祉サービスに分類され，無料老人医療費は保健を通ずる移転支出に分類されている．もっとも現物給付（無料サービス）という形で支出される場合には，すでに表0-2に含まれているので，政府の支出活動の所得再分配に占める役割は，表0-3よりも広くとらえる必要があろう．所得移転のための支出（総額75兆4,657億円）が資源配分からみた最終消費のための支出（総額50兆9,169億円）をはるかに上回る規模をもち，量的にも大きな比重を占めていることを確認するだけで十分であろう．

　公共部門の所得再分配機能については，支出面のみならず租税の役割を忘れてはならない．前節で説明したように，公共部門はそのサービスの対価に見合う価格をつけて市場経済と同じ形でサービスを提供することは困難であり，価格とは異なる形で別の基準によって公共支出の全体としての費用を配分する必要がある．すなわち，各人が公共支出によってどの程度利益をえているかはわからないので，公平にその負担を配分する以外に社会のコンセンサスをえられる基準はなく，強制的に課税が行なわれるのである．

　公平な税負担の配分とは，より具体的には負担能力に応じた課税ということであり，同じ負担能力をもつ個人には同一の税負担（水平的公平），より高い負担能力をもつ個人は重い税負担（垂直的公平）という原則が満たされる必要がある．この場合，垂直的公平をどの程度重要視するかは，所得の再分配をどの程度行なうべきかという判断を抜きにしては決定しえないのであり，税負担の配分は，所得再分配機能とは切り離すことはできない．

　市場経済は，それが資源の効率的配分を達成したとしても，あくまでそれは所得分配の状況が与えられた下での効率性であり，所得分配の状況が公平であ

るか否かは，究極的にはそれぞれの社会における価値判断に依存する．より具体的にいえば，所得分配は有価証券や土地等の不動産のような資産の分配と，さらに能力と教育・訓練とが複雑に結びついて形成された人的資本(human capital)への対価としての報酬によっても左右される．

　現状の資産分配の不平等度を判定し，さらに市場経済において評価された能力や勤勉さに応じた報酬の差異から生ずる結果としての不平等さをどこまで容認するかの判断が再分配の程度を決めるのであり，このような判断については社会において完全に意見の一致がえられないのは，むしろ当然であろう．この場合，所得再分配の程度は，究極的には政治過程に反映された社会のコンセンサスによって決定されざるをえない．

　たとえば，フリードマンは，結果の不平等の大部分はむしろ機会の不平等から生ずるとみて，後者の是正を力説する．政府が農産物価格を（日本の食糧管理制度のような）直接統制や農産物価格支持を行なうことによって生ずる不平等や関税を課すことによって生ずる不平等などは，元来の政府の介入それ自身が問題であるとみる．しかし，フリードマンは，結果の不平等の是正をすべて否定するのではなく，社会保障（負の所得税）による最低生活水準の維持を提案している[8]．

　経済学者の大部分はおそらく，社会はその公正さ(fairness)を保つために所得再分配を行なうべきだという見方に賛成するであろう．たとえば，公正な社会とはなにかの予測しがたい要因で個々人の生活水準が惨めな状況に落ち込んだときに，その生活水準を支えることが保障されている社会ではないかというのである[9]．

　したがって，フリードマンをも含めて，政府が所得再分配機能をどこまで果たすべきかについては，おそらく次のようなコンセンサスがあるということは許されよう．すなわち，公共部門は社会の構成員について最低限の生活水準を

---

8) Friedman [1962] 参照．
9) 積極的に公正の原理を打ち出し，弱者の厚生を重視する主張を行なったものとして，Rawls [1971]を参照．当然のことながら Nozick [1974]はこの主張に反対している．

保障すべきであり，そのために社会保険や生活保護を通じて移転支出を行ない，租税負担の垂直的公平もこのような最低生活水準の維持をみたす所得の再分配と両立しうる形になっていなければならないということである．

　先進諸国の目指した最低生活水準は，生存可能な水準よりも高い．この点は表0-1における社会保障支出の比重の高さが間接的に示しているように，現在の政府活動の大きな比重を占めている．社会保障を重視してきたスウェーデンやイギリスなどのかつての「福祉国家」といわれた国々は，1990年代に入ってから高齢化・少子化の進行の下に社会保障制度の見直しに手をつけ始めた．その際政府活動の強化は，政府支出の増加と租税負担を重くして，市場経済の効率性をそぐという問題が意識されつつある．たとえば，税負担とくに所得税の重い負担は，課税後（税引き後）の所得を大きく減少させ，勤労意欲を低める可能性，あるいは高い水準の失業保険給付は就業することによって得られる稼得所得との差を小さくし，失業率の増大を招く危険性をもつ．公共部門が所得再分配機能において重要な役割を果たすことは当然としても，その役割が大きくなればなるほど，市場経済への公共部門の介入の程度が高まることによる弊害が大きくなることは否定しえず，今後の公共部門の所得再分配機能は，このようなトレード・オフの評価にもとづいて再検討される段階に達しつつある．

　安定化機能　　財政の第三の機能として，政府による経済の安定化機能について，最後にふれておきたい．

　現代社会がたえず経済変動にさらされ，失業やインフレーションに悩まされていることは，ここであらためて強調するまでもないであろう．1930年代の深刻な失業をもたらした大不況，1950年代以降徐々に進行するインフレーション，そして1970年代に入ってからの急速な物価上昇と不況の共存すなわちスタグフレーション，さらに1980年代後半におけるバブルの発生と90年代はじめのバブルの崩壊とそれに続く不況は，これらの経済変動がもたらした典型的な事例である．このような経済変動は，市場経済のもつ特有な不安定性によ

って生じたとみるならば，公共部門がこの種の不安定性をできる限り除去し，さらに公共部門が主導して経済の安定的な成長を目指すという見方がとられるのは自然のなりゆきであった．すなわち，市場経済は変動の激しい投資活動の影響を受け，どうしても不況や物価上昇が生ぜざるをえないとすると，民間部門の変動を緩和するように公共部門が公共支出や税負担の増減を行なう必要があるというわけである．

ケインズの『一般理論』以降，このような財政の安定化機能を重視する見方は広く受け入れられ，少なくとも1970年代前半までは先進諸国の経済政策においてフィスカル・ポリシー（fiscal policy）として重要な位置を占めてきた．フィスカル・ポリシーは，広く解釈すれば，政策当局の裁量にもとづく政策と，裁量をまたずして働くビルト・イン・スタビライザー（built-in-stabilizer）の二つに分かれる．

前者の裁量にもとづく政策とは，政策当局が議会の議決や行政府の決定にもとづく裁量により，政府支出の変更や税制の変更がなされ，その結果経済全体としての有効需要の変動が安定化される場合である．具体的には，不況の時期に公共投資を拡大すれば，政府支出が増加して民間の投資需要の落ち込みを相殺し，また所得税の減税を行なえば，消費支出の減少が食い止められるという形で総需要のコントロールが可能になるのである．最近の日本の事例でいえば，第一次石油危機後の1976年から78年において公共投資が拡張されて不況の深刻化を防ぎ，最近では景気回復のための1994年度の所得減税が行なわれた．また，1990年代には，公共投資の増額がくり返された．

ビルト・イン・スタビライザーとは，政策当局の裁量を待たずして自動的に公共部門が市場経済の変動を安定化させる働きを指す．いま，具体例として所得税をとりあげてみよう．経済活動が下降し始めると稼得所得が減少するが，これに応じて所得税の税収入も減少する．この減少の程度は，所得税がどの程度累進度をもっているかによって左右されるが，税収入が減少することは確実である．所得税が減少することは，家計の税引後の可処分所得の減少が抑制されることを意味し，税制が存在しないとしたときに生ずる消費支出の減少が緩

和される．すなわち，税制が制度的に組み込まれたことにより総需要の変動が和らげられるのである．このような政策当局の裁量にもとづかない自動的な安定化機能は，所得税以外にも消費税・法人税や失業保険給付のような景気変動に左右される移転支出などにもみられ，公共部門全体からも見逃すことができない役割をもっている．たとえば，石油危機後の衝撃から不況に落ち込んだ1970年度（昭和50年度）には，法人税の収入が前年度にくらべて30％（1兆7千億円）も落ち込み，最近の不況では，所得税の収入は1991年度から92年度にかけて13.2％の減少，法人税の税収はピーク時の水準（1990年度）と比較すると92年度には27.8％減少した．しかし，このような財政による安定化機能に対しては，70年代後半の欧米諸国ではマクロ経済学の考え方が変わり，金融政策が主導的な地位を占め，財政政策の役割は小さくなった．ただし，日本の場合には例外的に財政政策は重視されてきた．

　裁量による財政政策は，その意思決定に時間がかかり，景気変動の周期が短いときには，安定化のための政策が時間のおくれからタイミングを失して失敗する危険性がある．ビルト・イン・スタビライザーは時間のおくれなしに働くとはいえ，その効果は変動を緩和する以上のものではないのである．また金融政策の助力なしにフィスカル・ポリシーだけが十分な安定政策としての効果をもつか否かについて，貨幣数量説の支持者（その代表者はフリードマン）からその有効性に対する批判が提出された．さらに，民間の経済主体が政府の行動を予想して政策に反応するとなると，金融政策・財政政策を含めて安定化政策の効果は弱められる．たとえば減税が行なわれたとしても，やがて財政赤字の縮小のために増税が図られると予想されると，減税の景気促進効果それ自身が弱められる．

　財政がもつ安定化機能が重視されれば，財政支出を租税収入によって調達すべきであるとみる均衡予算原則は意味を失い，事実1950年代から70年代後半に至るまで，古典的なこのルールはほとんどかえりみられることはなくなった．しかし，すでにみたように公共支出の意思決定は政治過程で行なわれる．この意思決定が合理的に行なわれず，そこでは国民経済全体の利益が重視され

ずにきわめて近視眼的に行なわれるとすると，安定化機能は景気を拡大するときに用いられ，景気を抑制するときには政治的に不人気なので利用されない危険性が生ずる．もしこのような状況が支配的になるとすれば，公共支出は拡大し続け，「大きな政府」への危険性が増大する．また，財政の安定化機能が従来考えられたほど強くないとすると，財政赤字のもたらすマイナスの効果を考慮に入れて拡張的な政策をとることにはためらいが生じている．

　それでは現在の時点で財政政策の有効性が否定されたかというと話は簡単ではない．1980年代に入り物価安定が実現するとともに，徐々にではあるが財政の安定化機能の再評価が行なわれつつある．しかしケインズ経済学の全盛期と異なるところは，ある程度，あるいはかなりの程度の留保条件をつけて効果があるとみられている点である．財政のもつ安定化機能は依然として公共部門がもつ役割であることには変わりがないといってよいであろう[10]．

---

10)　くわしくは第11章を参照のこと．

I

公共部門の概観

　日本を含めて先進資本主義諸国は，私企業を中心として経済活動を行なっている．私企業中心の民間部門は，元来その活動は拘束を受けず，ゲームのルールとしての私法（民法，商法など）を枠としながら自由に活動するのが原則である．これに対して，公共部門は，その活動が議会を通じてコントロールされるので，基本的にはその活動は制度として明確な制約を受けている．

　公共部門は，歴史的には比較的簡単な形態をとっていたが，現在では非常に複雑化している．したがって，その制度は，専門家にとっても細部にわたって的確に理解することは困難といえる．この第I部では，第1章「公共部門の現状」では現実の日本の公共部門の現状を統計的に概観し，第2章「日本の財政システム」ではその基本的な制度を説明することにしたい．第II部以下の経済分析は，決して抽象的な仮空の政府を描いて分析されているのではなく，この第I部で説明される現実の公共部門が背後にあるのである．

第1章

公共部門の現状

　公共部門の役割を経済分析の視点から明らかにするのがこの書物の主たる目的であるが，その分析に入る前に，公共部門の具体的なイメージを把握しておくのが望ましい．そのためには，まず統計を用いて現実の公共部門の規模・活動内容についておおよその知識をもっておくことが不可欠である．そこで，この第1章では，主として統計を用いながら計数的に公共部門の現状を示しておこう．この場合，現在の統計数字を示すだけではなく，歴史的推移と国際比較を併用することによって現状のより的確な理解がえられるようにしたい．

1-1. 公共部門の比重

　公共部門の経済活動の内容は，きわめて複雑であり，その全体を統一的に示すことは必ずしも容易でない．まず公共部門は，それを構成する主体がきわめて多様である．行政的な活動を中心とする政府活動に限定するとしても，国（中央政府）と地方公共団体（地方政府）にまず分かれ，地方公共団体は都道府県と市町村からなっているから，多数の主体が含まれることになる[1]．経済活動としてみても，主としてサービスの提供からなる行政活動から，企業経営の形をとった公企業，また融資・出資のような金融的活動をも含む．

　経済全体に占めるこれらの公共部門の比重は，国民所得計算における指標を

---

1) 第2章で説明されるが，行政活動を中心とする政府活動は一般政府と呼ばれていて，公企業活動を含んでいない．したがって一般政府は政府活動としては狭い範囲のものといえよう．統計をとるときにもこの点は注意が必要である．

表 1-1 政府活動の比重 (％)

年　度	政府支出			社会保障移転
	(A) 政府支出/国民総生産	(B) 最終消費支出/国民総生産	(C) 資本形成/国民総生産	(D) 社会保障移転/国民総生産
1934-36 年平均	18.7	15.5	3.2	1.6
1949 年度	20.5	11.7	8.8	1.7
1965	17.2	8.2	9.0	4.7
1970	15.7	7.5	8.2	4.7
1975	19.2	10.0	9.2	7.8
1980	19.3	9.8	9.5	10.2
1985	16.2	9.6	6.6	11.0
1990	15.5	9.0	6.5	10.8
1991	15.8	9.0	6.8	10.9
1992	17.1	9.3	7.8	11.4
1993	18.1	9.4	8.7	12.0
1994	18.0	9.6	8.4	12.6
1995	18.5	9.7	8.8	13.3
1996	17.9	9.6	8.3	13.5
1997	17.6	9.9	7.7	13.8
1998	17.9	10.2	7.9	14.6

財務省主計局調査課編『財政統計』平成 13 年度.

利用することによっておおよその見当がつく．表 1-1 は，国民所得計算における政府活動の各項目の国民所得に占める比重を時系列として示したものである．表 1-1 からわかることは，財・サービスの購入という形で政府が支出した部分（政府支出）の比重は，1970 年代にいくらか高くなった形跡があるが，その後低下している．これに対して，所得の移転（移転支出）である社会保障移転（たとえば公的年金給付）の比重は 1990 年代後半までほぼ一貫して増加傾向にあり，その後頭打ちの傾向にある．また細かくみれば，政府支出のうち最終消費支出（主としてサービスの提供）の比重は 10％前後で安定しているが，資本形成（公共投資）は 1970 年代後半をピークにその後やや拡大した．その後低下し，次に同じような統計を使って先進主要国と比較すると，日本の政府経済活動は全体として比重が低く，これは特に最終消費支出においてはっきりしていて，逆に公共投資の比重は顕著に高いことがわかる（表 1-2 参照）．また，1975 年と比較すると，先進主要諸国においては，社会保障移転を中心

表 1-2 政府規模の国際比較(対 GDP 比)　　　　　　　　　　(%)

		国 内 総 生 産 比						
		一般政府最終消費支出	一般政府総資本形成	社会保障移転	その他	うち利払費	合計(一般政府総支出)	'75年からのポイント増
日 本	1975	10.0	5.3	7.8	3.6	1.2	26.7	10.7
	1998	10.2	6.0	14.7	6.4	3.8	37.3	
アメリカ	1975	18.6	2.1	11.1	1.3	2.4	33.1	0.0
	1997	15.2	1.9	12.6	3.4	4.2	33.1	
イギリス	1975	22.0	4.7	9.9	8.6	3.9	45.2	−1.2
	1994	21.6	1.8	15.4	5.3	3.3	44.1	
ドイツ	1975	20.5	3.6	17.6	6.6	1.3	48.3	−0.5
	1997	19.4	2.0	18.4	8.1	3.7	47.9	
フランス	1975	16.6	3.7	17.4	5.7	1.2	43.4	8.7
	1997	19.3	2.8	23.5	6.4	3.8	52.0	
スウェーデン	1975	23.8	4.3	14.2	5.5	2.2	47.8	15.8
	1996	26.2	2.8	22.5	12.0	7.2	63.5	

1. 日本は年度，諸外国は暦年．
2. ドイツの欄の 1975 年の数字は旧西ドイツのもの．
3. 大蔵財務協会編『図表解説 財政データブック』平成 13 年度版，大蔵財務協会．

に政府活動がかなりの速さで増加していることが読みとれる．第二次世界大戦以降の先進資本主義国は，福祉国家（welfare state）と呼ばれることが多いが，社会保障のための財政支出の増加は，この点を反映しているともいえる．

　政府の比重を示すもう一つの指標として，租税負担率（国民所得に対する租税負担の比重）を先進主要国をも含めて示しておくと，次の表 1-3 のようになる．公企業活動ではない政府支出は，大部分租税によって強制的に徴収され

表 1-3 国民負担率（対国民所得比）の国際比較(1997 年)　(%)

	日 本	アメリカ	イギリス	ドイツ	フランス
国 民 負 担 率	37.2	35.8	48.3	55.9	65.3
租 税 負 担 率	23.4	26.1	38.2	29.2	36.7
社会保障負担率	13.8	9.7	10.1	26.7	28.6

1. 日本は年度，諸外国は暦年．
2. ドイツは全ドイツ・ベース．
3. イギリスの数字は 1996 年のもの．
4. 財務省主計局調査課編『財政統計』平成 13 年度．

ることになるから,租税収入額(租税支払額)が全体の所得に対してどの程度の比重(負担)になっているかは,政府の比重を示す一つの指標なのである.表1-3において示したように,日本はヨーロッパの主要先進諸国に対比すると社会保障を含めての負担率(国民負担率と呼ばれる)が低いことがわかる[2].なお,政府の規模が長期的にみて拡大してきたという経験的事実については,後であらためてその理由をくわしく吟味することにしたい[3].

1-2. 公共支出の主体と公共支出の構成

次に,公共支出がどのような主体により,どのような対象に支出されているかをみておく必要がある.すでにふれたように,公共支出の主体は多様であり,多重(多段階)になっていることである.すなわち,政府は中央政府(国)と地方政府(地方公共団体)に分かれ,さらに後者は都道府県と市町村というように二段階に分かれる.

表1-4 中央・地方政府への支出配分 (%)

		1975年度	1985年度	1992年度
最終消費支出	中央	23.2	24.1	23.4
	地方	75.5	73.9	74.6
	社会保障基金	1.3	1.9	1.9
	計	100.0	100.0	100.0
総固定資本形成	中央	36.6	28.1	23.4
	地方	63.2	71.6	76.3
	社会保障基金	0.2	0.3	0.3
	計	100.0	100.0	100.0
支出総額(合計)	中央	30.2	25.7	23.4
	地方	69.1	72.9	75.3
	社会保障基金	0.8	1.3	1.2
	計	100.0	100.0	100.0

経済企画庁『国民経済計算年報』平成12年版.

---

[2] 政府の比重としてどの統計指標をとればよいかは,必ずしも一義的に決まるものではない.表1-1は,現在利用可能な資源のうち公共部門が使った比重とみることができる.他方,表1-3は,現在の世代が負担している財政支出の負担をみたものである.いずれも政府の比重を示す指標であるがその意味づけは異なる.

[3] この問題は第4章の補論において公共選択の視点から検討される.

第1章 公共部門の現状　　25

中央と地方　　中央と地方の主体別の各支出における構成比をみたのが表1-4である．国民所得統計では，支出主体別に統計が作られており，この表からわかるように，一般政府の最終消費支出と公共投資（総固定資本形成）のいずれをとっても，明らかに中央政府よりも地方政府の方が比重が高い．このような地方政府の比重の高さは，その財源調達における比重——なお，最近では

図1-1　国の財政と地方財政との関係（平成14年度予算）

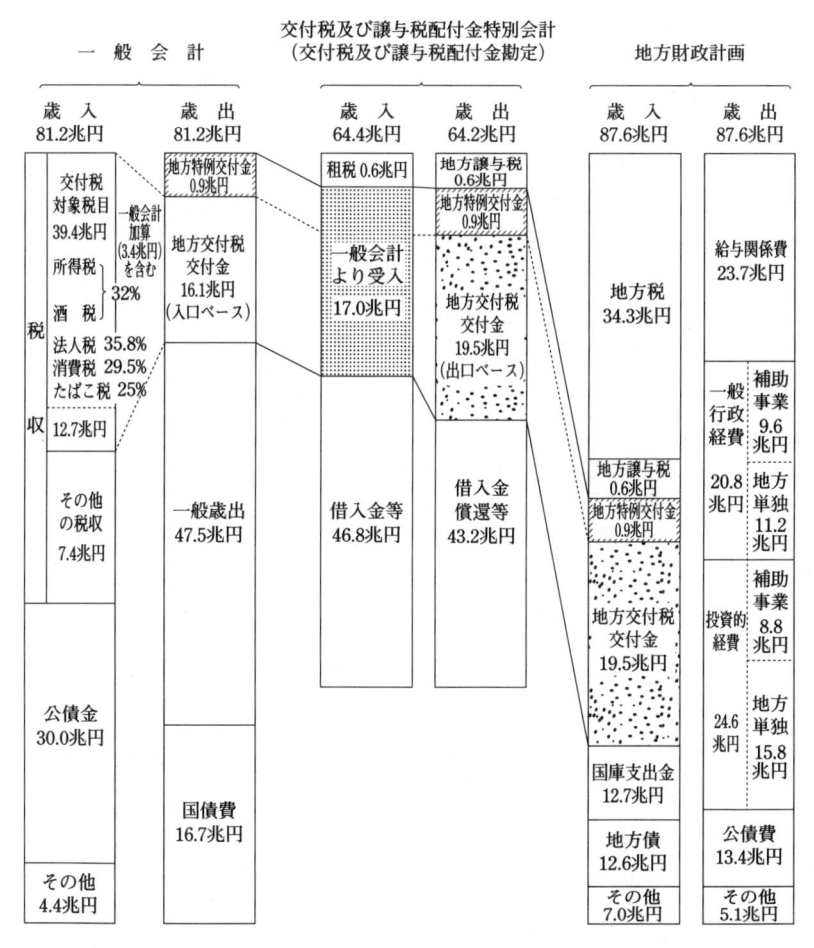

一般会計		交付税及び譲与税配付金特別会計 （交付税及び譲与税配付金勘定）		地方財政計画	
歳入 81.2兆円	歳出 81.2兆円	歳入 64.4兆円	歳出 64.2兆円	歳入 87.6兆円	歳出 87.6兆円
交付税対象税目 39.4兆円（所得税32%、酒税35.8%、法人税29.5%、消費税25%、たばこ税）一般会計加算(3.4兆円)を含む 税収12.7兆円	地方特例交付金 0.9兆円／地方交付税交付金 16.1兆円（入口ベース）	租税 0.6兆円／一般会計より受入 17.0兆円	地方譲与税 0.6兆円／地方特例交付金 0.9兆円／地方交付税交付金 19.5兆円（出口ベース）	地方税 34.3兆円	給与関係費 23.7兆円
その他の税収 7.4兆円	一般歳出 47.5兆円	借入金等 46.8兆円	借入金償還等 43.2兆円	地方譲与税 0.6兆円／地方特例交付金 0.9兆円／地方交付税交付金 19.5兆円	一般行政経費 20.8兆円（補助事業 9.6兆円／地方単独 11.2兆円）
公債金 30.0兆円	国債費 16.7兆円			国庫支出金 12.7兆円	投資的経費 24.6兆円（補助事業 8.8兆円／地方単独 15.8兆円）
その他 4.4兆円				地方債 12.6兆円／その他 7.0兆円	公債費 13.4兆円／その他 5.1兆円

加藤治彦編『図説 日本の財政』平成14年度版．

公共投資における地方政府比重の増加が際立っている――には対応していない．地方政府がその独自の財源調達に比重が大きくないのは，その財源の40％強（平成14年度予算）を国からの補助金（国庫支出金）と地方交付税などに依存していることから明らかである．図1-1は，国と地方財政との関係（予算ベース）を示したものであるが，国の税収入（所得税・法人税・酒税など）の一定割合が地方交付税として地方政府の財源になるように制度的に保障されている．これに加えて，主として政策的見地から地方政府の支出の一部を補助金として

表 1-5 国・地方公共団体間における租税収入の実質的配分

(億円，％)

			12年度	13年度	14年度
国	国　　税	A	527,209	527,675	488,288
	地方交付税	B	143,862	164,540	161,080
	地方譲与税	C	6,202	6,237	6,239
	国庫支出金	D	144,543	130,745	127,213
	地方から国への負担額	E	15,467	11,493	11,389
	国の統計(A－B－C－D＋E)	K	248,069	237,646	205,145
地方公共団体	地　方　税	a	355,464	360,865	347,293
	地方交付税	B	143,862	164,540	161,080
	地方譲与税	C	6,202	6,237	6,239
	国庫支出金	D	144,543	130,745	127,213
	地方から国への負担額	E	15,467	11,493	11,389
	地方の統計(a＋B＋C＋D－E)	L	634,604	650,894	630,436
地方公共団体分	租税総額	T	882,673	888,540	835,581
	配分前における割合 $\left[\frac{a}{T}\right]$		40.3	40.6	41.6
	配分後における割合 $\left[\frac{L}{T}\right]$（実質配分割合）		71.9	73.3	75.4

1. 平成12年度は決算ベース，13年度，14年度は当初予算，地方財政計画ベースである．
2. 国税には，特別会計の諸税を含む．
3. 地方から国への負担額は，国直轄事業負担金に係る国への現金納付額である．
4. 国庫支出金は，国有提供施設等所在市町村助成交付金及び交通安全対策特別交付金を含む．
5. 他に，地方特例交付金が，国の一般会計から交付税及び譲与税配付金特別会計を通じて，地方公共団体に交付される（平成12年度：9,140億円，13年度：9,018億円，14年度：9,036億円）．
6. 地方交付税は，交付税及び譲与税配付金特別会計への繰入額に返還金及び繰越額等を加減算した額である．
7. 加藤治彦編『図説日本の財政』平成14年度．

国が分担するという形が広くとられていて，国の財政は地方財政の個別の支出に密接に関係していることになる．国と地方との財政関係を税収の配分としてみたものが表1-5である．租税は，全体として2002年度（平成14年度）予算では83兆5,581億円であるが，そのうち地方税（地方政府による課税）は41.6％にすぎず，残り（58.4％）は国税である．しかし，国から地方へ移転される地方交付税や国庫支出金などを地方の財源とみると，67.9％という高い比重になるのである．

目的別支出 次に公共支出がどのような対象に支出されているかをみておく必要がある．国民所得ベースでみた公共支出全体の目的別支出の内訳については，すでに序章の表0-2と表0-3で示してあるのでくり返す必要はないであろう．

そこで次に，国の財政支出の支出対象別の比重をみてみよう．第2章でくわしく説明されるが，財政の基本的な枠組みとしては，国会に提出されて審議

表1-6 一般会計予算主要経費別分類（構成比）の推移 （％）

	1934～36年度平均	1955年度	1965	1975	1990	1995	2000	2001
国債費	16.9	4.4	0.6	4.9	20.7	18.6	25.8	20.8
地方交付税	—	13.9	19.6	20.7	22.9	18.6	17.6	20.4
一般歳出	83.1	81.7	79.8	74.4	56.4	61.1	56.6	58.6
内訳）社会保障関係費	0.7	10.5	14.2	18.5	16.6	19.6	19.7	21.2
恩給関係費	16.9	9.0	4.6	3.5	2.6	2.4	1.7	1.6
文教および科学振興費	6.6	13.2	13.0	12.2	7.7	8.6	7.7	8.0
防衛関係費	44.8	13.6	8.2	6.2	6.1	6.7	5.8	0.0
公共事業関係費	7.4	16.5	20.0	13.7	10.1	13.0	11.1	11.4
経済協力費	—	1.0	0.7	0.9	1.2	1.5	1.2	1.2
中小企業対策費	0.0	0.3	0.6	0.6	0.3	0.3	0.2	0.2
エネルギー対策費	—	—	—	0.4	0.8	1.0	0.7	0.7
食糧管理費	—	—	2.9	4.3	0.6	1.1	0.8	0.8
その他の事項経費	14.3	16.8	14.2	12.6	8.0	6.4	6.5	6.6
予備費	1.4	0.8	1.4	1.4	0.5	0.5	0.4	0.4
産業投資特別会計繰入	—	—	—	—	1.9	1.8	0.2	0.2
合計	100.0	100.0	100.0	100.0	100.0	100.0	100.0	100.0

財務省主計局調査課編『財政統計』平成13年度．

される予算（budget）が重要である．財政の意思決定は主として予算を通じてなされ，国の予算，より具体的には主として税収入によって調達される一般会計予算における公共支出の配分が地方を含めて財政支出全体をかなりの程度左右する．国の予算においては，税収入によって主として調達される一般会計が中心であり，その主要経費別分類でみた比重を示したものが表1-6である．

この表1-6からは，まずごく最近では，国債費（主として利払費用）が最大の経費項目になったこと，国債費と地方財政関係費を除くと社会保障関係の比重が高いことがわかる．次に戦前を含めての長い期間を通じてみると，戦前の防衛関係費の圧倒的高さと，最近においては微増傾向が読みとれるとしても戦後におけるその比重低下である．さらに，1965年度に端的に示されるように公共事業関係費（主として公共投資）の比重の高さは際立っており，高度成

図1-2　国・地方を通じる純計歳出規模（1999年度）

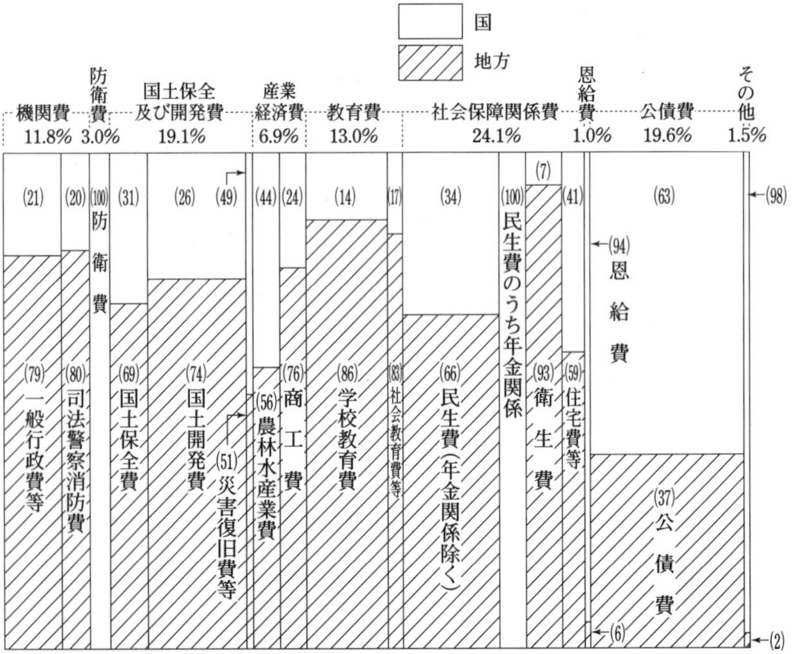

| 機関費 11.8% | 防衛費 3.0% | 国土保全及び開発費 19.1% | 産業経済費 6.9% | 教育費 13.0% | 社会保障関係費 24.1% | 恩給費 1.0% | 公債費 19.6% | その他 1.5% |

（枠内の数値は国・地方の割合．国=白，地方=斜線）

1. 枠内の数値は，目的別経費に占める国・地方の割合を示す．
2. 総務省編『地方財政白書』平成13年版．

期の予算の重点が公共投資にあったことを示している.

以上の分類とは少し異なるが,国の一般会計の目的別経費の分類に合わせて財源の調整を相殺したネット(純計)の歳出(決算)の分類を示したのが図1-2である.この図から防衛費,恩給費,公債費,農林水産業費,社会保障関係費においては国の支出の比重が高いが,その他の支出では圧倒的に地方の支出の比重が高いことが読みとれる.地方政府は,住民に密着サービスを行なっていることが反映されているとみられる.

1-3. 租税と公債

次に政府の歳入(収入)がどのような項目から成り立っているかを説明しておこう.

政府の支出と収入との関係は,国民所得統計のように民間の経済活動との類推からいえば,政府の経常的支出と経常的収入,投資的支出とその資金調達というように二分して考えることができよう.他方,現在の予算制度はこの両者を一括してその歳出と歳入という形で計上されている.ここでは,この二つの表示法のそれぞれによって政府の収入の現状を示しておきたい.

表1-7は,政府の経常支出を賄う財源として租税収入の比重が高いが,最近ではやや比重が低下したこと,また社会保障負担(社会保険料など)の比重が高くなったことを示している.また,この表では示されていないが,1992年

表 1-7　一般政府の経常収入　　　　　　　　　　(10億円, %)

	1980年度		1992年度		1998年度	
	実数	構成比	実数	構成比	実数	構成比
租税収入	45,414.4	65.8	93,224.2	60.0	88,497.7	47.5
直接税	27,303.9	39.6	56,000.2	36.0	44,067.0	23.7
間接税	18,110.5	26.2	37,224.0	24.0	44,430.7	23.9
社会保障負担	18,184.5	26.3	44,953.8	29.0	54,242.4	29.7
罰金・手数料	264.9	0.4	502.0	0.3	556.4	0.0
その他	5,166.8	7.5	16,556.1	10.7	42,659.2	22.9
合計	69,030.6	100.0	155,236.1	100.0	185,957.7	100.0

内閣府『国民経済計算年報』平成12年版.

表 1-8 歳入(一般会計)の構成 (兆円, %)

	1970年度		1985年度		1999年度	
	実数	構成比	実数	構成比	実数	構成比
租税および印紙収入	7.2	86.2	38.2	70.7	47.2	50.0
専売納付金	0.3	3.2	0.0	0.0	0.0	0.0
官業益金および官業収入	0.0	0.0	0.0	0.0	0.0	0.0
政府資産整理収入	0.0	0.3	0.2	0.0	0.3	0.0
雑収入	0.3	3.8	2.6	4.8	3.9	4.1
公債金	0.4	4.1	12.3	22.8	37.5	39.7
前年度剰余金受入	0.2	2.2	0.7	1.3	5.4	5.7
合　計	8.5	100.0	54.0	100.0	94.4	100.0

財務省主計局調査課編『財政統計』平成14年度.

度では経常収入が経常支出を2兆8,000億円弱上回っていて，政府はこの意味では貯蓄を行なっている．他方，政府は公共投資（純固定資本形成）に37兆円余りを支出しているので，その差額（34兆円程度）は民間から借り入れている状況にある．高度成長期においては，むしろ政府が投資支出を含めても貯蓄超過になっていたのと比べると第一次石油危機以降の財政状況は変わったといえる．

次に国の予算の中心である一般会計でみた収入の構成を示したのが表1-8である．この表からわかるように，1970年前後においては租税収入が比重のほとんどを占めていたのが，最近では公債発行の増加を反映して公債発行の比重（公債依存度）が高くなっている．なお，表中の印紙収入とは，取引において作成される文書に印紙を貼るという形で租税（印紙税）が払われるものであり，また専売納付金はかつての日本専売公社による納付金のことで，現在ではたばこ消費税に代っている．また雑収入には，たとえば罰金や手数料などが含まれる．前年度剰余金受入というのは前年度の決算において確定した収支の剰余を受け入れたものである．

租税収入　次に租税収入の構成をみてみよう．すでに表1-7で，租税収入において国と地方を合わせた租税収入総額と直接税・間接税の分類が示されて

第 1 章　公共部門の現状　　31

図 1-3　全税収入の内訳（1999 年度）

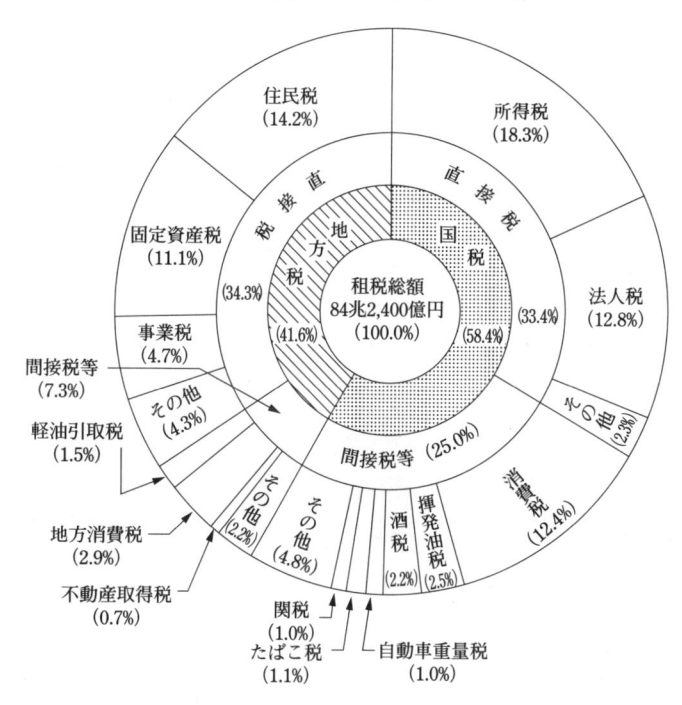

住民税 (14.2%)
所得税 (18.3%)
固定資産税 (11.1%)
事業税 (4.7%)
間接税等 (7.3%)
軽油引取税 (1.5%)
地方消費税 (2.9%)
不動産取得税 (0.7%)
その他 (4.3%)
その他 (2.2%)
その他 (4.8%)
関税 (1.0%)
たばこ税 (1.1%)
酒税 (2.2%)
揮発油税 (2.5%)
自動車重量税 (1.0%)
消費税 (12.4%)
その他 (2.3%)
法人税 (12.8%)
直接税 (33.4%)
間接税等 (25.0%)
地方税 (41.6%)
国税 (58.4%)
直接税 (34.3%)
租税総額 84兆2,400億円 (100.0%)

総務省『地方財政の状況』平成 13 年 3 月．

いる．直接税とは，税金を支払うべき納税義務者自身が税をほぼ負担しているような税目を指し，間接税とは，納税義務者が税を負担せずに他の取引相手（たとえば財・サービスの買手）が主としてこれを負担しているような税目である[4]．次に，全体の税収入のうち国税と地方税の比重，また，主たる税目の比重をみたのが次の図 1-3 である．全体の税収入のうち 58％強が国税，残りの 42％弱が地方税であり，個別の税目では，直接税である所得税（国税），法人税（国税），住民税（地方税）の順に比重が高い．また，間接税の比重が低く，個別の税目でみたときにも比重はせいぜい 12％を超えるにすぎない．

---

[4] ここでの直接税と間接税との分類基準は，慣用的な基準に従っているが不十分な点がある．この点については第Ⅲ部序論を参照．

図1-4 国税収入における税目別内訳の国際比較

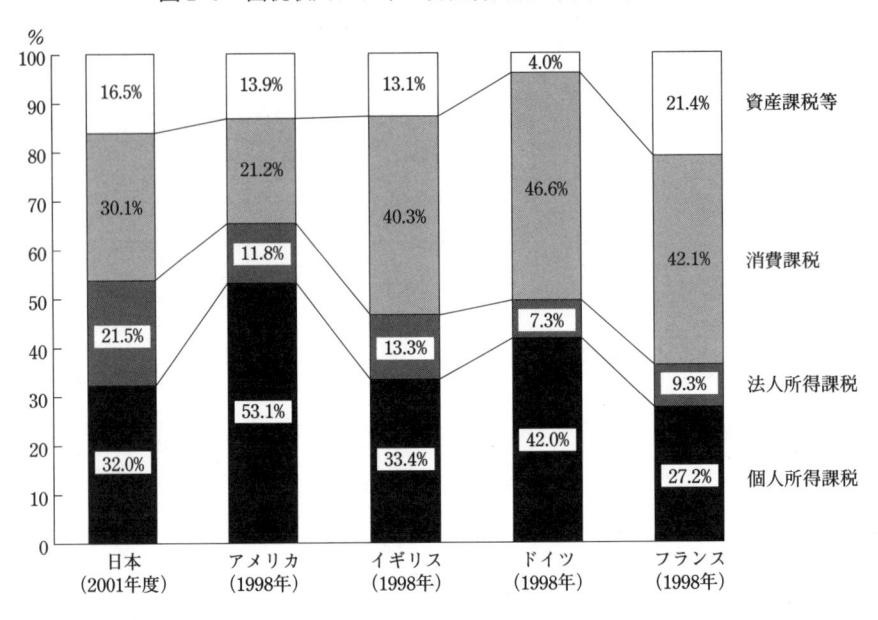

	日本(2001年度)	アメリカ(1998年)	イギリス(1998年)	ドイツ(1998年)	フランス(1998年)
資産課税等	16.5%	13.9%	13.1%	4.0%	21.4%
消費課税	30.1%	21.2%	40.3%	46.6%	42.1%
法人所得課税	21.5%	11.8%	13.3%	7.3%	9.3%
個人所得課税	32.0%	53.1%	33.4%	42.0%	27.2%

1. 日本は平成13年度予算ベース．諸外国は OECD, *Revenue Statistics 1965-1999* より作成．
2. 所得課税には資産性所得を含む．

　次に国税収入の構成の推移（表1-9参照）をみると，長期的には税収入の構成が大きく変わってきたことが読みとれる．戦前（第二次世界大戦前）においては，間接税（酒税や関税など）の比重が圧倒的に高く，所得税はかぎられた高額所得者が支払っているにすぎなかった．しかし，この傾向は戦後になって変化し，大衆課税（mass tax）となった所得税や法人税などの直接税の比重が高くなり，この傾向は現在までほぼ一貫して続いている．次に，試みに先進主要国の国税収入の構成を比較したのが図1-4であるが，税収入の構成にはかなりの差異があることがわかる．共通の間接税として付加価値税を採用しているヨーロッパ諸国においては，間接税のウエイトがかなりの水準に達しているのに対して，アメリカは個人所得税の比重が圧倒的に高く，日本は法人税を含めた直接税の比重が高いのである．

表1-9　国税収入の構成の推移　(%)

	1934～ 36年度平均	1950 年度	1965	1975	1985	1990	1995
直接税	34.8	55.0	59.2	69.3	72.8	73.7	66.1
所　得　税	11.4	38.6	29.6	37.8	39.4	41.4	35.5
法　人　税	9.5	14.7	28.3	28.5	30.7	29.3	25.0
相　続　税	2.4	0.5	1.3	2.1	2.7	3.1	4.9
間接税等	65.2	45.0	40.8	30.7	27.2	26.3	33.9
消　費　税	—	—	—	—	—	7.4	10.5
酒　　　税	17.6	18.5	10.8	6.3	4.9	3.1	3.7
た ば こ 税	—	—	—	—	2.3	1.6	1.9
揮 発 油 税	—	—	7.8	5.7	4.0	2.4	3.4
物　品　税	—	2.9	4.2	4.7	3.9	0.8	—
関　　　税	12.8	0.3	6.8	2.6	1.6	1.3	1.7
印 紙 収 入	6.8	1.6	2.5	3.3	3.6	3.0	3.5
専売公社納付金	16.5	20.0	5.5	2.3	—	—	—
合　　　　計	100.0	100.0	100.0	100.0	100.0	100.0	100.0

1. 特別会計分税収及び日本専売公社納付金を含み，すべて決算額．なお個別の税目に限られているので合計しても100％にはならない．
2. 大蔵省『財政金融統計月報』1997年4月（租税特集）にもとづく．

表1-10　公債発行に関する指標　(億円, %)

年度	公債発行額（当初） （公債依存度:%）	特例公債	公債 残高 GDP	国債費(当初)	うち利払費	利払費 一般会計支出
1956	7,300 (16.9)	—	2.2	489	397	0.9
1970	4,300 (5.4)	—	3.7	2,909	1,798	2.3
1975	20,000 (9.4)	—	9.8	10,394	17,335	3.4
1976	72,750 (29.9)	37,500 (15.4)	12.9	16,647	13,289	5.5
1980	142,700 (33.5)	74,865 (17.8)	28.7	53,104	44,173	10.4
1985	116,800 (22.2)	57,300 (10.9)	41.5	102,204	98,785	18.8
1990	55,432 (8.4)	—	37.9	142,886	110,694	16.7
1992	72,800 (10.1)	—	37.8	164,473	121,257	16.8
1995	125,980 (17.7)	28,511 (4.0)	46.0	132,213	116,506	16.4
1996	210,290 (28.0)	119,980 (16.0)	48.5	163,702	117,031	16.6
1997	167,070 (21.6)	74,700 (9.7)	50.8	168,123	116,821	15.1
1998	155,570 (20.0)	71,300 (9.2)	59.4	172,628	115,892	14.9
1999	310,500 (37.9)	217,100 (26.5)	64.0	198,319	113,682	13.9
2000	326,100 (38.4)	234,800 (27.6)	71.0	219,653	107,432	12.6

大蔵財務協会編『図表解説 財政データブック』平成13年度版，大蔵財務協会．

公　　債　　財政支出は，大部分租税によって調達されるが，公債（政府の債務証書）を発行することによっても調達しうる．日本の場合には，第二次世界大戦中に巨額の国債（国の債務）を発行し，その後遺症ともいえるハイパー・インフレーションなどの経験で，戦後は制度的には国債発行には制限が加えられている．しかし最近では，財源における国債発行の比重が高くなり，最大の財政問題になっている[5]．表 1-10 は，この間の国債発行の動きをたどっている．元来，1964 年度以前には国については長期国債（1 年以上の償還期限の国債）は発行されていなかったが，1965 年度に不況による税収不足により発行され始め，現在までそれは継続している．その後 1970 年代前半までの国債発行はすべて公共事業費などの投資的支出を賄う，いわゆる建設国債発行に限られていて，一般会計に占める公債発行の比重（公債依存度）も 20％以下であった．ところが 1974・75 年の第一次石油危機に伴って生じた不況によって税収入が急減し，経常的支出をも国債発行で賄わざるをえなくなって，いわゆる赤字国債が発行され，第二次石油危機に際しては公債依存度は 30％台に上昇した．その後いわゆる財政再建により，公債依存度は徐々に低下しているがごく最近ではふたたび公債発行が増加している．このような国債発行の急増は，予算においても利払費を中心とする国債費の増加をまねき，1986 年度予算においては最大の経費項目になった．また，国民経済の規模と比較するために対 GNP 比率でみてもその残高は 40％前後となり，比重はかなり大きくなった．

　広く政府債務というときには，国債（長期国債）のみならず借入金や短期証券である短期債務を含んでいて範囲が広い．参考のため 2002 年度末の政府債務の残高を示したのが図 1-5 である．長期債務である長期国債は，大部分のものが償還期限 10 年（10 年満期）であるが，現在では償還期日がくると，その償還のためにまた国債発行によって借り換えを行なっている（借換債の発行）．

---

[5] 公債発行の制度については第 2 章 2-2 節，また理論的問題については第 10 章を参照のこと．

第1章 公共部門の現状

図1-5 2002年度末（見込）の国債・借入金残高の種類別内訳 （億円）

合　計 6,105,232 (100.0)	内 国 債 4,406,824 (72.2)	普通国債 3,886,596 (63.7)	建 設 国 債	2,112,495 (34.6)
			特 例 国 債	1,540,678 (25.2)
			減税特例国債	63,893 (1.0)
			日本国有鉄道清算事業団承継債務借換国債	141,376 (2.3)
			国有林野事業承継債務借換国債	28,155 (0.5)
			財政融資資金特別会計国債	438,974 (7.2)
		交 付 国 債		3,469 (0.1)
		出 資 国 債 等		23,684 (0.4)
		預金保険機構特例業務基金国債		— (—)
		日本国有鉄道清算事業団債券等承継国債		54,100 (0.9)
	借 入 金 1,095,877 (17.9)	借 入 金		648,968 (10.6)
		短期借入金（5年未満）		446,909 (7.3)
	政府短期証券 602,531 (9.9)	食糧証券（年度越の額）		12,531 (0.2)
		外国為替資金証券（年度越の額）		590,000 (9.7)

1. 本表は，平成13年度当初予算後の計数である．
2. 単位未満四捨五入してあるので，合計において合致しない場合もある．
3. 大蔵財務協会編『図表解説 財政データブック』平成13年度版，大蔵財務協会．

第2章

日本の財政システム

　公共部門は，法律にもとづいた制度の枠のなかで活動しているのであり，公共部門の経済活動である財政も当然この枠のなかにある．ここでは財政システムという言葉を，広く政府の経済活動の制度的枠組みを指すものと理解して話を進める．このような意味での財政システムは，基本的には予算（budget）のあり方によって大きく左右される．財政制度といわれるときには，通常予算制度を指すことが多く，まずは予算制度のおおよそを承知しておく必要がある．次に，租税はいうまでもなく予算における歳入の重要な構成要素であり，租税制度あるいは租税システムは，それ自身固有の制度的問題をもっているので，この章でも租税制度についてごく簡単に説明したい．また，日本の財政システムにおいては現在改革の途上にある公的金融の中心となる財政投融資が予算と密接に関係してきたので，最後にこの点にふれておく．

2-1. 公共部門の制度的概観

　公共部門全体の制度を概観するのは容易ではないが，その手掛りとして国民経済計算における公共部門（表2-1）をみるのが有用である．

　まず政府の経済活動の中心的な部分として，中央政府の一般会計と地方政府の普通会計がある．一般会計や普通会計は，経常的支出（消費的支出や年金勘定を通さない振替支出）を主として租税によって賄う会計であり，予算制度の中核となる．すなわち，強制的に課税によって調達される収入をどのような分野にどのような規模で支出するかは，立法府がその支出主体である行政府をコ

表 2-1　国民経済計算における公共部門

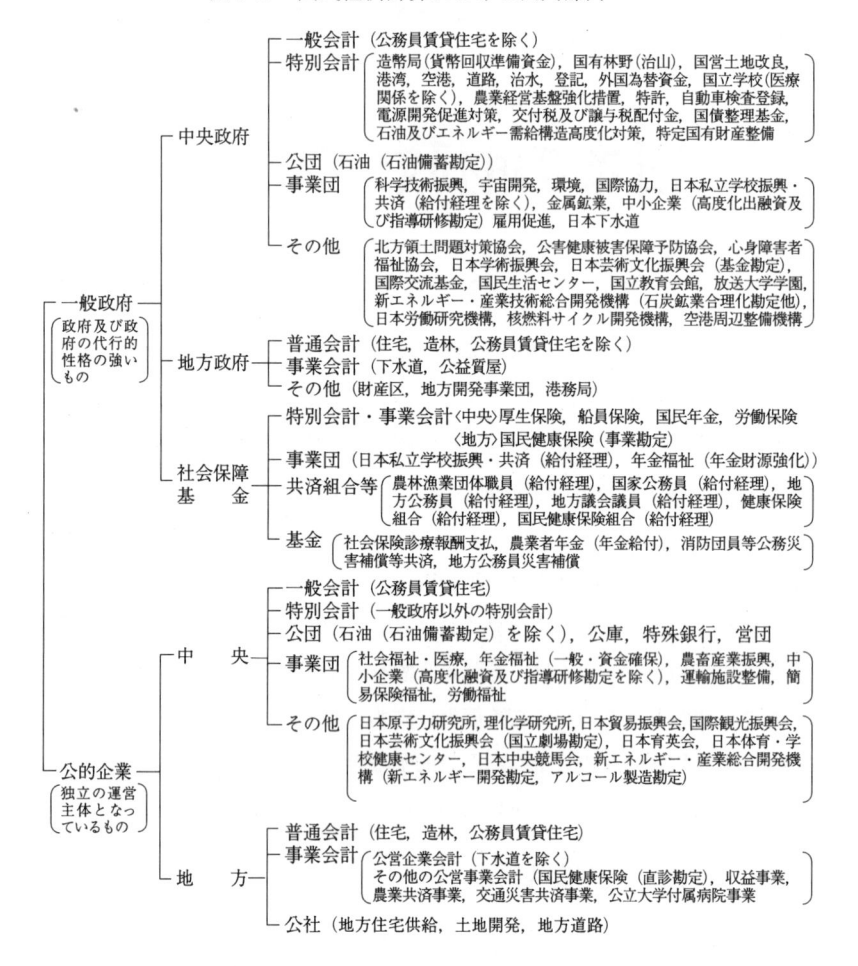

- 一般政府（政府及び政府の代行的性格の強いもの）
  - 中央政府
    - 一般会計（公務員賃貸住宅を除く）
    - 特別会計：造幣局（貨幣回収準備資金），国有林野（治山），国営土地改良，港湾，空港，道路，治水，登記，外国為替資金，国立学校（医療関係を除く），農業経営基盤強化措置，特許，自動車検査登録，電源開発促進対策，交付税及び譲与税配付金，国債整理基金，石油及びエネルギー需給構造高度化対策，特定国有財産整備
    - 公団（石油（石油備蓄勘定））
    - 事業団：科学技術振興，宇宙開発，環境，国際協力，日本私立学校振興・共済（給付経理を除く），金属鉱業，中小企業（高度化出融資及び指導研修勘定）雇用促進，日本下水道
    - その他：北方領土問題対策協会，公害健康被害補償予防協会，心身障害者福祉協会，日本学術振興会，日本芸術文化振興会（基金勘定），国際交流基金，国民生活センター，国立教育会館，放送大学学園，新エネルギー・産業技術総合開発機構（石炭鉱業合理化勘定他），日本労働研究機構，核燃料サイクル開発機構，空港周辺整備機構
  - 地方政府
    - 普通会計（住宅，造林，公務員賃貸住宅を除く）
    - 事業会計（下水道，公益質屋）
    - その他（財産区，地方開発事業団，港務局）
  - 社会保障基金
    - 特別会計・事業会計〈中央〉厚生保険，船員保険，国民年金，労働保険〈地方〉国民健康保険（事業勘定）
    - 事業団（日本私立学校振興・共済（給付経理），年金福祉（年金財源強化））
    - 共済組合等：農林漁業団体職員（給付経理），国家公務員（給付経理），地方公務員（給付経理），地方議会議員（給付経理），健康保険組合（給付経理），国民健康保険組合（給付経理）
    - 基金：社会保険診療報酬支払，農業者年金（年金給付），消防団員等公務災害補償等共済，地方公務員災害補償
- 公的企業（独立の運営主体となっているもの）
  - 中央
    - 一般会計（公務員賃貸住宅）
    - 特別会計（一般政府以外の特別会計）
    - 公団（石油（石油備蓄勘定）を除く），公庫，特殊銀行，営団
    - 事業団：社会福祉・医療，年金福祉（一般・資金確保），農畜産業振興，中小企業（高度化融資及び指導研修勘定を除く），運輸施設整備，簡易保険福祉，労働福祉
    - その他：日本原子力研究所，理化学研究所，日本貿易振興会，国際観光振興会，日本芸術文化振興会（国立劇場勘定），日本育英会，日本体育・学校健康センター，日本中央競馬会，新エネルギー・産業総合開発機構（新エネルギー開発勘定，アルコール製造勘定）
  - 地方
    - 普通会計（住宅，造林，公務員賃貸住宅）
    - 事業会計：公営企業会計（下水道を除く），その他の公営事業会計（国民健康保険（直診勘定），収益事業，農業共済事業，交通災害共済事業，公立大学付属病院事業
    - 公社（地方住宅供給，土地開発，地方道路）

ントロールするもっとも重要な対象となる．次に特別会計は，特定の事業を行なうとき，特定の資金を保有してその運用を行なうとき，またはその他の特定化された歳出を特定の歳入によって当てるときに，独立に区分して立てられる会計である．特別会計は，少数の例外を除けば租税収入で直接調達されることはなく，別会計にした方が政策目的にかなうことや，資金繰りをつけるための金融的勘定など多様な目的に応じて設けられている．

政府の経済活動は，大きく分けて一般政府（行政的な要素が強い活動や，事業的な色彩があるとしてもほとんどそのサービスの対価の支払いを直接に必要としない活動）と公的企業（独立採算の事業）とに分かれる．一般政府に属する非企業会計は，事業的色彩があっても独立採算ではなく，事業団（たとえば国際協力事業団など）も，多くの場合一般会計から事業費を賄っている．社会保障給付は，多くの場合強制的に徴収された掛金（保険料）によってその給付（たとえば年金の支払い）がなされるのであり，独立した資金運用の特別会計や組合などで運営されている．これらはいずれも政府が保障する社会保障給付を行なうのであるから，行政的な色彩が強く，一般政府の活動に含められて社会保障基金として一括されている．

公的企業は公企業とも呼ばれている．製品やサービスを販売してその売上げによって事業を独立採算で行なっているのであり，利潤動機がない点では私企業とは異なるが，経済活動として似ている点も少なくない．かつて公的企業であった例としては，1987年4月から6会社に民営分割された日本国有鉄道，また1986年に，それぞれNTTと日本たばこ産業株式会社へと民営化された電信電話公社と専売公社がある．現在公的企業として規模の大きいものは，中央政府(国)の特別会計である郵政事業特別会計，郵便貯金特別会計，簡易生命保険・郵便年金特別会計，資金運用部特別会計などであるが，財政投融資の改革や郵便貯金の民営化提案など活発な議論の対象となっている．

政府関係機関としては，日本政策投資銀行など金融的活動を行なっている二つの銀行と九つの公庫があり，公団は都市基盤整備公団など16法人があり，さらに，日本原子力研究所などもその他の公的企業に含まれている．もっとも営団地下鉄などのように民営化されたものもある．

特別会計，社会保障基金の一部と政府関係機関の一部は，金融の視点からすると重要な意味をもっている．金融活動は，民間金融と公的金融（政府金融）とに分けることができるが，公共部門における特別会計のうち郵便貯金会計，資金運用部特別会計，簡易生命保険特別会計，日本政策投資銀行・国際協力銀行などの政府金融機関は公的金融に属していて，主として2-4節でふれる財

政投融資計画によって資金が配分されてきたが，現在改革の途上にある．

公共部門は行政府が主体となって運営されているが，民主主義国家においては，立法府（国会と地方議会）のコントロールが重要な意味をもっている．すでに説明したように，国会が直接コントロールしているのは，国の一般会計と特別会計であり，政府関係機関の予算についても目がとどくようになっている．また，公的金融についてはかつては長期（5年以上）の貸付・運用は財政投融資計画として国会の承認を受ける必要があった．このように，公共部門の経済活動は，個別的にはかなりの差があるとはいえ，立法府（議会）によるコントロールを受けている．公共部門の意思決定は，民間部門の経済活動の意思決定とは基本的に異なり，まさに政治プロセスに組み込まれているのである[1]．しかし，現在では一部の例外を除いて，それぞれの機関が自主的に借り入れ運用を行なっている．

2-2. 予算制度

租税収入によって主として調達される財政支出（日本では国の一般会計）は，民主主義国家においては立法府（議会）によってコントロールされ，憲法的なルールの重要な構成要素となってきた．予算（budget）と呼ばれる政府の支出計画は，このような議会による統制に役立つ形で作成されたものであり，財政システムにおける中核的な制度といえよう．

予算の基本的枠組み　日本の予算制度も，制度的には憲法や財政法にもとづいていて，いくつかの基本的な枠組みがある．まず予算は，財政における各支出項目の最高限度を示したものである．すなわち，立法府が行政府の経済活動に上限を設定したものである．次に予算は，当然特定期間に区切って計画されなければならず，この意味での会計年度が厳密に規定されることになる．日本では，毎年4月1日から翌年3月31日までが一会計年度である．財政法

---

[1] 先進主要国の財政制度については，浅見編［1986］が参考になる．日本の財政制度については，毎年刊行される財務省大臣官房調査企画課長編『図説 日本の財政』を参照のこと．

12条は，各会計年度における支出（経費）がその年度の収入（歳入）で調達されなければならないとしている．これは会計年度独立の原則と呼ばれていて，議会のコントロールが会計年度を単位として厳格に適用されなければならないことを意味している．たとえば，行政府は支出を他の年度の収入から流用することはできない．なお，支出のうちで会計年度内に支出が終わらない見込みがあるものについては，あらかじめ翌年度に繰り越して使用することが，国会の議決によって例外として可能である．これは繰越明許費と呼ばれ，会計年度独立の原則の例外となっている．

さらに会計年度は，予算のもつ効力の時間的な範囲を明確にするという意味をもっている．すなわち，各年度の予算は，その年度内の支出の内容を決定するのであり，その効力はその年度に限られる．これは単年度主義と呼ばれるもので，憲法第86条によって規定されている．この原則には，例外として継続費が認められ，完成まで数年を要することが前もってはっきりしている支出についてあらかじめ国会の承認をえておくことが可能になっている．現在は，防衛庁艦船建造費のみが継続費として計上されている．

このように予算はかなり厳格な制約の下で計画される．たとえば，景気政策として財政支出を弾力的に変更しようとするときには足かせになる．また，必ずしも経済合理性に沿わないことも十分生じうる．しかし，予算が議会による行政府のコントロールの手段として重要な意味をもつとするならば，予算制度のもつ硬直性を安易に取り去ることはできない．

予算制度は，主として歳出面を中心に制度化しているが，歳入面について全体の歳出を賄うための税収入と公債発行額の見積りが示され，歳出計画と歳入面の見積りとを合わせて予算として議会（国会）の議決の対象となる．この予算編成権は政府（行政府）のみがもっており，内閣予算案として国会へ提出される．

このような予算の基本的枠組みは，現在の先進諸国にほぼ共通しているといえるが，ごく簡単に日本，アメリカとイギリスについての制度的な比較を試みると次のようになろう．日本では予算それ自身は法律ではないが，アメリカと

イギリスでは法（act）という形で定められる．すなわち，アメリカでは財政支出はすべて法律で定められた歳出予算（appropriation）によって行なわれる．これらの歳出予算は，各分野ごとに別々の法律で下院の歳出委員会の小委員会が提出する．大統領は予算書（budget）を提出するが，これは予算法案審議の参考資料にすぎない．したがってアメリカでは行政府の長である大統領が予算案を提出するのではなく，議会が分野ごとにばらばらに歳出予算を決めていくのであり，日本でいう予算案なるものはない．次にイギリスにおいては，予算は歳出予算法という法律として成立し，予算編成権は日本と同じように内閣がもつが，法案は形式的には議員提出であり，歳出予算法は議員である大蔵大臣の名で提出される．このような比較からすれば，同じく責任内閣制をとっている日本がイギリスに近いのは当然といえるかもしれない[2]．

予算の構造　次に具体的に予算の内容をみると，予算は一般会計予算，特別会計予算，政府関係機関予算からなっている．通常，予算というときには一般会計予算のみを指す場合が多いが，制度的には三種の予算が一体として国会に提出される．それぞれの内容については，すでにふれたところが多いので説明を省略するが，多少補足しておこう．

一般会計予算と特別会計予算とは相互に密接に関連しており，特別会計はかなりの財源を一般会計から受け入れる形になっている．たとえば，2001年度予算では，特別会計予算歳出額373兆円余りのうち，一般会計と重複して支出に計上されているものが291兆円余りある．また政府関係機関予算は，すべて金融活動であるので政府の公的金融の資金配分を行なう財政投融資計画とほぼ対応する形になっている．また一般会計からの補助金（たとえば住宅金融公庫への利子補給など）も政府関係機関予算において重要な役割を占めている．

次に予算の各項目は，歳出予算については各省庁の「所管」「組織」「項」ま

---

[2] 1970年代後半から1980年代におけるアメリカとイギリスの予算制度・予算編成については貝塚 [1991a] の第1章参照．また，アメリカの赤字抑制に対するグラム＝ラドマン＝ホリングス法が制定されたが，その後1998年には歳出と歳入を別々にコントロールする方式にかわった．Gramlich [1990] を参照．

でが国会審議の対象となり,「項」以下はさらに「目」に分けられる.原則として項の間の流用は認められないことは,予算のコントロール上当然であろう.

形式的には予算は予算総則,歳出歳入予算,継続費,繰越明許費,国庫債務負担行為からなり,予算総額にはあとで説明する公債発行に関する制約が定めてある.歳出歳入予算はいわば予算の本体であり,継続費,繰越明許費は制度上重要な例外として列挙されている.国庫債務負担行為とは現実の支出を認めるものではないが,将来の支出を約束する行為であり,いわば債務の発生となる.将来の支出を約束するという意味では,単年度予算の例外となるが,長期的な契約などの必要からあらかじめ予算に含まれていて,国会の承認の対象となる.

予算過程　責任内閣制がとられている日本やイギリスでは,政府与党を代表している内閣が提出した予算案が,ほとんど修正されることなく国会の議決をうることがほぼ予想されうる.したがって,予算案がどのように作成されるかという予算過程(budgetary process)が実質的に重要な意味をもつ[3].

予算過程は会計年度ごとに繰り返されるのであるから,一会計年度に一循環ということになる.予算過程は時間的にみて,予算編成・国会審議・執行・決算と四つに分けることができる.

まず,予算編成過程について,多少変則的ではあるが平成13年度予算の例(表2-2)をみながら簡単に説明しよう.予算案を作成するのは内閣であるが,具体的には財務省がこれを担当する.予算編成は毎年4～5月に各省庁が翌年度予算の見積りを検討するときから始まる.翌年度予算の見積りは概算要求と呼ばれ,8月末日に各省庁から財務省主計局に提出される.概算要求については,1970年代に入ってからは大幅な財政赤字ということもあって歳出抑制のためのシーリング(上限枠)が設定されるようになり,最近では概算要求に先立って閣議了解でこの点が明示される.なお,概算要求基準の推移は,次の表2-3に示されている.1980年代半ばから行政改革が重要な政策課題になり,

---

[3]　予算過程に関する政治学者からの接近として,Wildavsky [1986] 参照.

表 2-2 平成 13 年度予算の編成日程

摘　　　要	日　　程
「平成13年度予算の概算要求に当たっての基本的な方針について」（閣議了解）	平成12年8月1日
各省庁において概算要求重点事項の検討	8月中
各省庁において予算の見積り作業	〃
各省庁より概算要求書の提出	8月31日
各省庁より概算要求の説明	9月上旬～中旬
大蔵省の予算編成作業	9月上旬～12月中旬
平成13年度の経済見通しと経済運営の基本的態度（閣議了解）	12月19日
予算編成方針（閣議決定）	〃
税制改正大綱（閣議提出）	〃
大蔵原案閣議提出,各省庁への内示	12月20日
復活折衝	12月21日～23日
概算閣議	12月24日
税制改正要綱（閣議決定）	平成13年1月16日
提出閣議	1月31日
平成13年度の経済見通しと経済運営の基本的態度（閣議決定）	〃
予算国会提出	〃
財務大臣財政演説	〃
予算衆議院可決	3月2日
予算参議院可決・成立	3月26日

現在ではマイナス・シーリングと呼ばれるようになったが，最近では，公共投資はゼロシーリングではあるが，社会保障関係費と人件費は必要最小限の増加が認められている．

　8月末日に概算要求が出されてから，財務省主計局を中心に予算編成が始まる．具体的には各省庁担当部局による概算要求の説明にもとづき，新規施策の可否などを中心に検討が加えられる．このプロセスでは，国会議員などを含めて利益団体の圧力が加えられ，官僚機構の既得権益あるいは権限の維持などがからまり，きわめて複雑な政治過程が進行する．通常予算編成は12月に入ってから，経済全体のフレイムとの関係，税制改正との関係を見極めて，歳出増，公債依存度，赤字国債発行予定額などの重要な指標の変化を判断の根拠にしながら，全体としての数字が策定される．マクロ経済の見通しが重要な意味をもつのは，次年度の予算の税収の見積りに関してであり，かりに次年度の経済成長率が高いと予想されれば税収の伸びが高くなり，予算案全体の作成に影響が及ぶ．政府の経済見通しを作成するのは，内閣府の経済財政諮問会議であるが，この経済見通しの決定と同時に財務省原案，税制改正大綱が閣議に提出され，

各省には財務省原案が内示される．その後，各省と概算要求の一部の復活折衝が与党執行部をも交えて行なわれ，予算案が内閣によって決定（概算閣議決定）され，最終的に細部をつめて予算案として国会に提出される．

予算はまず衆議院に提出され，その予算委員会において審議され，本会議において討論採決される．その後，予算案は例年 3 月初めに参議院に回され，衆議院と同じ手続きで審議される．両院の議決が異なるときは両院協議会が開かれる．この協議会でも意見が一致しないとき，あるいは参議院に予算案が送ら

表 2-3　概算要求基準等の推移

昭和 63 年度予算概算要求基準　　　　(62.7.31)	経常的経費 投資的経費	マイナス 10％ 0％
平成 5 年度予算概算要求基準　　　　(4.6.23)	経常的経費 投資的経費	マイナス 10％ 0％
6 年度予算概算要求基準　(5.8.13)	経常的経費 投資的経費	マイナス 10％ プラス　5％
7 年度予算概算要求基準　(6.7.29)	経常的経費 投資的経費	マイナス 10％ プラス　5％
8 年度予算概算要求基準　(7.8.4)	経常的経費 　一般行政経費 　その他 投資的経費	 マイナス 15％ マイナス 12.5％ プラス　5％
9 年度予算概算要求基準　(8.7.30)	経常的経費 　一般行政経費 　その他 　利子補給等 　人件費 投資的経費	 マイナス 15％ マイナス 12.5％ マイナス　5％ マイナス　0.8％ プラス　0％
10 年度予算概算要求　(9.7.8)	各費目についてシーリング設定 社会保障関係費（3,000 億円増）科学技術振興費（概ね 5％以下の増額）その他の項目は減（たとえば，公共投資は 7％の減）	
11 年度予算概算要求　(10.8.12)	公共事業関係費　　　　0％ 科学技術振興費　　　　5％ 社会保障関係費　　　5,700 億円 その他の経費については，前年度当初予算額	
12 年度予算概算要求　(11.7.30)	公共事業関係費　　　　0％ 社会保障関係費　　　5,000 億円 その他の経費については，前年度当初予算額	
13 年度予算概算要求　(12.8.1)	公共事業関係費　　　　0％ 社会保障関係費　　　7,500 億円 その他の関係費については，前年度当初予算額に人件費増を加えたもの	

れてから1カ月以内に議決がなされないときは，衆議院の議決が国会の議決となり予算が成立する．後者の場合，1カ月後の予算の成立は自然成立と呼ばれる．なお，国会における予算の修正については，内閣の予算編成権を侵害するような大幅な修正は認められないというのが通常の理解である．

　次に予算の執行に簡単にふれておこう．予算が議決されれば，これに見合って現実に支出がなされるが，これが予算の執行である．予算の執行は，最終的には国庫からの支払いを伴うが，円滑な国庫からの資金繰りを確保するために支払計画や実施計画の承認が必要とされる．景気政策として公共事業費の前倒しが行なわれることがあるが，これは実施計画を早めて契約時期を早くし，支払計画もこれに合わせてなるべく早い時期に支出が行なわれるようにするものである．なお，執行に当って予算の「項」や「目」の区分は守られなければならないが，項の移用・目の流用が例外として認められることもある．さらに，予想しがたい支出（たとえば災害復旧費）の発生に備えて，あらかじめ予算には予備費が計上されている．

　以上は，年度初めに提出される当初予算についての説明であるが，年度途中においても国会の議決を経れば予算は修正できる．たとえば，財政支出の拡大が必要であれば支出項目の増額という形で，またさらに公債の追加的発行が必要であればその限度の引き上げという形で補正予算を組むことになる．

　最後に，決算についてであるが，これは支出の実績の事後的報告としての性質をもっていて，まず内閣に対して独立の地位をもつ会計検査院が決算の検査を行ない，その検査報告をそえて決算が国会の決算委員会へ提出され，審査される．なお，最終的な歳入が歳出を上回ることが生じうるが，これは決算上の剰余金として翌年度の歳入に繰入れられるが，その2分の1を下らない額が翌々年度までに公債の償還財源に当てられなければならない．さらに予期せざる歳入不足に応ずるために，昭和53年度から「決算調整資金」が設けられるようになった．

　以上簡単に予算過程を説明したが，そのなかでも特に予算編成過程が意思決定のプロセスとしてどの程度の合理性をもっているか，また意思決定において

政治家・官僚機構・圧力団体・納税者一般がどの程度まで影響力を発揮しているかは，知的興味を引く問題であると同時に公共部門の成果 (performance) を評価する際における重要な判断材料でもある．経済学における公共選択 (public choice) からの接近，行政学・政治学からの接近などにより解明が待たれる分野である．

財政計画　　すでに説明したように，予算は単年度主義にもとづいていてその計画期間は厳密に1年に限られている．これは，立法府による予算のコントロールという点では必要な制度であるとしても，経済的な合理性を満たしうる意思決定の仕方としては短かすぎる．予算の規模あるいはその内容は，1年を超える長期的な見通しの下で策定されるべきであり，このため制度的に定められた単年度予算を長期的視野で補う手法が求められてきた．財政計画とは，言葉の厳密な意味では計画ではないが，主として中長期的な財政の見通し・展望を示す手法で，現在先進諸国ではそれぞれ差異があるとはいえ採用されている．すなわち，1959年にスウェーデンで採用されたのに続き，1967年に西ドイツ，1969年にイギリス，1970年にアメリカにおいて採用されており，日本では昭和51 (1976) 年に財政収支試算が公表され，昭和56 (1981) 年から財政の中期展望が示されることになった．

　これらの財政計画において共通していることは，財政支出のうち現行制度を前提とした既定経費の伸びを推計すること（後年度負担推計）が重要な部分を構成することである．すなわち，財政の長期的な見通しを立てるときに，いわば既定経費がどの程度伸びるかが重要な資料となり，他方，主として経済成長率に左右される税収入の伸びによって既定経費の伸びが十分に調達されるか否かが重要な判断材料になる．もし既定経費の伸びが税収によって十分に賄えないとすると，既定経費を削減する制度的改革が必要となったり，公債発行の増加を食い止める増税が必要となったりするであろう．財政計画はこのような政策判断をそのまま織り込んではいないが，単年度予算を組むときの政策判断の重要な根拠になる．

表 2-4　平成 14 年度予算の後年度歳出・歳入への影響試算

> 本試算は，15 年度以降，前提となる経済指標を「構造改革と経済財政の中期展望」（平成 14 年 1 月閣議決定）の記述に基づき，平成 14 年度予算における制度・施策を前提とした後年度負担額推計等に基づき，平成 14 年度予算が平成 17 年度までの歳出・歳入に与える影響を試算したものである．本試算は将来の予算編成を拘束するものではなく，ここに計上された計数は試算の前提等に応じ変化するものである．

[試算]（名目経済成長率 0.5％を前提）　　　　　　　　　　　　　　　（兆円，%）

		13 年度	14 年度	15 年度	16 年度	17 年度
歳出	国 債 費	17.2	(▲ 2.9) 16.7	(3.8) 17.3	(7.3) 18.6	(3.5) 19.2
	地 方 交 付 税 等	16.8	(1.1) 17.0	(12.7) 19.2	(8.7) 20.8	(4.5) 21.8
	一 般 歳 出	48.7	(▲ 2.3) 47.5	(3.1) 49.0	(3.8) 50.9	(1.1) 51.4
	社 会 保 障 関 係 費	17.6	(3.8) 18.3	(4.8) 19.2	(5.8) 20.3	(5.5) 21.4
	公 共 事 業 関 係 費	9.4	(▲10.7) 8.4	(0.0) 8.4	(5.8) 8.9	(▲ 0.3) 8.9
	そ の 他	21.6	(▲ 3.5) 20.8	(2.8) 21.4	(1.3) 21.7	(▲ 2.5) 21.2
	計	82.7	(▲ 1.7) 81.2	(5.3) 85.5	(5.6) 90.3	(2.4) 92.4
税収等	税 収	50.7	(▲ 7.7) 46.8	(▲ 0.9) 46.4	(▲ 0.7) 46.1	(0.0) 46.1
	そ の 他 収 入	3.6	(22.4) 4.4	(▲21.1) 3.5	(28.3) 4.5	(▲ 3.1) 4.3
	計	54.3	(▲ 5.7) 51.2	(▲ 2.6) 49.9	(1.3) 50.5	(▲ 0.3) 50.4
差 額		28.3	(5.9) 30.0	(18.7) 35.6	(11.6) 39.8	(5.7) 42.0

1. 経済指標

   試算の前提となる経済指標につき以下を仮置きした．

	15 年度	16 年度以降
実質経済成長率	0.5%	0.5%
消費者物価指数	0.0%	0.0%
名目経済成長率	0.5%	0.5%

2. （　）内は対前年度伸び率．
3. 13 年度は当初予算額．
4. 平成 16 年度以降，NTT 無利子貸付（B タイプ）につき，一般歳出には償還時補助金を計上，国債費には産業投資特別会計受入金相当額を計上，その他収入には産業投資特別会計受入金を計上．

平成14年度からは，財政の中期展望は，「構造改革と経済財政の中期展望」の一部として提示されるようになった（表2-4）．日本の場合を簡単に説明しておこう．この財政の中期展望は，平成14年度予算案決定の際に提示された試算の一つで，13年度の項目は，平成13年度の当初予算の数字であり，これと比較して14年度予算のフレイムが示されている．歳出のなかでは，国債費と地方交付税が動かしえない既定経費の項目として将来に投影されている．これ以外の歳出は一般歳出と呼ばれ，経常支出と投資支出に分けられる．15年度以降の歳出の経常支出の各項目は，すべて後年度負担推計額であり，主として各支出項目を積み上げた数字である．歳入のなかの税収については，平成15年度以降は内閣府で作成された中期展望に示された平均名目成長率に過去の税収の平均弾性値を掛けて算出されていて，地方交付税の数字もこの税収の推定値に見合って算定される．税外・その他の収入総額もほぼ名目成長率に見合って推定されている．歳入の公債金収入額はその他の項目と異なり明示的な数字はない．歳出と歳入はバランスせず，歳出が歳入を上回ることになるが，これは単に差異として計上されるにとどまっている．このような取扱いは財政赤字が余りに大きくなりすぎ，財政再建の目標値の設定が困難になったのが一因である．

公　　債　　一般会計の歳入の大部分は租税によって調達されるが，残りの部分は政府の債務証書の発行，すなわち公債発行によって調達されている．政府の公債発行については，狭い意味での経済的な理由だけではないにせよ消極的な見方がとられることが少なくない．現実の財政制度にも，特に財政規律の重視の視点から公債発行に制約を設けていることがあるが，日本の財政制度は第二次世界大戦中の経験にもとづいて公債発行にきびしい制約を課している点で際立っている．ここではこのような公債発行の制度的制約を中心に説明しておきたい．

　財政規律を重視する立場は，伝統的には均衡予算原則（balanced-budget principle）を重視している．この原則は歳出はすべて税収で調達され，公債発

行を認めていない．第二次世界大戦後（1947年）に制定された財政法は，基本的には均衡予算原則を採用していて，先進主要国のなかでは公債発行に対して強い制約を課す法的枠組みとなっている．すなわち，財政法第4条は，歳出が租税収入のみで調達されることを原則として規定し，例外的に公共事業費，出資金，貸付金の財源に当てる場合に国債発行を認めている．したがって，経常支出を国債発行で賄うことは制度的には許されず，もしやむをえず発行するときには特例措置として特別の法律を作る必要がある．公共投資の財源に当てられる公債は，建設公債（4条公債）と呼ばれ，また経常支出の財源を賄うための公債は，赤字公債（特例公債）と呼ばれている．現実の日本の財政は，1954年度までは均衡予算原則を維持していたが，1950年代後半に入ってから建設公債が発行され，1960年代後半には第一次石油危機以降財政赤字が急増して，建設公債のみならず赤字公債も発行され，最近ではこの傾向はさらに強まっている．

財政法は，国債が発行されて消化されるときにも一つの制約を課している．すなわち財政法第5条は，中央銀行である日本銀行が発行された国債を直接購入することを禁止し，これは市中消化の原則と呼ばれている．この原則は，日本銀行の国債の直接引受けに伴って金融政策（とくに通貨供給）に歯止めが失われる危険性があることを考慮して設けられた．

以上，国債発行に関する制度的制約にふれたが，次に国債に関するやや細かい制度について簡単に説明を加えておく．

国債の種類については，その償還期限別に1年未満，2年から5年のもの，5年以上のものをそれぞれ短期の国債，中期国債，長期国債と呼ぶ．財政法が規定している対象は短期の国債以外の国債である．短期の国債には国庫の資金繰りをつけるために発行される政府短期証券や短期の借換債である割引短期国債があり，その他の国債とは性格が異なるものと考えられているからである．

次に，国債が国内で発行されるか外国で発行されるかによって，内国債と外国債の区別がなされる．最近では外国債の発行はないが，内国債の外国人（非居住者）による保有は増えている．以上の定義はすべて新規発行の国債，すな

わち新規債を念頭においている．既発行の国債の償還期限がきたときに，これをそのまま現金で償還（返済）しないでふたたび借り直すことを借り換えというが，現実の国債発行ではこの借換債の比重がかなり高い．なお，国債の償還については，日本では先進主要国ではすでにみられない制度，すなわち一般会計から資金を繰り入れて国債償還のための資金をあらかじめ積立てる減債基金制度が形を変えて残っている．

国債の発行形式については，日本ではいわゆるシ団引受け方式が国債発行の主たる債券である10年債についてとられている．シ団引受け方式とは，市中金融機関と証券会社をメンバーとするシンジケート団が発行金利や発行額などの条件を受け入れて発行を引き受ける方式であり，シンジケート団は，個人や法人に対して国債を募集して一般投資家が国債を購入するよう仲介するが，募集額が引き受け額に満たないときには，その残高を引き受け消化する．これに対して，発行金利を一般投資家を含む広い範囲で競争入札で決めて消化する公募入札方式があり，日本では超短期国債と割引短期国債がこの方式で発行されている．

発行形式に関連して，国債の流通市場において一般投資家にとってオープンな市場が成立して自由な流通価格が成立しているか否かも金融的には重要な条件である．かりに1970年代までのようにオープンな市場がないとすると，人為的な国債の発行条件の設定が可能であり，シ団引受け方式は国債の保有を満期まで割り当てるという形にも利用された．しかし，1980年代以降のように長期国債の流通市場がオープンな市場として確立すると，発行金利はこの流通市場で成立する市場利回りによって左右され，国債の保有者は売買によって頻繁に変わることになる．

2-3. 租税システムと租税過程

前節において説明された予算制度は，歳出をコントロールすることに中心的な役割があり，歳入，とくに租税については，予算制度が直接制度として関わりをもつことはなかった．しかし，言うまでもなく，財政収入の主たる財源で

ある租税は，それ自身独自の制度的特徴をもっているのであり，また税制を決定するプロセス，すなわち，租税過程（tax process）もまた予算過程とは異なった政治過程として独自の役割を果たしている．そこで，この節では，租税システムのもつ制度的特徴と租税過程を日本の場合に即して概観しておこう．

租税は，一方的に強制力をもって課税されるという点で自発的な取引と全く異なった側面をもっている．現在の民主主義的形態をとる多くの国家にとって，このような強制的に課税される租税をどのように決定し，どのように実施に移すかが極めて重要な課題である．すなわち，一方的に課税される租税の具体的な内容を社会的合意を得て決定する手続きは重要であるとともに，課税の執行を公正にすることが不可欠になる．

現在の租税収入は，多様な個別的税（税目）から構成されていて，制度としては非常に複雑である．たとえば，課税の仕方を法律で決めている税法は，課税標準（課税の対象となる価額・数量など）を規定することだけでかなり煩雑な条項を必要とする．たとえば，所得税法が規定する課税所得の定義だけでも数多くの条文がある．なぜ，このように税法が複雑な内容になるのかは，元来租税が強制的に課税されるために，明確で恣意性を排除した形で課税方式を規定しなければならないことによる．課税の仕方は，すべて税法に盛り込んで規定しなければならないという租税法定主義が強調されるのもこのためである．その結果，どうしても税法の内容は，複雑多岐にわたることになる．

租税過程　租税制度の政策形成の過程である租税過程（tax process）は，歳出，すなわち，多種多様な財政支出の上限を決定する予算過程とは異なる循環（cycle）を財政の意思決定プロセスでもっている．いま，日本の租税過程について概要を示せば次のようになろう．

財政支出が単年度の枠組みのなかで年度の予算として行政府が国会提出するのと同じく税制改正（大きな改正は税制改革）もまた年度予算において提案されることが多い．しかし，税制を立案する主税局は，歳出を査定する主計局とは独立して政策を形成していく．その際政府の税制調査会は，税制改革におけ

る色々な見方を吟味し，租税政策に影響を及ぼす利益団体の主張を提示する場として機能する．税制調査会の30人以上のメンバーは，財政専門家，財務省・総務省の官僚OB，県知事・市町村長，労働組合代表者，ジャーナリスト，中小企業，農業関係者，税理士関係者など，色々な職業の人々から成立している．税制調査会の正式のメンバーには，政府の官僚はいないが，政府は，税制調査会の答申に大きな影響力をもっている．なぜならば，税制調査会は主税局によって準備されたデータや分析に基本的に依存しているからである．よく知られているように，日本の官僚機構は，その部局の活動範囲の維持を正当化し，その政策の方向を自分の意図に沿わせるためにその部局によって設立された各種の委員会を活用しているのが常である．主税局は，税制調査会のメンバーが多様な意見を戦わせることを回避しないが，他の政府の委員会と比較して例外的であるとはいいきれない[4]．

租税過程における政党の影響力を評価するのは簡単ではない．確かに1993年に細川内閣が成立するまでは，自由民主党は長期間政権党として政策形成に影響力をもっていた．特に自由民主党の税制調査会（いわゆる党税調）が利害関係者間の対立を調停するのに力があったことから，税制改革の細部の仕上げに影響力をもっていたといえよう．しかし，1994年に村山内閣が成立してからは，政権党と野党との対立関係が複雑となり，税制改正に対する政党の影響力の強さを判断すること自体が困難となっている．

租税過程は，カレンダーとしてみれば，予算編成の日程に合わせて，次年度の予算案が提出される前の前年度の秋頃から始まる．財務省主税局は，二者択一的な提案を含めて次年度の税制改革に向けて税制調査会に主要な論点を提示し，年末までに次年度の税制改正案をまとめ，政権政党の支持をとりつけて予算案に組み込むのが慣例である．しかし，1989年から導入された消費税創設などの大きな税制改革などは，より長い租税過程を必要とする．すなわち，消

---

4) 財務省主計局は，歳出予算について財政制度等審議会において検討を加えている．しかし，財政制度等審議会における審議は，税制調査会のそれに比較すると議論の幅は狭いと見受けられる．

費税導入は，構想としては，1981年の大平内閣当時の一般消費税提案から始まり，その後の1987年の中曽根内閣における売上税提案を経て現在の形の消費税の採用に至ったのである．この過程で新税の採用の可否，一般的消費税のなかでの選択，すなわち，付加価値税型か，累積売上税型か，あるいは，製造段階における単段階課税のいずれを選ぶか，さらには付加価値税型を採用するとしてもEUが採用している伝票方式（インボイス利用）か，帳簿方式（現行の消費税）かという選択などの論点を見定める必要があるのである．この意味では，現行の消費税採用に至る租税過程は，20年近くの期間を含むこととなる．

租税過程は，大統領制をとっているアメリカと代表民主制をとっているイギリスや日本とでは大きな差異がある．すなわち，アメリカでは，議会が議員立法という形で税制改正を提案し，大統領は必ずしも十分な影響力を発揮できないのである．これに対して，イギリスや日本では，責任内閣制であるから，与党から選ばれた内閣総理大臣が行政府からの提案として税制改正を提案する．したがってアメリカ下院における歳入委員会（Ways and Means Committee）の委員長やアメリカ上院における財政委員会（Finance Committee）の委員長の権限は大きく，その影響力は強い[5]．これに対して，イギリスにおいては，大蔵大臣は，歳入法案をごく少数の内閣のメンバーの同意を得て議会に提案し，提案が議会を通過する以前に新法を実施できる権限をもっている．日本の場合には，税制改正に至るプロセスで多くの論点が広く議論される点が異なるが，内閣が提案するという点ではイギリスと同じである．

2-4. 財政投融資（公的金融）

すでにふれたように，予算とともに財政投融資計画が国会に提出され承認される．したがって予算と財政投融資計画は制度的に似たような性格があり，こ

---

5) アメリカやイギリスの租税過程との比較については，Kaizuka [1990]（日本語訳は貝塚 [1991a] の第6章）参照．

こで簡単に説明を加えておきたい[6]．

　財政投融資計画は，基本的には公共部門を通ずる資金の流れをコントロールするものであり，経済における金融活動との関連が深く，強いていえば元来金融論が対象とすべき領域であろう．しかし，制度的には予算と併行して計画が策定され，予算を通ずる政策効果と同じ効果を期待されていることもあるので，おおよその仕組みを説明しておこう．

　最初に話を広くとって公的金融について説明しよう．公的金融とは，一応公共部門が行なう金融活動と定義することができる．しかし，この定義ではその内容が漠然としすぎている．もう少しその機能に即して考えると，公的金融とは公共部門が行なう金融仲介（financial intermediation）であるということができよう．金融仲介とは最終的な支出主体（たとえば民間企業や公企業）と貯蓄主体（たとえば家計）との間に金融機関が入ることによって新しい資産（たとえば貸出）と負債（たとえば預金）を作り出し，貯蓄資金を実物的な投資へ結びつける役割を果たしているのである．

　公的金融については，最近財政投融資改革がなされたので，その結果を踏まえて新しい枠組みを説明する．

　平成13年度から実施に移された財政投融資改革は，行財政改革の重要な要素であった公的金融改革の一環として位置づけられる性格のもので、従来の財政投融資制度のなかで，資金の吸収の仕方を大きく変えようとするものであった．

　まず，改革前の財政投融資を中心とする公的金融の仕組みをみておこう（図2-1参照）．資金の取り入れの方からみると，貯蓄の一形態である郵便貯金と厚生年金等の積立金が資金運用部に義務的に預託され，資金運用部と簡易保険の資金が，毎年度財政投融資計画として政府金融機関と公団等に配分され融資されたのである．財政投融資改革の最大の眼目は，郵便貯金や年金が自主的に市場を通じて余裕の資金を運用し，預託の義務をなくし，金融市場の市場原理

---

[6] 制度的な説明については加藤治雄編『日本の財政』[2003]，また金融的側面からの説明としては貝塚[1991a]の第11章を参照．

図 2-1 改革前の財政投融資の仕組み

[国民] → 貯金 → 郵便貯金 (255兆円)、年金積立金 (140兆円)、その他 (48兆円) → 預託 → 資金運用部資金 (443兆円)

保険料等 → 簡易保険積立金 (112兆円) → 財政投融資協力 → 簡易生命保険資金 (60兆円)

産業投資特別会計 (3兆円)

預金等 → 金融機関等 → 引受 → 政府保証債等 (22兆円)

資金運用部資金 → 国債引受等 (115兆円) → 国債等 → 政府支出等 → 国民

財政投融資計画 (414兆円)〔内、「自主運用」(100兆円)〕 → 融資サービス等 → 国民

- 国の特別会計等 (14兆円)
  - 国営土地改良事業特別会計
  - 国立学校特別会計 など
- 公庫等 (145兆円)
  - 住宅金融公庫
  - 日本政策投資銀行
  - 公営企業金融公庫
  - 国際協力銀行
  - 国民生活金融公庫 など
- 公団等 (69兆円)
  - 年金福祉事業団
  - 日本道路公団
  - 都市基盤整備公団 など
- 地方公共団体 (83兆円)
- 特殊会社等 (3兆円)
  - 電源開発株式会社 など

[資金運用事業等 (100兆円)]
[簡保積立金 (49兆円)] (12年3月末残高)
自主運用

財政投融資

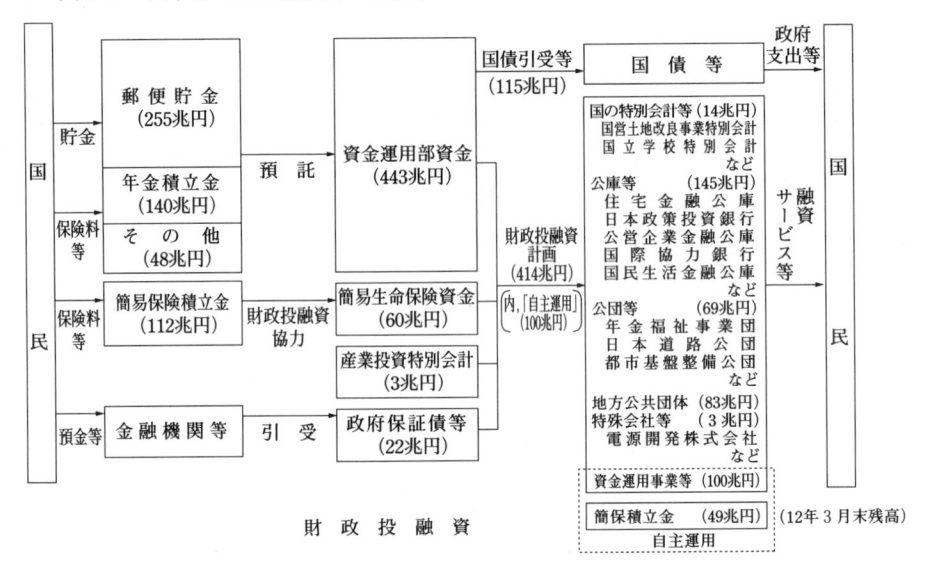

図 2-2 改革後の財政投融資の仕組み

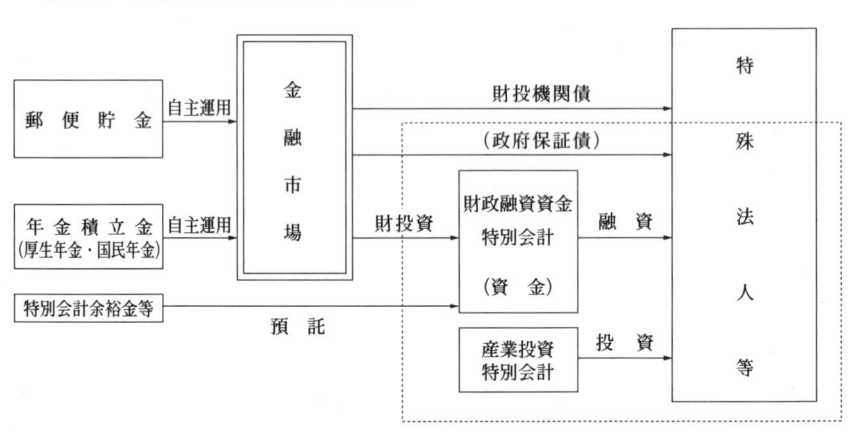

郵便貯金 → 自主運用 → 金融市場
年金積立金 (厚生年金・国民年金) → 自主運用 → 金融市場
特別会計余裕金等 → 預託 → 財政融資資金特別会計 (資金)

金融市場 → 財投機関債 → 特殊法人等
金融市場 → (政府保証債) → 特殊法人等
金融市場 → 財投債 → 財政融資資金特別会計 (資金) → 融資 → 特殊法人等
産業投資特別会計 → 投資 → 特殊法人等

に従わせることであった．他方，資金運用部は，国債の一種としての財投債を発行して資金を調達することとなり，政府金融機関や公団等の特殊法人は，自らの財投機関債を発行することとし，これが困難な場合には，政策コスト分析，

償還確実性や民業補完を精査して，財投債による資金調達を認めることとした（図2-2参照）．

財政投融資が一般会計の予算と並んで政策的に活用されるのは，財政投融資による貸付が市場金利より低い水準で行なわれ，特定の分野に資金が誘導されうるからである．また，公共投資に含められる公団などの投資計画が財政投融資によって左右されるという意味で公共投資の規模や配分にも影響力をもっているからである．しかし，昭和50年代に入り金利が自由化されてくると，財政投融資が金融的に民間金融より低利で調達することが困難となり，補助金に頼らずに市場金利よりも低い金利で貸付ける余地は狭くなりつつある[7]．

2-5. 地方財政

このテキストでは，主として中央政府（国）を念頭において説明が行なわれているが，財政を議論するときに，最小限不可欠と思われる地方財政のシステムについても簡単にふれておきたい．

地方分権と地方政府　1970年代後半から，その背景は，はじめはいわゆる革新勢力の戦略として，その後は，やや保守主義的な色合いをもちつつ，地方分権推進論は広く支持を得ている．ここでは，このような議論の可否をはなれて，地方分権と地方政府に関する事実認識についてあまり異論のないところを示しておこう[8]．

最初に，連邦国家（federal state）と単一国家（unitary state）との差異にふれておきたい．たとえば，アメリカ，ドイツ，カナダ，スイス，オーストラリアなどは連邦国家として分類され，イギリス，フランス，日本などは，単一国家として分類されるが，この分類は憲法上の（constitutionalな）差異にもとづくもので，地方政府が中央政府に委譲しえない権限を憲法上もつか否かによる．すなわち，中央政府に委譲しえない権限をもつのが連邦国家における地

---

[7] 公的金融の将来は大きな政策問題となりつつある．一例として，野口[1981]の第4章を参照．
[8] 地方分権については，村松[1988]および貝塚[1994]を参照．

方政府（典型的にはアメリカの州）であり，その逆が単一国家における地方政府なのである．そして，多くの場合，歴史的には連邦国家は，中央政府の成立が独立の州などの政府が集まることによって可能になったのであり，元来独立の主体であった地方政府が権限を委譲してアメリカのように中央政府が成立した経緯があり，これが憲法に反映したと思われる．ここでは連邦国家を憲法上地方政府が中央政府に譲り渡すことがない権限を有する国家と定義するが，このような定義は，現実の連邦国家が変化しつつあり，その成立時に比べると地方政府の自主性が失われつつあることから，場合によっては単一国家との差異が小さくなることまで否定しているわけではない．

次に，地方分権については，分権化の対象となる地方政府のレベルが具体的に何かということがある．多くの先進諸国において，地方政府は二段階，場合によっては三段階に分かれていることが多い．すなわち，個別の地域社会に密着する市町村（日本），カウンティ・都市や学校区（アメリカ）が分権化された主体なのか，それとも中間的な都道府県（日本）や州（アメリカ）が分権化された主体なのかということである．連邦国家の場合（アメリカ，ドイツ，スイス，カナダ，オーストラリアなど）には，中央政府に対して固有の権限を与えられているのは，中間段階である地方政府である．しかし，伝統的に地方自治（local autonomy）というときには，むしろ末端の行政行為が自立性をもつことを指している．いずれにしても，分権化のレベルについても注意を払う必要がある．

最後に，地方に関する分権化の定義をしておく．通常，地方分権とは，行政機構としての中央政府と地方政府間の権限の分権化を指している．しかし，地方への分権とは，より広く地方政府が政治的，行政的に意思決定しうる範囲が広くなることと定義した方が妥当であろう．すなわち，行政府のみならず，立法府を含めて政治プロセス全体のなかでの地方の意思決定の自由度が高まることである．

国と地方との財政関係　　日本は，単一国家であり，制度上地方政府の分権

化は，おのずから制約がある．すでに表1-4で用いた統計に即して国と地方(都道府県と市町村)との関係をあらためて説明しておこう．すでにみたように地方政府（地方公共団体）は，支出主体としては，財政支出の80％弱を支出しているが（表1-4参照），このことは，地方政府は同じ比重で自分の財源で支出を行なっていることを意味するのではなく，表1-5が示すように，租税においては，全体の税収の40％前後を地方税として課税しているに過ぎない．国が地方の財政支出そのものの内容を左右しているのは，表1-5に示されている国庫支出金に関係する地方政府の財政支出である．国庫支出金は，いわゆる補助金であり，補助金の対象となる支出（あるいは事業）が行なわれることが前提で支出されるものである．補助金は，対象となる支出の一部であるが，全体としての支出をコントロールしているといってよい．公共事業における補助金(補助事業)がその典型的なものであり，たとえば，2000年度の普通建設事業費（約23兆9,000億円）のうち，補助事業は，44.0％（10兆5,000億円強）であった．たとえば，一般国道の改築には，70％を限度として複雑な補助率の補助金が支出される．

このような補助金とは異なり，支出の使途と無関係に一括して国から地方公共団体に支出されるのが地方交付税である．地方交付税は，財政力の異なる地方公共団体に財源を保障する役割をもっている．これは，元来地方公共団体は，それぞれの地域の経済力に応じてその税源から地方税を課税するが，低い経済力しかもたない地方公共団体は，その税収には当然のことながら限界がある．このような財政力の低い地方公共団体がその地域において低い水準の公共サービスしか提供できないとすれば，次のような問題が生ずるのである．すなわち，地方公共団体が提供する公共サービスは，地域に住む住民には必要不可欠なサービスが含まれ，提供するサービスには，地域間で多様性があるとしても，必要不可欠なサービスの質が大きく低下することは，経済社会全体としては許容しがたいのである．このように考えると，国が低い財政力の地方公共団体に対して，裕福な地方公共団体の税収をプールして財源を保障するシステムは不可欠である．多くの諸国もなんらかの意味でこのような税収の再配分のシステ

ムを持っている.

　日本の地方交付税は，国税のうち，所得税・法人税・酒税の32％と消費税29.6％をプールとして，一定の基準（すなわち財政力指数）で都道府県と市町村に配分するシステムである．ここで財政力指数とは，それぞれの地方公共団体の税収（基準財政収入）が必要とされる財政支出（基準財政需要）を充たしている程度を指標化したものである．なお，基準財政需要額は，人口数などの差異を反映したモデル自治体における財政需要を基礎に推計したものである．1996年から1998年までの3ヵ年平均でみると，東京都：1.10，愛知県：0.98などが高く，高知県：0.23，島根県：0.24などは極めて低い[9]．

---

9) 地方政府における地方税に関して，分権の有無は，重要な論点であるが，税制について説明する際にあらためてふれる（Ⅲ．序論参照）．

II

財政支出

　経済社会における政府の役割は，なんらかの意味で財政支出を通じて実行に移される．たとえば，政府が行なう行政サービスは，公務員に給料を支払う形ではじめて具体的にサービスが提供され，公共投資などは，政府自身が事業の主体になって支出される．しかし，資源の配分という点からすれば，民間部門もまた使うことができる資源をなぜ政府が使ってよいのか，使ってよいとしてもどの程度まで財政支出を拡大してよいかが吟味されなくてはならない．第II部では，第3章「公共部門の純粋理論」でまずこのようなあるべき財政支出の姿が理論的に検討される．いわば，公共部門の純粋理論である．

　いうまでもなく，現実には予算を中心とした政治過程が財政支出を決定している．したがって，政治過程のメカニズムを前提としながら，財政支出の規模や内容がなぜそうなったかを説明することも重要な課題となる．第4章「政治過程の経済分析」は，この課題に答えようとするものである．最後に第5章「現実の財政支出」では，財政支出の具体例として社会保障と公共投資の現状を概観する．

第3章

公共部門の純粋理論

　本章の課題は，公共部門の最も重要な役割とされている公共財の提供について，厚生経済学の立場から理論的検討を加えることにある．すなわち，資源配分機能からみた公共部門の役割を理論的に明らかにすることにある．

　そこで，本章ではまずこのような問題が従来どのように理解されてきたかについて，財政学の学説史的系譜をたどりながら概観し，最終的には利益説の立場をとる理由が説明される（3-1節）．次いで，利益説を厚生経済学の立場から定式化し，公共財の最適供給については市場機構に代わる政治過程が必要とされる理由，すなわち公共財の理論が説明される（3-2節）．3-3節では，公共財をめぐるいくつかの問題が検討される．

3-1. 財政分析のフレイム・ワーク ——利益説と能力説——

　公共部門が国民経済において，特に資源配分の観点からみて，どのような役割を果たすかという問題について，伝統的な財政学は必ずしも正面切って取り扱ってきたわけではない．近代経済学の政策論の基礎となっている厚生経済学と，1960年代から盛んになってきた公共選択の理論はかなりの明快さをもってこの問題の一つの側面をはっきりさせたといってもよい．第3章では主として厚生経済学的な観点からするサムエルソンとマスグレイヴによる公共財の理論を説明する．なお，ヴィクセルの伝統をつぐともいえるブキャナンを中心とする公共選択理論のエッセンスは第4章で説明される．

　これらの，いわば現代経済学による接近は，公共部門の分析をどのようなフ

レイム・ワークで行なうかを方法論的にすでに前提している．そこで3-1節では，この種の方法論的な問題にふれることにしたい．これは最近の財政学のテキストが素通りしている対象ではあるが，多少の社会哲学的な視点をも加えながらここで説明してみよう．

公共部門の行動をみると，多くの非市場型経済活動と同じくそれが集合的（collective）な意思決定，あるいは集団（group）による意思決定にもとづいて行なわれている点が特徴的である．個人にしてもあるいは集団にしても，その行動を具体的に決めるものはそれぞれの価値体系である．個人の場合の価値体系は，われわれが経験上実感しうる存在であり，個人の行動は，まさにそれぞれの個人の価値体系，わかりやすくいえば個人の好み，あるいは選好に依存しているといってよい．近代経済学は，市場において取引をする個人がそれぞれの好み，あるいは選好に応じた自分の利害にしたがって行動するとみて，経済全体の動きを理解する．シュムペーターはこれを方法論的個人主義と呼んだが，公共部門というような集合的な意思決定についても同じように方法論的個人主義が適用できるか否かが財政学にとっては大きな問題であった．

公共部門というのは，国とか地方公共団体というような集団であり，その集団の行動は，それがもつ価値体系（選好）の下での優先順位にしたがって行なわれるのである．この場合，これらの集団の選好はその集団に属する個人の選好に完全に還元しうるのか，それとも還元しえない独自の要素が残っているのかが問題である．もし前者の立場をとるならば，個人主義的なフレイム・ワークがとられたことになり，後者の立場をとれば集団主義的なフレイム・ワークがとられたことになる．

近代経済学にもとづく経済分析は，方法論的個人主義を基調としているから，個人主義的なフレイム・ワークは経済学的なアプローチである．これに対して集団主義的なフレイム・ワークは分析の対象をグループから始め，個人を対象としない社会学の考え方に沿っており，いわば社会学的アプローチといえよう．いまこのような二分法を認めるとすれば，財政学の過去の学説もどちらかのタイプに分かれるとみられる．

第3章　公共部門の純粋理論

　財政学説史上，課税の根拠として利益説と能力説とが対立してきたが，利益説はほぼ個人主義的なフレイム・ワーク，能力説はほぼ集団主義的なフレイム・ワークを採用してきたといってよい．すなわち，利益説は，課税が元来財政支出の与える受益の対価としての性格をもつとみるのに対して，能力説は，課税が各人の負担能力にもとづいてなされるべきであり，いわば家父長としての国家がその構成員に義務として負担能力に応じて課税するとみるのである．

　以下，簡単に利益説と能力説を学説的系譜にしたがって概観してみよう[1]．

　まず，経済学の創始者といってもよいアダム・スミスはその『国富論』において，利益説と能力説をやや未分化のまま説明している．すなわち，スミスは「すべての国家の国民は，できる限り各自の能力に応じて政府を支持することに貢献せねばならない．この場合，各自の能力に応じてというのは，国家の保護の下でそれぞれ享受した収入に応じてという意味である」と説明し，すぐに続けて「大きな国における個々人にとって政府の費用というものは，大きな土地を共同で借りている借地人にとっての土地の管理の費用のようなもので，これらの借地人は，この土地から得られるそれぞれの利益に応じて管理の費用を分担せねばならない」と説明している[2]．前半の説明は能力説に近いが多少とも利益説のニュアンスは残しており，後半の説明はほぼ利益説に近いといえる．

　その後の財政学の主流は，課税の原則としては利益説をとらず能力説をとってきた．イギリスでいえば，J. S. ミル，エッジワース，ピグーの名によって代表される系譜であり，またドイツでいえば，ドイツ流財政学（Finanzwissenschaft）の基本をなす考え方であった．

利　益　説　　財政学の主流を形成してきた能力説に対して，利益説はイタリアや北欧において発展し，むしろかつては異端の立場にあったといえよう．

---

1) 以下の学説史的系譜はマスグレイヴやブキャナンの解釈に近い．Musgrave [1959]，Buchanan [1949]．貝塚[1981a]第1部を参照．またMusgrave [1985]をも参照のこと．なお，利益説をもっと狭く解釈して，のちにふれるようなリンダールの自発的交換の理論にかぎるという見方もないわけではない．
2) Smith [1776]参照．

利益説はすでに説明したように，租税を公共支出の提供するサービスに対する対価であるとみなす．この点は，パンタレオーニ，マツォーラやバローネなどによって主張された．たとえばマツォーラは，公共部門が「必要とする資力を調達する負担は，その配分がなされたのちに徴収された資源のそれぞれの分け前が同程度の最終的な効用を示すように配分され，その結果として社会の各構成員は，これらの財（公共支出）がそれぞれにもたらす最終的な効用にちょうど対応する対価を公共支出の消費に対して支払う」と述べ，さらに，今日の公共財の理論とほとんど違わない次のような議論を展開する．すなわち，「法律，秩序，公衆衛生などのサービスは，個人の満足を高めるものであるが，……その個々の消費量を分割することができず，また測定することもできないし，個々の満足における分け前もわからない．このような消費における不可分性が単一の市場価格の形成を妨げる技術的な理由に」他ならない[3]．

　北欧の学者ヴィクセルは利益説の考え方を支持したが，利益説が主張する公共支出の対価としての課税は，公共支出のサービスを受け取る人々が自己の選好に見合った租税を自発的に負担しようとしないために実行が困難になり，利益説の主張は，結局において投票を中心とする民主的な政治過程に委ねざるをえないと指摘した．すなわち，公共財はその完全な不可分性の故に，社会の構成員のすべてが消費する形になるが，その場合，公共財を消費する人々は他人がその費用を負担することを知っているとすれば，公共財に対する各自の評価を反映する対価を租税として支払おうとはせず，その結果，公共財の供給が十分に行なわれず，どうしても他の人々との協議が必要となり，政治過程によって解決されねばならないとみる．ヴィクセルの主張を受けついだリンダールは利益の対価としての課税を自発的交換（voluntary exchange）と解釈し，このような交換の解を求めようとした．利益説の主張はリンダールの場合には，あたかも民間部門における市場機構に近いような形で理解されるに至った[4]．

　以上，利益説の学説史的系譜をごく簡単にたどったが，公共支出は社会の構

---

[3] Mazzola [1890] 参照．
[4] リンダールの主張は，厳密には 3-3 節で説明されるリンダール均衡と解釈できる（79 頁参照）．

成員の評価にもとづいて提供されるものであるという点で,最大公約数ともいえる共通点をもっていたとみることができる.すなわち通常,民間部門における財・サービスの供給が,究極的には消費者の選好にもとづいてなされるのと同じような意味で,消費者主権が公共支出の決定についても成立すると主張した.ただこのような状況が,リンダールのように自発的交換を通ずるのか,それともヴィクセルのような政治過程を通じて実現されるとみるかという点で意見の違いがみられるのである.

能 力 説　能力説とはすでにふれたように,租税が課税される経済主体の負担能力あるいは支払い能力に従うべきだという主張であるが,能力説の系譜に属する人々のかなりの部分は,ミルやエッジワースに代表されるように,負担能力あるいは支払能力とは何かという問題に力を注ぐようになり,課税の側面が主として議論され,課税総額ひいては公共支出総額がどのように決まるかについては明示的な言及がなされていない.すなわち,ミルやエッジワースでは,必要な支出を調達する課税額全体が与えられたときに,個々人の効用に対する犠牲を最小にするような課税方式を求めることが問題の中心であった.

しかし,このように課税における負担の配分を中心的な課題とする能力説においても,公共支出決定に関して暗黙の想定がなされていたと解釈することができる.それは,公共支出が社会に与える利益は公共支出が個人に与える利益のみに還元しえないという判断である.たとえば,ピグーはその著『財政研究』において次のようにいう.「……政府は,各市民のためにその別々の指示を実行する単なる代理者ではない.個人が石炭に対する好みと衣服に対する好みをバランスさせるのと同じやり方で,政府は,各人の戦艦に対する購買意欲と衣服への購買意欲を限界において単純にバランスさせることはできない.市民全体の代理者として,政府・個人に対しては強制力を発揮しなければならない」[5].すなわち,ここでは政府は個々の市民の集まりではなく,市民全体の代表者なのである.またエッジワースも,国家の財政に関する行動は,競争の

---

5) Pigou[1947], p.33 参照.

欠如の下に行なわれ，少数の党派の間における政治的な契約として成立し，競争的な契約と比較しえないと述べている．

能力説のこのような面がもっとも明瞭に表われているのは，19世紀のドイツ流財政学の代表者であったワグナーの場合である．ワグナーは，イギリスの学者のような功利主義的な立場にはないので，犠牲というような概念を用いないが，他方，国家の経済的な役割について強烈ともいえる主張を示している．すなわち，国家の私企業経済に対する「最終的なまたもっとも本質的な差異は，国民生活における国家の重要性と国民の経済生活に対する国家の優越した位置である」という．そして「その主権の故に，国家はそのなすべき仕事を自由に決め，また国民に対して提供するサービスの種類と量を自由に決める．国家は，これらの仕事をその財政的な特権もしくは権力によって遂行し，それか与える利益とは無関係に強制的な手段によって必要な収入を確保する」[6]．このようにワグナーは，能力説が暗黙のうちにもつ公共支出全体の決定に関する想定を極端な形で示している．

さらに，かつてのドイツの財政学の一つの傾向を代表するリッチュルの主張をあげておくべきであろう[7]．リッチュルによれば，ゲマインシャフトとしての共同体国家は，血縁，言語，歴史，風土等の共通性にもとづくもので，これに属する人々は郷土に対する愛情を分かちもっている．このような共同体国家では，犠牲的精神，忠誠心がエゴイズムにとって代わり，共同体による強制は，このような共同体精神によってはじめて実効性をもつという．ワグナーのように「国家」に対する独特な地位を与えないとしても，共同体による強制は成立しうる．

これらの能力説において共通にみられることは，公共支出の決定が社会に存在する，あるいは共通する社会的価値（social values）に依存して決まるとみていることである．このような社会的価値は，社会的なグループの一員として個人が活動する場合の価値基準であり，個人が別々に一人で活動する場合の個

---

6) Wagner [1883] 参照．
7) Ritschl [1931] 参照．

人的価値（individual values）の基準とは異なっているのである．個人的な価値と併存するがこれとは独立に社会的価値が公共部門の行動を決定する．

　両説の比較　以上，個人主義的フレイム・ワークと集団主義的フレイム・ワークをそれぞれ利益説と能力説に結びつけて学説史的系譜に位置づけた．最後に両者のフレイム・ワークを比較しながらコメントを付け加えておきたい．

　両者のいずれのフレイム・ワークを選択するかは，最終的にはどのような国家観をとるか，あるいは公共性をどのように理解するかという社会哲学的な価値観にもとづく．したがって，これはその当否を簡単に判定しえない性格の問題ではあるが，あえて二つのフレイム・ワークに内在する問題点を指摘しておきたい．まず，集団主義的なフレイム・ワークについては，多くの場合集団の価値体系と併存して個人に独自の価値体系を認めることが多い．この場合，個人について独自の価値体系は集団の価値体系とどのような関係があるのであろうか．両者は相矛盾しながら共存するのであろうか．極端な場合には個人の価値体系がまったく独自性がないとすれば，個人は単に集団的な価値体系を反映するにすぎなくなる．このような見方は，非民主主義的な政治過程を許容し奨励する傾向をもち危険な見方ということになる．さらに集団に固有の価値体系があるとしても，それがどのようにして客観的に示されうるのかはっきりしない．具体的には特定の個人あるいは特定のグループが集団を代表してその選好を示すことになろうが，これを誰が客観的に集団の選好体系と判断するのかという問題がある．このように集団主義的フレイム・ワークには疑問点が残る．なお，マルクス主義は公共部門を支配階級による搾取の手段とみる点で集団主義的な見方であるといえよう．

　次に個人主義的フレイム・ワークについては，筆者は近代経済学の思考法になれ親しんできたのでこの見方に共感するのであるが，問題がないというわけではない．たとえば，序章でふれたような価値財に示される政府活動は，集団主義的な価値観なしには説明しえない[8]．また，所得再分配の必要性を主張す

---

8) 本書の序章，11頁参照．

る場合にも，そこに政府の家父長的配慮の要素が存在していることを否定するのは困難なように思われる．

いずれにしても，どちらのアプローチをとるかは価値観の問題であるので，これ以上は議論しないが，ここでは個人主義的なフレイム・ワークにしたがって公共部門を分析してどのような実りある結果がえられるかを示すことによって説得する以外に道はないであろう．しかし，筆者はあえて次のことを主張しておきたい．すなわち，集団主義的な見方によって財政のどういう問題が新しく巧みに説明できるのか，少なくとも分析したといえるような結果がえられるのか疑問に思うのである．なお，国家や公共性については，ここで述べた説明とはまったく違った見方があり，さらに思想史的にはいろいろな解釈が可能であることを付け加えておきたい[9]．

3-2. 公共財の理論

この節では，資源の効率的な配分からどのようにして公共財が提供されるべきかという規範的（normative）な見地から公共財の理論を説明する．

まず前節で説明されたような利益説の考え方を，厚生経済学の立場から定式化してみよう．話を簡単にするために，社会が二人の人で構成され，私的財（private goods）が1種類，公共財（public goods）が1種類しか存在しないと想定する．ここで私的財というのは，通常の経済理論において扱われている財・サービスのことであって，各人の消費量を加え合わせれば，社会全体の消費量となるような財・サービスである．もう一方の公共財は，のちにあらためて定義するとして，ここでは，とにかく私的財とは異なった性格をもつ財であるということにとどめよう．

数式による定義 いま，二人が消費する私的財の量をそれぞれ x_1, x_2 とし，公共財の量をそれぞれ y_1, y_2 としよう．私的財については，社会全体

---

9) 西部 [1975] や佐伯 [1976] をみよ．また，思想史的解釈の一つの試論として，貝塚 [1974] を参照のこと．

の消費量（X）はいうまでもなく

$$X = x_1 + x_2 \tag{3-1}$$

である．すなわち，個人消費量を加え合わせたものに等しい．いま，社会全体における公共財の消費量をYとすると，社会全体の生産機会は，私的財（X）と公共財（Y）の生産のために用いられることになる．これは生産転形関数として示される．

$$F(X, Y) = 0 \tag{3-2}$$

個人が消費からどれだけの満足を得るかは，それぞれ私的財と公共財の消費量に依存する．いま，第1番目の個人の効用関数をu_1，第2番目の個人の効用関数をu_2とすると，

$$u_1 = u_1(x_1, y_1) \tag{3-3}$$
$$u_2 = u_2(x_2, y_2) \tag{3-4}$$

である．

さて，ここで公共財の各人の消費量（y_1, y_2）と全体の消費量（Y）の間にどのような関係が成立するかをはっきりさせなければならない．もし私的財と同じように，各人の消費量を加え合わせると社会全体の消費量に等しいというのであれば，公共財と私的財の差異はなくなる．したがって，私的財とは異なるどのような特徴をここで考えるかが重要な問題である．前節でみたようにマツォーラは，公共財を完全な不可分性をもつ財とみたが，ここではサムエルソンにしたがって，すべての人々に共通に消費される（等量消費される）財と考えよう[10]．われわれの例でいえば，

$$y_1 = Y, \quad y_2 = Y \tag{3-5}$$

の条件が公共財の特徴を示すことになる．

図　解　以上では，数式を用いて公共財の定義をしたが，同じことを図解によって説明することにしよう．

次の図3-1は第1番目の個人の消費行動を示し，図3-2は第2番目の個人

---

[10]　Samuelson [1954], [1955].

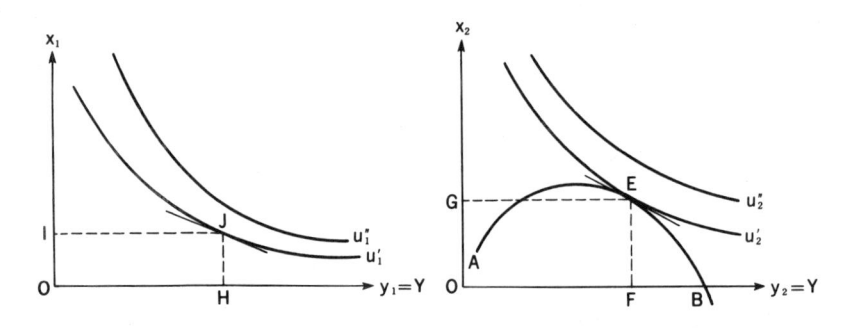

図 3-1 消費行動（第 1 番目の個人）　　図 3-2 消費行動（第 2 番目の個人）

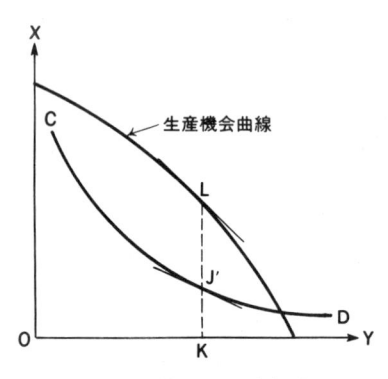

図 3-3 公共財の最適供給

の消費行動を，図 3-3 は経済全体の消費と生産の関係を示している．まず，図 3-1 では，第 1 番目の個人について横軸に公共財の消費 (y_1) が測られ，縦軸に私的財の消費 (x_1) が測られ，無差別曲線が示されている．図 3-2 は第 2 番目の個人について同様に横軸に公共財の消費量 (y_2) と縦軸に私的財の消費量 (x_2) と無差別曲線が示されている．数式でいえば (3-3) と (3-4) がそれぞれ対応する．図 3-3 には (3-2) で示される生産転形関数が描かれ，同時に図 3-1 の u_1' に対応する無差別曲線の一つ (CD) がそのまま描き込まれている．

さて，私的財については，いうまでもなく図 3-1 と図 3-2 の縦軸で示された消費量を加えたもの ($x_1 + x_2$) が図 3-3 の縦軸 (X) になっているという (3-1) の条件が満たされなくてはならない．次に公共財については (3-5) から，

それが供給されれば図3-1, 図3-2と図3-3の横軸でみて必ず等量でなければならないという条件を満たさなければならない.

パレート最適　以上のような数式あるいは図解を前提として, 公共財が存在するときに資源の効率的配分がどのように行なわれるべきかを求めてみよう. すなわち, 公共財と私的財の最適な配分を満たすパレート最適を求めてみよう. 形式的には, 適切な資源の配分は(3-1)(3-2)(3-5)の制約条件の下での極大化によって求められる[11]. しかし, ここでは, 説明をわかりやすくするために, 図解によってパレート最適の成立を示してみよう.

経済理論でいうパレート最適というのは, 他の人々の効用水準を下げることなしには, 特定の人の効用を高めえない状況を指す. いま第1番目の個人の効用水準を特定の水準に与えよう ($u_1 = u_1'$). パレート最適は, このような条件の下で第2番目の個人の効用を極大にしたときに達成される. 図3-1には, $u_1 = u_1'$ を満たす x_1 と y_1 との組合せ(無差別曲線)が描かれている. 図3-1の u_1' 曲線を図3-3に移しかえる(CD曲線)と, 第2番目の個人にとって消費可能な領域が求められる. すなわち, 任意の Y の値に対して, 生産機会曲線上の点と CD 曲線との距離を縦軸と平行に測ると, 第2番目の個人にとって消費可能な私的財の量(x_2)がわかる. このような Y と x_2 との組合せを描いたものが, 図3-2における AB 曲線である. 第2番目の個人にとって最も望ましい組合せは, 無差別曲線と AB 曲線との接点 E である. したがって E 点はパレート最適を満たす点であり, 公共財の消費水準は $Y = OF = OH$ (図3-1)に決まり, これに対応して私的財の消費量 $x_1 = OI$, $x_2 = OG$ が決まる. 第1番目の個人の最初の効用水準 u_1' の値を変えれば, これに対応してパレート最適を満たす財の組合せが得られる. この組合せは無数にある.

さて利益説の考え方, つまり望ましい資源の配分は社会を構成する人々の効用に依存するという考え方から, 社会全体の厚生, すなわち社会厚生(W)は,

$$W = W(u_1, u_2) \tag{3-6}$$

---

11) 数式によるパレート最適条件の導出については, 本章の補論(1)を参照のこと.

という社会厚生関数で示される（ここで$\partial W/\partial u_1 > 0$, $\partial W/\partial u_2 > 0$）．この社会厚生関数の極大化を求めることで，このようなパレート最適を満たす組合せのうちから社会的にみて最も望ましい点が選ばれる．

なお，パレート最適を満たす点の接線の勾配である陰の価格 (shadow price) については，次のような性質があることに留意する必要がある．図3-3で，社会全体の生産機会曲線上のL点における接線の勾配（限界転形率）は，私的財を基準（ニュメレール）にとった場合の機会費用を示している．この機会費用は，図3-2のE点における第2番目の個人の限界代替率に対応する接線の勾配と，図3-1のJ点（図3-3のJ'点）における第1番目の個人の限界代替率に対応する接線の勾配との和に等しい．

すなわち，限界代替率の和が限界転形率に等しいというのが公共財供給の最適条件なのである．かりに社会にn人の人がいるとすれば，

$$\sum_{i=1}^{n} MRS^i = MRT \tag{3-7}$$

が成立する．ここでMRS^iはi番目の個人の公共財の限界代替率である．私的財のみの世界ではよく知られているように，

$$MRS^1 = MRS^2 = \cdots = MRS^i = \cdots = MRS^n = MRT \tag{3-8}$$

が成立するのであるから最適条件は対称的な形をとる．

市場の失敗　市場機構はこのような私的財間の限界転形率と限界代替率を均等化させる役割を果たす価格のパラメター機能を通じてパレート最適を実現させうるが，公共財が存在する世界では最適条件は (3-7) のようになるから，一物一価という形での価格はこのようなパラメター機能を果たしえない．市場機構は，公共財を含む世界においてはパレート最適を達成しえない．すなわち，市場の失敗 (market failure) が生ずるのである．

公共財の私的財に対する各個人の選好（限界代替率）をちょうど反映するような陰の価格（あるいは課税）を設定して，この陰の価格を加え合わせたものが，社会にとっての資源利用の機会費用に等しくなるような状況を抽象的に考える

ことはできる．しかしこのようなことは，政府が各個人の効用関数，生産機会曲線を知っていて，最適解をとくという非現実的な想定が満たされない限り成立しえない．不完全な情報しか利用しえない現実の世界では，各人は公共財が等量消費で他人も同時に消費することを知っているので，自分の負担（対価の支払い）をなるべく小さくするために自分の選好を低くみせかけようとする．これは只乗り（free rider）の問題といわれるが，公共財の存在する世界では，各人が与えられた価格に対して正直に選好を示さない方が利益になるという可能性が残り，価格機構類似のシステムにしたがっていれば利益になるという動機づけ（incentive）が弱くなってしまう[12]．

このように公共財の存在する世界において，市場機構類似のメカニズムがうまく働きえないとすると，公共財の配分を決定する別のメカニズムが必要とされる．政治過程がこのメカニズムに対応すると考えられるが，各人の公共財に対する評価が生かされて公共財の供給が行なわれうるか否かという観点からの政治過程の分析については，第4章において詳しく検討したい．

3-3. 公共財をめぐる問題*

公共財の定義 3-2節では，サムエルソンにしたがって等量消費される財を公共財と定義した．その結果，公共財の効率的な提供に関する条件がえられた．しかし，等量消費される公共財は，公共財のもつ特徴を極端な形で示したものと考えられるので，以下，公共財の定義についてもう一度立入って検討しておきたい．

序論においてもふれたので多少重複するが，公共財に関しては二つの特徴が重要である．第一は，排除原則が適用不可能であるという特徴である．排除原則とは，対価を支払った人のみに限定してサービスを提供することを指すが，公共財はこのような原則の適用が困難であるような財である．換言すれば，も

---

[12] 只乗りの動機が公共財の供給をいつもゼロにするほど強力であるか否かについては疑問が残る．教会，図書館，美術館など政府所有ではない非営利の団体が存在していることは一つの反証であるかもしれない．しかし，公共財の供給が過少になる可能性は否定しえないであろう．サムエルソンの見解に対する懐疑的な見方の一例として，Johansen[1977]参照．

し公共財に排除原則を適用しようとすれば，そのために大きなコスト，場合によっては無限大のコストがかかるような財を指すのである．一例として街路を例にとれば，街路を通る人々からいちいち通行料金をとることは技術的には不可能ではないが，現実には料金を徴収する手間は大きく，そのコストは高い．したがって，街路は無料としてそのサービスが提供されるのが常である．政府の必要不可欠な役割とみられている防衛活動（安全保障サービス），警察活動などに対して排除原則を適用することが技術的に不可能といってもよい．

　公共財のもう一つの特徴は，消費における非競合性（non-rivalness）である．この場合，非競合性とは，ある人の消費が他の人の消費を減少させることがなく，消費における競合性が存在しないことを指す．よくあげられるのは，橋の例である．すなわち，橋を渡ろうとする通行者は，その人が通行することによって他の人の通行を妨げないのであり，消費における非競合性が成立する．もっとも，厳密にいえば，橋の通行が混雑していなければという条件が必要であり，非競合性と混雑（congestion）とは表裏の関係に立っているのである．さらに注意を要するのは，非競合性と排除原則の不適用とは異なった性質であり，当然非競合性のある財・サービスでも排除原則が適用されうる場合もある．高速道路における橋の利用，音楽会場の利用などは排除原則が適用可能であるが，消費における非競合性が成立している例である．

　サムエルソンが公共財として定義した等量消費の財とは，排除原則が完全に適用不可能であり，消費の競合性がまったく成立しえない極端なケースをモデルとして設定したのである．このような公共財を，以下では純粋公共財と呼んで区別するのが便利であろう．序章でもふれたように，政府がなすべき最低限必要な活動（一般行政サービス，国防，警察，裁判など）はほぼ純粋公共財に近いとみることができよう．また純粋公共財は地域社会においても考えうるから，地域公共財（local public goods）が成立しうる．たとえば，街燈，市町村道，ゴミの収集などはこの例である．なお，地方公共財の最適供給を理論的に検討することから，地方財政の純粋理論を組み立てることができる（本章の補論(2)参照）．

また，経済理論においては必ずしも同一ではないが，公共財と類似した概念が使われることがある．外部経済 (external economy) はその一例で，特に消費における外部経済が成立しているときには，公共財と似た現象が生ずる．消費における外部経済とは，ある人が消費活動を行なえば他の人々も同時に利益を受ける場合であり，同時に複数の人々が共同に消費するという側面をとりあげれば公共財と似ているといえよう[13]．

公共財の提供と所得分配＊　　前節においては，社会全体の資源の効率的な配分という観点からみて望ましい公共財の水準の決定を説明した．このような公共財の水準の決定は，公共部門が所得分配に占める役割とどのような関係にあるのであろうか．もし資源配分の観点からみた公共財の水準の決定と，公共部門の所得分配に占める機能とが完全に分離されるならば，公共部門の運営はきわめて容易になる．なぜならば，公共部門は資源配分への影響を顧慮することなく，所得の公平な再分配を達成する自由度をもつことができ，また逆に，所得の公平な再分配とは独立に，資源の効率的配分を行なう自由度をもつことができるからである．事実，このような機能的な分化が可能であると主張されたことがある[14]．しかし以下で検討されるように，このような機能的な分化は残念ながら保証されない．

　まず，私的財のみが存在する世界において，資源の効率的な配分と所得分配がどのような関係にあるかを復習しておこう．パレート最適は市場機構によって達成されるのであるが，市場機構は，与えられた経済主体の保有している財分配を出発点として，生産と交換によってパレート最適を達成する．この場合，期首に与えられた財分配というのは，過去から受け継がれたものであり，その意味では，その社会の歴史を受け継いだものといえる．したがって，市場機構によって達成されたパレート最適の点は，このような特定の所得分配（財分配）に対応するものでしかない．もし，社会全体にとって公平と考えられる状況が

---

13) 1970年代以降の公共財の理論についてはOakland[1987]のサーベイを参照のこと．
14) 機能的分化を強く主張しているのは，マスグレイヴである．Musgrave[1959]を参照．

別のパレート最適の点であるとするならば（あるいは社会厚生関数が別のパレート最適の点を選ぶとすれば），期首の財分配をかえること，すなわち所得の再分配が必要となる．この場合，市場機構は望ましい所得の再分配を実現するメカニズムとしては役立たない．公共部門が市場に介入して，高い所得を得ている人から，課税により所得の一部を取上げ，これを移転支出として低い所得を得ている人へ移すといった政策が必要となる[15]．

　私的財とともに公共財が存在する世界においても，パレート最適を満たす点が，特定の所得分配に対応するものでしかないことは，私的財のみが存在する世界の場合と同じである．期首の財分配が私的財のみで行なわれているとして，これを出発点として公共財の提供を含めた生産・交換が行なわれ，パレート最適が達成されるのである．もっとも公共財がある場合には，前節でみたように市場機構が働きえないから，問題が一層複雑化することは否定しえないが，パレート最適を満たす特定の公共財の水準が，特定の所得分配に対応するものであり，所得分配が変化すれば公共財の最適水準も変化するという点では，私的財のみの場合とかわらない．したがって，所得分配から独立に公共財の最適水準を決定することはできないのである．

　前節の議論との関連でいうならば，(3-6)で示されるような社会厚生関数が与えられると，パレート最適を満たす多数の点のなかから，この価値基準に照らしてもっとも望ましいと考えられる特定の所得分配に対応する点が選ばれる．そしてこの場合，所得の分配と同時に公共財の水準が一義的に決定される．つまり公共財の水準の決定は所得分配から独立ではない．したがって一般的に議論するかぎり，公共部門が資源配分に果たす機能と所得再分配に果たす機能を分離して取り扱うことは困難になる．

　以上に述べた公共財の水準の決定と所得分配との関係は，これを裏返しにしてみることもできる．すなわち，公共財の水準を先に決めるということは，実は特定の所得分配を選ぶということを意味している．いま一例として，公共財

---

15) 言葉の広い意味で市場の失敗が生じているともいえよう．フリードマンの場合には近隣効果の存在で自発的な所得再分配が不十分になると説明する．

である公園を設置するという問題を考えてみよう．高い所得を得ている人は，広い敷地に住み庭園があるので公園に対しては弱い選好しか示さないが，逆に低い所得階層の人々は，敷地が狭いので公園に対して強い選好をもっているとしよう．この場合，公共部門が政治過程を通じてなされた選択の結果として，その社会に広い（無料の）公園を作ることを決定したとする．このような公共財の水準の決定は，相対的に公園に強い選好を示す低い所得階層の人々を優遇し，他方，公園に弱い選好を示す高い所得階層の人々を冷遇していることになる．すなわち，公共財の水準の決定は，所得分配に対する意思決定と同じ側面をもっているのである．もっともこのように公共財の水準が先に決定される場合，パレート最適が満たされるためには，既存の所得分配を修正するような所得再分配に見合う課税と移転支出がなされ，この再分配された新しい所得分配を前提にして，公共財の提供するサービスに対する各人の評価を反映した課税がなされねばならない．したがって，公共財の水準を先に決定するという政策によって，政策の実施が容易になるというわけではない．

いままでの説明から，公共部門が資源配分において果たす機能と，所得再分配において果たす機能とが分離しえないことが明らかになった．しかしこのことは，政策上の問題を考える場合に，いつも両者の機能を同時に考え同時決定の問題として解くべきであるということまで意味しているわけではない．二つの機能が同時決定であるという点を意識する必要はあるとしても，政策上の問題の焦点がいずれにあるかによって，一つの機能を中心に問題を分析する方が実りある結果をもたらすことも少なくない．

リンダール均衡*　　純粋公共財がパレート最適を満たすように提供されるためには，公共財の私的財に対する限界転形率が，公共財の私的財に対する各人の限界代替率の和に等しくなければならなかった．すなわち，ここでは2人だけの個人という簡単な場合について (3-7) が成立していることがパレート最適の必要条件である．

いま (3-7) を満たすように市場メカニズム類似のシステムを考えることが

できるとしよう．すなわち，次の条件を満たす価格があるとしよう．

$$\frac{\frac{\partial u_1}{\partial y_1}}{\frac{\partial u_1}{\partial x_1}} = p_1 \quad \frac{\frac{\partial u_2}{\partial y_2}}{\frac{\partial u_2}{\partial x_2}} = p_2 \tag{3-9}$$

$$p_1 + p_2 = p_Y = \frac{\frac{\partial F}{\partial Y}}{\frac{\partial F}{\partial X}} \tag{3-10}$$

第1の人と第2の人に対してそれぞれ異なった公共財の価格（p_1とp_2）を提示し，この価格に対して消費者（第1の個人と第2の個人）がみずからの効用極大化を目指して行動するならば，(3-9)が達成され，それぞれの価格が全体としての公共財の機会費用（p_Y）に等しくなるように公共財の生産部門に対して提示されるならば，(3-7)が達成され，パレート最適が満たされるのである．

このようなメカニズムは，元来リンダールが考えたのでリンダール均衡（あるいは自発的均衡）と呼ばれる[16]．リンダール均衡には，市場均衡と共通する側面があるとはいえ，二つの点で問題を含んでいる．まず第一の点は，すでにふれたように純粋公共財の存在する世界では，只乗りをする経済主体が現われる可能性があり，果たして政府から提示された価格に正直に消費者が反応しない危険性がある．第二に，リンダール均衡はたしかにパレート最適を満たすとはいえ，パレート最適の条件(3-7)自体は，よりゆるやかな条件であるという点である．すなわち，限界代替率の和が機会費用（p_Y）に等しければよいわけで，(3-9)を満たさないp_1とp_2であっても，その和が全体としての機会費用に等しければよいのである．したがってリンダール均衡とは異なったやり方でパレート最適を達成しうる方法が他にもあるはずである．

このような問題点があるとはいえ，リンダール均衡は，市場機構に最大限似せたシステムとして理論的には興味深い例である．利益説の主張は，リンダール均衡においてもっとも典型的な対応を見出したといってよい．

---

16) Lindahl [1919].

民営化の可否　以上，公共財の理論について概観したが，最後に公共財の理論と現実の公共部門との対応関係について触れておきたい．

公共部門か，それとも民間部門かという問題は，古くから議論されてきた．第二次世界大戦直後は，アメリカを除くいわゆる資本主義国は，多かれ少なかれ，基幹産業を中心に民営化を図った．イギリスがその端的な例であり，石炭業や鉄鋼業が国有化され，また，フランスやイタリアなどにおいても，公企業は，広い範囲にわたって見られた．しかし，1970年代頃から，保守主義の影響もあり，拡大化した公共部門のもたらす弊害が指摘され，民営化の提案が数多く出された．

公共財の理論から民営化の問題をみると，次のようにいえるであろう．元来公共財の理論と合致する公共部門の活動は，行政サービスとか軍備などの限定された範囲に限られている．ところが，1970年代以降議論の焦点となったのは，民間部門でも提供可能な公共部門の活動であった．たとえば，国有鉄道は，排除原則を適用できるサービスを提供できるのであり，採算さえ合えば，民間部門の鉄道（私鉄）で運営可能であり，この点からすれば，公共財とはいいがたい．いいかえるならば，現実の公共部門は，理論的に想定された公共財以外の財・サービスを数多く提供しており，これらの公共活動が民営化の対象となったといえよう．民営化の可否をめぐる論争は，ここで説明された公共財の理論の枠の外での基準（たとえば，経営の効率性，企業経営の統治方式や競争形態など）によって判定されることとなる．

補論(1)　パレート最適の必要条件

図解によるパレート最適の説明を，通常の条件付き極大の問題として解くと次のようになる．

制約条件は，第1番目の個人の効用水準

$$u'_1 = u_1(x_1, y_1)$$

と (3-1), (3-5), (3-2) 式である．すなわち，

$$x_1 + x_2 = X \tag{3-1}$$

$$y_1 = y_2 = Y \tag{3-5}$$

$$F(X, Y) = 0 \tag{3-2}$$

これらの制約条件の下で

$$u_2 = u_2(x_2, y_2)$$

を極大にする解がパレート最適を満たす解である．それぞれの制約条件にかかるラグランジュの未定係数を $\lambda_1, \lambda_2, \lambda_3, \lambda_4, \lambda_5$ とすると，この条件付き極大化問題は，

$$\begin{aligned}H = &\; u_2(x_2, y_2) + \lambda_1\{u'_1 - u_1(x_1, y_1)\} + \lambda_2(x_1 + x_2 - X) \\ &+ \lambda_3(y_1 - Y) + \lambda_4(y_2 - Y) + \lambda_5 F(X, Y)\end{aligned}$$

を極大化することによっても求められる．極大の1次条件を求め，整理すると次式が得られる．

$$\frac{\dfrac{\partial u_1}{\partial y_1}}{\dfrac{\partial u_1}{\partial x_1}} + \frac{\dfrac{\partial u_2}{\partial y_2}}{\dfrac{\partial u_2}{\partial x_2}} = \frac{\dfrac{\partial F}{\partial Y}}{\dfrac{\partial F}{\partial X}} \tag{3-11}$$

(3-11) 式は，公共財の私的財に対する限界転形率が，公共財の私的財に対する各人の限界代替率の和に等しいことを示し，図3-3の L 点の接線の勾配が，図3-1の J 点における接線の勾配と図3-2の E 点における接線の勾配を加え合わせたものに等しいことを意味する．

第3章 公共部門の純粋理論

補論(2) 地方財政の純粋理論

　公共財の理論は，中央政府（国）を念頭において組み立てられている．たとえば，安全保障を提供する主体としての政府は，一つの国家であると想定されているのである．しかし，公共財は地域的に限定された形でも提供されうる．たとえば，現在地方政府（都道府県や市町村）が提供している公共サービスには，このような地域的公共財（local public goods）があるといえよう．たとえば，街路などの道路は一般公衆がいつでも利用できる形でなければならず，住民の生活に不可欠である．また，消火活動やゴミの収集なども地域社会が提供しうるサービスであろうし，さらに警察活動も地域的なサービスである．

　「足による投票」　　地方政府が資源配分において独自の役割を果たしうるのは，その財政支出や税制についてある程度独自に意思決定ができる場合であり，次にこの点をティブーにしたがって説明しておこう[18]．

　まず，地方政府が特定の地域的公共財について自由にその水準を決定でき，またその財源として租税を独自に課すことができると前提する．次に，住民はその移動のコストがわずかであるとする．このような前提の下では，住民は自分の好みに合う地域的公共財を提供する地方政府をその税負担との比較を考慮に入れつつ選択し，その結果パレート最適を満たす地域的公共財の配分が達成される．このような住民による選択は一種の政治的プロセスであるが，国レベルの投票などとは違い，現実に特定の地域へ移住することで投票者の好みが示される．これはティブーにより「足による投票」（voting with the feet）と呼ばれたもので，中央政府における公共財の選択とは異なり，分権的なメカニズムが働くこととなる．いいかえるならば，分権的な地方財政システムは，地域

---

18) Tiebout [1956]．ティブーの問題提起をめぐって，多くの議論が行なわれた．やや専門的であるが，Rubinfeld [1987]が詳しくこれらの議論を紹介している．なお，比較的ティブーの理論を重視しながら地方財政論を展開したものとして，King [1984]が参考となる．また，日本の地方財政を念頭におきながらティブーの理論のもつ意味を検討したものとして貝塚[1994]参照．

的公共財の最適な配分を可能にするという長所をもつものである．地方財政が固有の意味でその存在理由を発揮しうるのは，この長所にもとづくのである[19]．

このような地域的公共財の財源を調達する租税としては，各人に個別的に地域的公共財のもたらす便益に見合う対価を一括課税するやり方（定額税）もありうる．しかし，この課税方法はあまりに非現実的であり，次の理由により固定資産税による課税を考えることがわかりやすいであろう．固定資産税は，日本では市町村のみが課税していて，不動産（主として土地・建物）の市場価格が基準となって，その資産価格に応じて課税が行なわれる．地域的公共財が提供されれば，それがもたらす便益（benefit）は不動産価格に反映するはずである．また，固定資産税は最終的にはその税負担が土地の所有者である地主にたどりつくとみられるから，地域的公共財から生ずる便益と固定資産課税額を対応することになる．

留保条件　いままで説明したところが地域的公共財に関する純粋理論の主たる論点である．このような純粋理論については，現実に問題を適用するに際して，さらに留保をつけておくべき条件がある．その第一は，地域的公共財がその便益を提供する範囲の多様性である．たとえば，街燈などの施設，あるいは市町村道のような道路から生ずる便益は，地域的にはかなり限定されるであろう．しかし図書館，公民館などの施設になれば，近隣からも利用する人々が当然予想されるから，便益は他の地域に流出する．いわゆるスピルオーバー効果（spill-over effect）の発生である．かりにこの効果が大きいとすると，近隣地域の住民への便益の流出が大きくなると予想され，むしろ他の地域の地方政府に施設を造ってもらうほうが財政的に有利であるといえる危険性が生ずる．すなわち，公共財の場合と同じく只乗りの動機が強くなり過少供給となるおそ

---

[19] 序章で説明された三つの財政の機能のうち，所得再分配機能と経済安定化機能を地方財政が独自に行なえる余地はかぎられている．したがって，地域的公共財の配分という資源配分機能が地方財政にとってはもっとも重要となる．

れが生ずる．もしこの危険性が高いとすれば，中央政府（国）が介入して，財源の一部を特定の使途のために補助金の形で地方政府に与えるという方法で，この種の地域公共財の過少供給を避ける必要があろう．

　もう一つの留保条件としては，住民の移動によって生ずる一種の外部経済・外部不経済が大きくないことである．いま，特定の地方政府が提供する地域公共財のメニューを好む人々が地域外から数多く流入すると，それまでにはみられなかった混雑が発生する．たとえば，地域的公共財のなかには，利用水準に応じて設計された施設があり，利用する人々が増えると混雑が生じ，便益が低下し，結局，行列とか割り当てによる閉め出しが必要となる．このような混雑現象は，新しく流入する住民が与える外部不経済であり，この外部不経済が大きくないことが，ティブーのいう「足による投票」が有効になる留保条件である．

　新しく住民が流入することは，逆に外部経済をもたらしうる．それは新しい住民の流入は，その地方政府にとっては税収入の増加を意味し，既存の住民に対する減税が可能になり，これが一種の外部経済となる．流入・流出する住民は，このような外部不経済と外部経済までも考慮に入れて行動しないから，結果として最適な状況から乖離することがあるのである．

　以上，ティブーによる地域的公共財の最適供給のエッセンスを説明したが，この理論の前提は必ずしも現実に満たされているとはいえない．しかし，地方財政のもつ独自性を明確に示した理論として重要視されるべきであろう．

第4章

政治過程の経済分析

　公共財が存在する世界においては，市場の失敗が生じ，市場機構によっては公共財の最適な配分が達成されえないことについては，すでに3-2節で説明した．また排除原則を適用しえないという公共財そのものの特徴から，公共財が市場において販売が困難であるような財であることを考慮するならば，市場を通ずる供給以外のやり方によってその供給が行なわれなければならない．政治過程は，市場機構に代わる公共財の供給のメカニズムであり，ここで政治過程について分析する必要が生ずる．

　政治過程の分析は，元来政治学が研究対象とするところであり，従来の経済学は，これを正面きって取り扱ってきたわけではない．この点は，財政学においても事情は同じである．伝統的な財政学においては，財政支出の決定は政治的に決まり，これを外側から与えられたものとして取り扱う傾向が強かった．しかし，政治過程が，社会を構成する構成員の選好を反映するものでなければならないとすれば，個々人の選好をもとに社会全体の資源配分を説明しようとする経済学の方法を適用する余地は少なくないであろう．事実，最近このような方向への試みがいくつかなされており，この章ではこのような試みをも念頭におきながら，政治過程の経済分析を概観することにしたい．政治過程の経済分析は二つの系譜に分かれる．一つはアローの仕事に示されるような厚生経済学の立場からの接近であり，もう一つはブキャナンに代表される政治過程の実証的な説明である．ここでは前者を社会的選択 (social choice) の理論として (4-1節)，後者を公共選択 (public choice) の理論として説明する (4-3節)．

4-1. 社会的選択の理論

政治過程を形式的にみると，様々な意見をもつ社会の構成員を反映して社会全体として意思決定がなされるプロセスである．社会全体としての意思決定が行なわれるためには，政治的な結果に対する社会全体としての選好順位（選好の序列づけ）にもとづいてなされねばならない．したがって，この問題を厳密に考えるとすれば，社会全体としての選好順位が，その構成員それぞれの選好順位を反映して整合的に導き出されるか否かを検討しなければならない．もし，社会的に選択される場合の選好の序列が個人の選好の序列から整合的に導き出されるのであれば，社会全体としての意思決定は合理的に行なわれうるのであり，あたかも市場経済において各人の好みを反映して社会全体としての選択が行なわれるのと似た形で政治過程の意思決定を理解することができる．このような問題意識からこの問題にとり組んだのがアローである．ここでは簡単な例示にもとづいて，アローが提示した社会的選択の問題のエッセンスを説明する．

不可能性定理　いま例を公共財の場合にとり，たとえば公衆衛生の拡充が問題になったとしよう．話を単純にするために，社会がA，B，Cの3人で構成されており，選択の対象がX，Y，Zの三つの状況であるとしよう．ここでXは公衆衛生支出が100億円増加される状況であり，Yは公衆衛生支出が50億円増加される状況であり，Zは支出がまったく増加されない状況であるとしよう．A，B，Cの構成員は，これら三つの状況に対して次のような順序付けを行なっているとしよう．すなわち，AはXという状況をもっとも高く評価し，次にY，そしてZをもっとも低く評価し，BはY，Z，Xという序列で，CはZ，Y，Xという序列で評価するとしよう．

このような場合，社会全体として望ましい状況がどのように選択されるのであろうか．容易に考えうる政治過程として，投票にもとづく多数決によって社会的選択を決めるプロセスがある．いま示した例でいえば，最初にXとYの状況のいずれを選ぶかを提案すれば，構成員BとCはXよりYを好み，A

はYよりXを好むから，多数決によりYの方が選ばれる．次にYとのこるZとのいずれを選ぶか提案されれば，AとBはZよりYを好み，CはYよりZを好むから，多数決によりYが選択される．最終的にYが選択されることは，投票の対象になる状況の組合せや投票の順序によって左右されないから，このような単純多数決による社会的な選択のプロセスは，整合的に構成員の選択を反映したプロセスであるようにみえる．

しかし，ここでかりに構成員A，Bの順序付けが前の例と同じで，構成員Cの順序付けが前の例とは異なりZ，X，Yであったとしよう．この場合には，XとYが最初に提案されれば，AとCはYよりXを好み，BはXよりYを好むから，多数決によりXが選択される．次にXとのこるZが提案されれば，BとCはXよりZを好み，AはZよりXを好むから，多数決によりZが最終的に選ばれる．ところが投票の順序をかえて，最初YとZを提案すると，AとBはZよりYを好み，CはYよりZを好むから，多数決によりYが選ばれ，次にYとのこるXが提案されると，最終的にはXが選択される．すなわち，単純多数決は，投票の順序によって左右され整合的な結果をもたらすことにはならず，合理的な社会的選択は不可能になる．このような結果は，「投票のパラドックス」(paradox of voting) と呼ばれている．

アローは，投票のパラドックスの現象をより一般的な定式化の下で取り扱い，特定の条件を満たす個人の選好を基礎にした合理的な基準を満たす社会的な選択が不可能であることを証明した（アローの不可能性定理）[1]．アローのこの証明は，一見，社会的選択の問題に関して悲観的な見通しを与えるように受けとられやすい．しかし，選択の対象になっている状況の如何によっては，社会的な選択が整合的に導き出される場合がありうる．ここで，先に説明した公衆衛生支出についてパラドックスが生じた例を，もう一度ふり返ってみよう．

整合的な社会的選択　　以上の例では，個人Cの順序付けがZ，X，Yであると想定された．この順序付けは，公衆衛生支出が増加されない状況をもっ

---

1)　Arrow [1963] 参照．

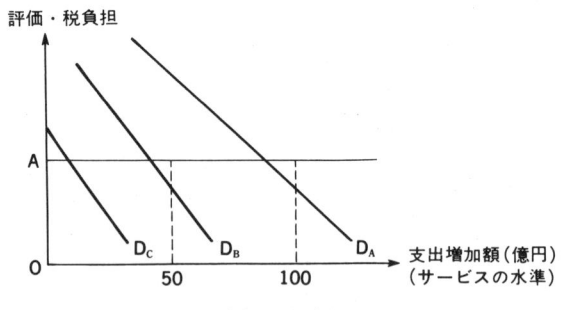

図4-1 整合的な社会的選択

も高く評価し，次に100億円の支出が増加される状況，最後に50億円の支出が増加される状況を最も低く評価している．しかしよく考えてみると，消費者が公共財に対して選好を示す場合に合理的な選択を行なうとすれば，このような序列がつくとは考えにくい．事態をもう少しはっきりさせるために，公衆衛生支出増加のための各人の税負担が同額（図4-1におけるOA）であるとしたときの選好を考えてみよう．

公衆衛生の提供するサービスに対する評価は，サービスの増加とともに減少するのが普通である（あるいは陰の価格に対する個人Cの需要関数は右下りになるのが普通である）．したがって個人Cの評価は，たとえば，図4-1のD_Cによって示される．すなわち，Cにとっては税負担がOAであるとすれば，支出増加額が0（Z），50億円（Y），100億円（X）の三つの提案のうちZがもっとも望ましく，次善の提案はY，最悪の提案はXという序列になるはずである．したがって，先にあげた投票のパラドックスを生ぜしめるような個人Cの選好の順序付けは，このような公共財の水準の決定には通常は登場しそうにない．なお，個人A, Bの選好は，たとえば図4-1のD_A, D_Bで示され，A, B, Cの3人について単純多数決の結果，50億円の支出（Y）が選ばれる[2]．した

---

2) このような選好の序列は，アローの言葉でいえば単峰型の選好（single peaked preference）を満たしている．なお投票者の数を拡大してここでの議論を拡大したときには，4-3節で説明されるボーエン（Bowen）の投票に関する議論と結びつく．

がって「投票のパラドックス」が生ずるのは，同一の支出対象で規模が異なる場合にはむしろ特殊な場合であるといってよい．

4-2. 投票による決定に伴う問題*

いま述べたように，投票による決定は必ずしも整合的でない社会的選択をまねくとは限らない．そこで，ここでは整合的な結果をもたらすように多数決原理が働くものと前提して議論を進めよう．このような政治過程の結果は，どのような意味で最適性を達成しているのであろうか．

いま，図4-1で示されるような状況の下で50億円の支出増が選択されたとしよう．ここで各人は同額の租税 OA を負担しているとすると，構成員Bにとっては，おおよそ自分にとって最も満足度の高い支出が実現したことになる．しかし，構成員AとCにとっては事情は異なっている．すなわち，Aにとっては，与えられた税負担の下では支出増は過小にすぎ，またCにとっては，支出増は過大にすぎる．逆にいうならば，50億円の支出増加に対する税負担は，AとCにとっては最適ではないのである[3]．別の言葉でいうならば，このことは政治過程において，利益が犠牲にされている人々が存在することを示している．

もっとも，リンダール解に対応するパレート最適を満たすような政治過程がまったく考えられないわけではない．かつてヴィクセルが示したような全員一致の原則がそれである[4]．すなわち，どのような提案も他の案とくらべて全員の一致が得られない限り採用されないというルールである．このルールはいわば少数派の利益を最大限にまで尊重したルールである．しかし，このようなルールの下では，意見の一致を得ることは手間がかかりすぎ容易ではないので，結果において現状維持が支配的となり，かえって事態は悪化する可能性がある．

---

[3] もっともこの場合にも公共財供給のパレート最適のための必要条件は満たされている．パレート最適ではあるが，リンダール均衡が満たされていないというのは，一種の所得再分配が行なわれているとみることができる．また個人的な rationality が満たされていないということもできる．

[4] Wicksell [1896].

図 4-2 戦略的な行動

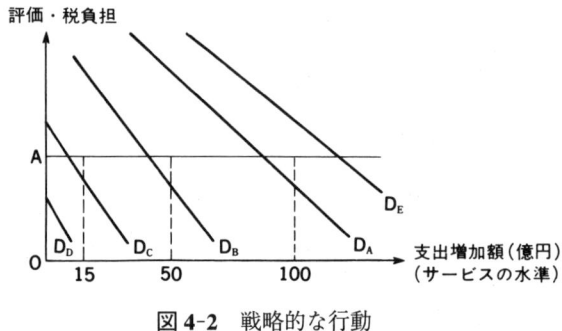

戦略的な行動 いままでの議論においては，消費者が公共財に対して正直にその選好を示し，その結果が政治過程として現われてくると想定したが，この想定は必ずしも満たされるわけではない．たとえば図4-2で示されるような場合を考えてみよう．ここでは投票の対象となるのは，三つの状況（15億円の支出増，50億円の支出増，100億円の支出増）であり，新しくD，Eの構成員が投票に参加すると想定される．この場合，各人が正直に自分の選好に従って投票するならば，多数決によって50億円の支出増の提案が選ばれることになろう．しかし，もし投票のプロセスで，自分の選好を隠して戦略的に行動する構成員が現れると，投票の結果は多数派の本当の利益を反映しないという事態が生じる．

たとえば，投票が最初に50億円と100億円の提案のどちらかを選択し，そこで選ばれた提案と15億円の提案のどちらかを次に選択するという順序で行なわれるとしよう．この場合，構成員Cは自分の選好とは異なって，最初の投票において100億円の提案に一票を投じ，その他の人々は自分の選好に従って投票するならば，最初の投票において100億円の提案が多数の支持をうける．次に100億円の提案と15億円の提案が示されたときには，今度はCは自分の選好を正直に表わすとすれば，多数決によって15億円の提案が支持される．換言すれば，自己の選好を正直に示さないことによって，少数派の利益が優先

するという結果が生ずる.

　消費者が自分の選好を正直に表明しないため，市場機構にもとづく公共財の提供がうまく機能しないということをすでに説明したが，市場機構に代わる政治過程においても，依然としてこの問題は解決されないのである．政治過程を市場機構になぞらえることは，個人の選好を基礎にして社会的選択をみるという意味で妥当な比喩であろう．しかし，政治過程が市場機構と同じような程度において最適な選択をもたらすという意味で同等な役割を果たしているとまで主張しうるかどうかは，疑問である．

　単峰型でない選好・結託　さらにいままでの例は，同一の支出対象について規模の異なる場合の選択であるが，異なる公共支出の対象についての選択においては，単峰型ではない選好は十分生じうる．たとえば，公共投資のプロジェクトとして橋，公園，下水道の三つの対象があったとき消費者の選好は単峰型になる保証はない．

　なお，単純多数決の場合には，消費者の好みにおける強さは反映されず，順序付けのみが関係してくる．しかし消費者の好みの強さが最終的な投票結果に反映するのが望ましいとみるならば，結託（logrolling）ということも考えうる．順序付けのみで決定された結果によって，特定の投票者Aが強い好みをもつ対象が選ばれなかったとしたときには，この投票者Aは，自分にとって犠牲の少ない対象を断念することと引きかえに，別の投票者BがAの強く好む対象に投票するように働きかけることができる．いわば投票の交換（votes trading）が行なわれることになる．結託は，それがより効率的な財政支出の配分に役立つ可能性があるが，他方，個別的な利害を優先する危険性をもっている．

　いま述べた例は政治過程に参加する構成員の数が少数の場合であるが，多数の人が政治に参加するときには別の問題が生ずる．すなわち，自分の一票の影響力が小さいことから，投票を棄権するという現象である．このような場合には，やはり政治過程は消費者の選好を的確に反映したとはいいがたい．

4-3. 公共選択の理論

すでに説明したように,政治過程は,最適な資源配分を達成するためのメカニズムとしては精緻なものとはいえない.しかし,民主的な政治過程が選挙民あるいは納税者の意向を反映していることも確かであるとすると,問題は市場機構よりは精度は劣るとしても,どのような意味で選挙民の選択が財政支出の決定を左右しているかを分析することは有意義である.ブキャナンを中心とする公共選択のアプローチがその独自性を発揮するのは,この点に関してである.また従来の公共財の理論は精緻に発展したとはいえ現実の政策との係わり合いが希薄になってしまった傾向があるのに反して,現実の政治過程をなんとか説明しようとする公共選択の理論が力をえてきたことは否定しえない[5].

公共選択の理論は,すでに説明したヴィクセルの全員一致のルールを出発点としている.ヴィクセルは公共財を提供する理想的政治過程として,全員一致のルールによる意思決定を重要視した.このプロセスは,非現実的とはいえ理論上はパレート最適を実現しうるものであった.ここでは政治プロセスとしてより現実的なケースとして直接民主主義による決定をとりあげてみよう.このような意思決定の例は,古くは古代ギリシャから始まり,現在でもスイスの一部にみられ,またアメリカの州においても直接投票が認められている例が多い.

最適意思決定のルール　　直接民主主義における投票のルールは様々なものがありえよう.ヴィクセルの全員一致のルールはその一例である.パレート最適を満たすという点ではすぐれているが,他方,すべての人々の同意をうるという点では大変に手間がかかる意思決定の方式である.このように意思決定のルールには,より多くの人々の同意を必要とすればするほど各人の合意をより的確に反映しうるが,他方意思決定のためにより時間やコストがかかるという一種のトレードオフがみられる.このような観点から,最適な投票のルールを

---

5) 公共選択の理論全体を解説した書物としては,Fry [1978] と McLean [1987] がある.また,やや専門的ではあるが,Mueller [1989] がまとまっている.

第4章 政治過程の経済分析　　95

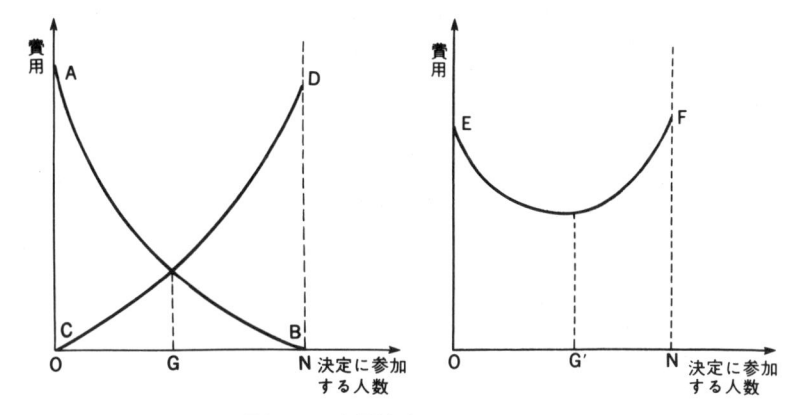

図 4-3　意思決定のコスト

求めようとしたのはブキャナン゠タロックである[6]．

　図 4-3 に示されるように，横軸に政治過程における意思決定に参加する主体の数をとると，意思決定に参加する人々が増えれば，それだけ社会の構成員である各人にとって満足できる結果がえられ，すべての人々が決定に参加すれば，全員一致のケースとなる．逆に人数が少なければ，参加した人々にとっては有利であるとしても，その他の社会の構成員にとって不利になる可能性が高く，不利となる人々の数が増えるのであるから，社会全体としては，意思決定に参加しない人々のいわば外部費用が増加する．したがって，社会の構成員の数を N とすれば図 4-3 の AB 曲線は外部費用を示す．

　他方，決定に参加する人々の数が増加すれば，決定に要する手間（たとえば交渉や説得）がかかるから，意思決定に要する費用（決定費用）は図 4-3 に示されるように，たとえば右上りの CD 曲線で示される．社会全体としての総費用は AB 曲線と CD 曲線を加え合わせた図 4-3 の EF 曲線となり，OG' が総費用を最小にするような人数ということになる．したがって社会的には，意思決定のルールとして OG' に見合う人々の意見の合致があればコンセンサスが成立するというルールを作ることが望ましいということになる．

　ブキャナン゠タロックの議論は，意思決定のコストからみて望ましい合意の

---

6)　Buchanan and Tullock [1962].

ルールを求めた点で興味深い．この場合，意思決定の対象如何によってその重要性が異なることを当然配慮すべきであろう．たとえば，予算制度の基本的な枠組みをかえるとか，税体系を変更するとか，あるいは均衡予算のルールを導入するとかの意思決定は，おそらく AB 曲線が CD 曲線の位置よりも高いところにあって多くの人々の参加が必要とされることになろう．残念ながら総費用曲線の形状がどのような要因によって影響されるかについて明示的な説明がないという点でブキャナン＝タロックの議論には限界がある．また，AB 曲線や CD 曲線の形状をわかっている必要があるが，このような情報が利用可能であるとはいえない．

多数決原理の場合　政治過程の意思決定において多用されているのは多数決原理（majority rule）であり，次に直接民主主義の下で多数決原理によって決定された結果のもつ意味を分析してみよう．

この問題に関していえば，ボーエンとブラックが1940年代と1950年代に示した論点が重要であるが，ここでは主としてボーエンの議論にしたがって説明しておこう．

ボーエンは，税負担が与えられているならば，多数決によって決まる特定の公共財の産出量は一義的に決定され，さらにある種の前提の下で最適量の公共財が提供されることを明らかにした[7]．

いま，公共財生産の限界費用（MC）が一定であるとし，公共財の費用が社会の構成員（N）に均等に配分されるとしよう．構成員1人当りのコストの分け前は MC/N である．いま，MC が私的財の機会費用によって，あるいは私的財の価格によって表示されるとすれば，i 番目の構成員の公共財の消費のための限界利益，より正確には私的財に対する限界代替率を MRS^i と示せば，

$$\Sigma MRS^i = MC$$

が成立するときにパレート最適が達成される（3-2節参照）．あるいは，

7）　Bowen [1948]．

第4章 政治過程の経済分析

図4-4 ボーエンの場合

$$\frac{\sum MRS^i}{N} = \frac{MC}{N}$$

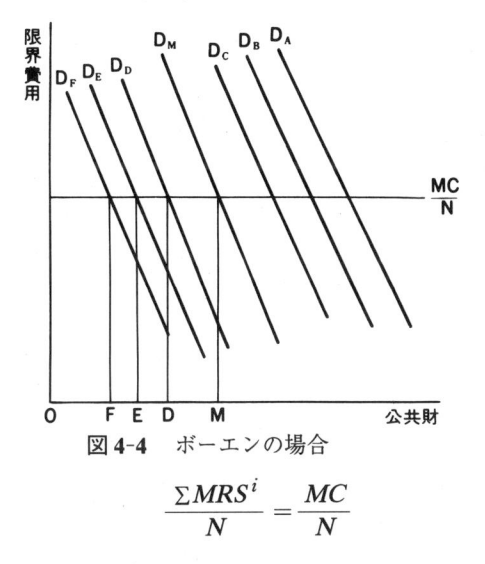

が成立する．すなわち，平均的個人の限界代替率が1人当りの租税負担に等しいときにパレート最適が達成される．

図4-4において，7人の社会の構成員の平均的な需要曲線は，$D_M = \Sigma MRS^i/N$で示されMの需要関数と一致していて，D_Mと1人当り税負担に等しいところで最適な公共財の水準OMが決まってくる．OMの水準は，また他のいかなる公共財の水準よりも多数の構成員によって好まれ，多数決を順次行なっていけばやがてOMの産出量が達成されるはずである．たとえば，公共財がまったく提供されていない点（O）に対してはOFに至るまで公共財の生産の提案はすべての人々によって賛成され，OFに対してはOEに至るまでの生産増加は，Fを除くすべての人々によって賛成され，OEに対してODに至る提案は，7人中5人によって賛成され，またODに対してOMに至る提案は，4人の多数の賛成をうる．しかし，OMに対してMを離れて公共財を増加させる提案はF，E，D，Mの4人によって反対され，多数を得ることはできない．このようにしてMの選好は社会全体の意思決定の結果を反映することになる．しかもOMという水準は一義的に決まる値となる．なお，公共財への選好が正規分布しているときには，平均的な投票者と投票者のなか

で中央に位置する中位投票者（median voter）とは一致するが，正規分布でないときには，中位投票者の選好に見合う公共財の水準が選ばれ，平均的な投票者の選好と食い違いが生ずる[8]．

議会制民主主義の場合　今までの議論は直接民主主義を前提にしてきたが，現在多くの中央政府がそうであるように議会制民主主義の場合には，消費者（納税者）の選好はどのように反映されるのであろうか．この点に関して，ダウンズが提起した議論は興味深く，いまや一つの古典的な仕事となっているのでその要旨を説明しておこう[9]．

ダウンズの場合には，政党が重要な役割を果たす．いま，アメリカやイギリスのように二大政党が拮抗しているケースをとると，これらの政党は次の選挙で政権党である場合には政権を維持すること，野党の場合には，次の選挙で勝利をうることをもっぱら目標として行動するとみられる．選挙に勝つためには，なるべく多くの選挙民の支持をうるような提案を提示するであろう．いまかりに一つの争点で選挙が行なわれたとして，この争点に関する意見分布が右翼・中道・左翼というように右から左へ（あるいは左から右へ）並べることができ

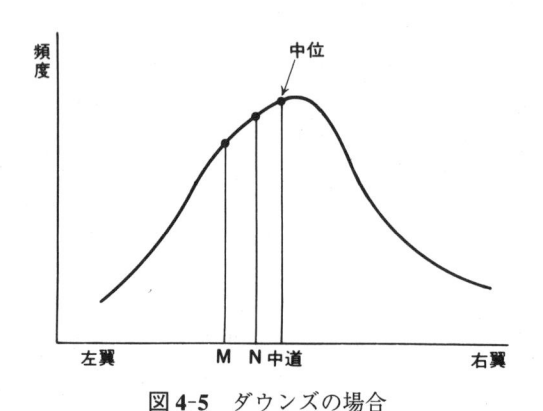

図4-5　ダウンズの場合

---

8) ブラックは投票者の好みが単峰型（single peaked）である場合には，中位投票者の好む公共財の水準が多数決によって選択されることを示した．Black [1958]．
9) Downs [1957]．

るとしよう．また各人が単峰型の選好をもち，選好がもっとも高い点の頻度分布をとったものが図4-5のような山が一つある分布（unimodal distribution）になっているとしよう．政党は，中位投票者がもつ意見になるべく近い提案を政見として示せば多数をうることができ，政権を維持あるいは奪取できるはずである．なぜならば，ある政党がMに対応する政見を示したのに対して，対立する政党は中位に近いNに対応する政見を示せば，Nよりは右よりの意見をもつ人々はこの政党に投票するから選挙に勝つことができる．意見分布が変化しないとすれば，選挙を何回か重ねれば，両方の政党とも中位の投票者の意見に近い政見を出し合うことになり，その差異はなくなってしまう．

いま示したと同じことは，意見分布が複数の山をもっている場合にも当てはまる．また自分の意見から政党の政見が著しく離れている人々が棄権する場合にも，意見分布が一つの山をもち対称的であれば同様なことが成立しうる．しかし，争点を一次元で示しえない場合には個々の納税者の選好はもはや単峰型ではなくなり，直接民主主義の場合と同じように一義的な投票結果がえられず，結果の循環が生じうる．また政党が三つ以上あるときには，中位の投票者の意見を採用した政党が勝利をうるという保証はなくなる．もっとも三つ以上の政党が対抗しているときには連合（coalition）が成立して，二大政党の場合と同じ結果が生ずることはある．なお，二大政党による議会制民主主義の下でも個々の争点をくり返して投票によって決めていけば，最終的にはボーエンが考えた直接民主主義の場合の結果と同じことが達成可能であるという意味では，資源配分上の効率性との係わり合いが完全に絶たれているわけではなく，ここでも直接民主主義とのアナロジーは成立する．

しかし，議会制民主主義と直接民主主義との間には一つの重要な差異がある．それは，議会制民主主義の下では政党が登場して選挙民の意向を読みとるという役割を果たすことである．この場合，政党が的確に選挙民の意向をつかんでいる保証はなく，いわば不完全情報の世界では中位投票者の意見に収斂するとはかぎらない．他方，直接民主主義の下では，投票をくり返していけば，やがては中位投票者の選好に近い結果がえられることになる．投票者の選好に関す

る不完全情報の下では議会制民主主義は直接民主主義よりも選挙民の意見が反映しにくい政治過程であることは否定しがたい．

　この種のモデルがどの程度まで現実の政治的動向を説明しうるのであろうか．たとえば，このモデルは政治的には中道に近い候補者が選ばれやすいことを示唆するが，これはアメリカの大統領選挙に当てはまりそうである（1964年のゴールドウォーターや1972年のマクガバーンの敗北）．

　しかし，このモデルには当然のこととして制約がある．第一に論点がいわば一次元で順序付けられているような形で選挙が行なわれていることが想定されているが，現実はそうではないであろう．第二に，政治にはイデオロギーがつきまとうであろう．第三に，候補者には論争点の差異のみがあるのではなく，人格やリーダーシップの差異があろう．いずれにしてもこれらの要素が選挙を左右する可能性を完全に否定することはできないであろう．

　以上公共選択に関する代表的な議論を紹介した．民主主義的な政治過程は複雑であり，ここでの議論が拠って立つ前提が現実に満たされているかどうかについては疑問がのこっている．しかし，民主主義においては社会の構成員の意見が影響力をもちうるのであり，その影響力が及ぶチャネルを明確にしたことは重要な貢献である．

　また，上述の議論は，すべて消費者の選好が反映され，税負担（税価格）が所与の下で消費者の需要曲線上の需要量が実現するという場合にかぎられているが，公共サービスの供給者が独自な行動を示す可能性がある．たとえば現代の政治過程では官僚機構が影響力をもち，消費者が欲する公共サービスの適正量をこえて政府規模が拡大しうる．この場合には公共サービスの供給者が独占的に行動し，この供給者（官僚機構）は独占利潤ではなくして，需要曲線が許すかぎりでとにかく予算規模の極大を目指すとみられる[10]．

　10）　この種の議論の代表的なものは，Niskanen [1971] である．

補論 「大きな政府」

　アドルフ・ワグナーがほぼ一世紀前に経費増大の法則を主張して以来，政府規模の拡大は，財政学において関心をひく話題の一つとなっている．最近では，行政改革の主張が強くなるにつれて，あらためて「大きな政府」の問題が関心を呼んでいる．そこで，ここでは第4章の本文において説明された政治過程の経済分析の応用をもかねてこの問題を簡単に概観しておきたい．

　経験的事実　政府規模がどのように拡大したかは，統計数字で跡づけることができる．政府の経済活動は予算によってコントロールされているから，予算の支出額をみればおおよその規模は見当がつく．政府規模の拡大は，絶対的な大きさではなく経済全体との相対的な比重でみるのが妥当であるから，ここではGNPに対する比重でみてみよう．表4-1は，昭和40年度（1965年度）以降の日本の政府活動をいくつかのカテゴリーに分けてみたものである．

　表4-1は，政府規模の拡大が1970年（昭和45年）頃から始まり，かなり急速に増加したことを示している．すなわち，政府支出（A欄）は，最近は行政改革などを反映して増加はとまり，いずれにしても70年を境にして社会

表4-1　政府規模の拡大 　　　　　　　　　　　　　　　　　　（％）

	A 政府最終消費支出	B 公的総固定資本形成	C 社会保障移転	D A+B	E A+B+C
1970年	7.5	4.6	6.7	12.1	19.0
1975	10.0	5.3	10.4	15.3	25.7
1980	9.8	6.1	13.0	15.9	28.9
1985	9.6	4.7	13.4	14.3	27.7
1990	9.1	5.0	13.3	14.1	27.4
1995	9.6	6.7	14.7	16.3	31.0
1998	10.2	7.9	14.6	17.9	34.5

経済企画庁『国民経済計算報告』1990年および『国民経済計算年報』平成12年度版．

保障関係費の増加を反映した社会保障移転（C欄）の大幅な増加が趨勢的に生じている．財・サービスの購入（消費と投資）の部分（D欄）は傾向的には微増であるが，拡大への寄与は大きくない．

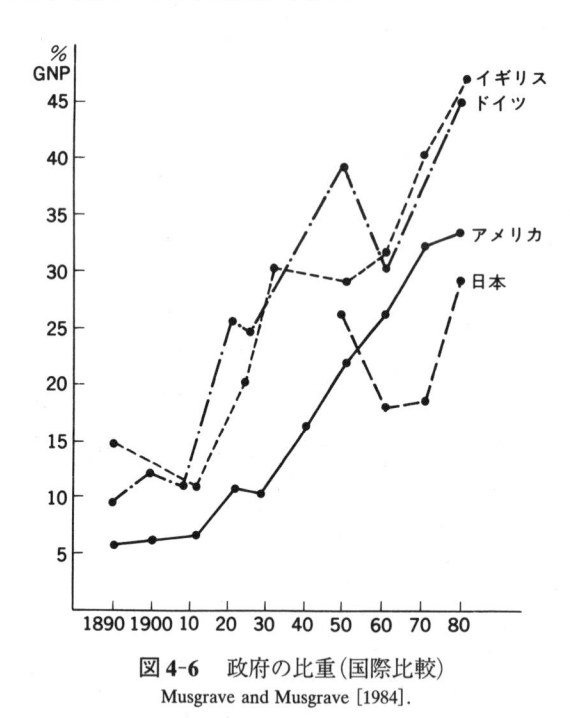

図4-6 政府の比重（国際比較）
Musgrave and Musgrave [1984].

図4-6は，古い数字ではあるが時系列でみた先進主要国の政府の比重の国際比較である．一世紀近くの長期間にわたり，政府規模が拡大していることがわかる．政府規模の拡大については，すでに社会保障を中心とする移転支出の増加が重要な拡大要因になっていることは指摘したが，財・サービスの分野においても支出内容の変化が生じていることを指摘しておく必要がある．表4-2は，日本，アメリカ，イギリスにおける政府最終消費支出の構成がどのように変化したかをみたものである．政府支出のなかでは，一般政府サービスと防衛費を合わせた純粋公共財の比重が長期的には低下，あるいは安定しているのに対して，特にアメリカ，イギリスではそれ以外の政府支出（準公共財，もしくは私

表 4-2 政府最終支出の推移（構成比）　　　　　　　　　　　　　　　　（％）

	(a)日本				(b)アメリカ				(c)イギリス				
	1970	80	90	96	1962	80	85	89	1962	70	80	90	95
1. 一般政府サービス	27.6	26.7	26.4	27.3	9.9	12.1	12.5	14.1	11.3	13.5	12.6	14.9	5.9
2. 防　衛	9.6	8.5	10.2	9.1	49.9	29.9	35.4	32.7	37.5	27.0	23.3	20.2	24.2
小　計	37.5	35.2	36.6	36.4	59.8	42.0	47.9	46.8	48.6	40.5	35.9	35.1	30.6
3. 教　育	36.8	37.4	34.2	32.5	16.7	25.9	24.0	25.7	17.0	20.9	20.2	18.3	21.1
4. 保　健	4.5	3.8	4.4	4.4	4.0	5.6	4.7	5.0	18.3	20.7	22.4	23.5	26.9
小　計	41.3	41.2	38.6	36.9	20.7	31.5	28.7	30.7	35.3	41.6	42.6	41.8	48.0
5. 社会保障・福祉サービス	3.9	5.0	5.9	68.0	1.3	3.6	3.3	3.5	3.6	5.0	6.4	7.5	9.1
6. 住宅・地域開発	3.8	5.7	6.4	66.0	3.0	3.1	2.2	2.3	2.2	2.8	3.2	3.0	2.9
7. その他の地域社会サービス	1.3	2.0	2.7	3.1	2.6	1.3	1.0	1.1	1.4	1.6	2.2	2.4	2.1
8. 経済サービス	12.0	10.5	9.2	9.0	12.6	14.5	13.0	12.0	6.0	6.6	6.4	6.6	5.2
9. その他	0.2	0.4	0.5	1.0	—	4.1	3.5	3.6	2.9	1.8	3.5	3.5	2.0
小　計	21.2	23.6	24.7	26.5	19.5	26.6	23.0	22.5	16.1	17.9	21.7	23.0	21.3
合　計	100.0	100.0	100.0	100.0	100.0	100.0	100.0	100.0	100.0	100.0	100.0	100.0	100.0

OECD, *National Accounts*, 1993；経済企画庁『国民経済計算年報』各年度.

的財）の比重が増加したことが読みとれる[11]．

いくつかの説明　　政府規模の拡大を説明しうる仮説はいくつかありうる．ここでは，第4章における説明を援用しながら，公共部門に対する需要と供給の両面とその他の要因にわけて代表的な仮説を例示的に示しておきたい．

（A）　需要面からの説明

（1）　投票者の選好　　政府サービスへの需要あるいは所得再分配のための振替支出への需要は，直接選挙による多数決原理あるいは議会民主制の場合に示されたように，中位投票者の需要曲線が右側にシフトしていくことによって増加し，これは民主主義の政治プロセスにおいては，政府サービスの供給あるいは振替支出増加となって現われる．すなわち，投票者の好みが民間部門の提供する財・サービスから公共部門が提供する財・サービスへ移っていくことを反映したものである．この好みの変化は，公共財への需要の所得弾力性が1より大きいこと，あるいは民間部門の提供する財の公共財に対する相対価格が

---

11)　貝塚[1984]参照.

上昇することなどを反映している．このような好みの変化は，単に民間部門が提供する財・サービス間に好みの変化が生ずるというだけでなく，おそらく福祉国家観の確立，国有化政策への賛成というような政策観の変化をも反映していると思われる．

政治過程が中位投票者の好みの変化に対して公共サービスの供給を増加させるならば，政策規模の拡大が生ずる．このような政府規模の拡大は，政治過程に非合理的な要素が含まれていて拡大が生ずるのではなく，投票者がこれを望んだからということになる．政治過程がこのように透明なものでありうるかは疑問が残るにせよ，一つの説明であることは確かである[12]．

(2) **再分配動機の強さ** 需要者の側の好みが政治過程に及ぼす影響として再分配重視による財政支出を通ずる拡大がある．周知のように所得分配は通常その分布の形が歪んでいて，平均所得の方が中位所得よりも高くなっている．すなわち，このような場合には，やや低い所得の中位投票者は所得の高い階層から所得再分配を行なうことに賛成するから，再分配重視の財政支出が行なわれやすくなる[13]．古典的民主主義から大衆民主主義に移る過程で投票権が低所得者へ拡大されてきたから，この仮説は公共支出の傾向的な比重増加を説明しうるといえよう．ただし現実の所得再分配的支出（老齢年金）は，かなり中堅所得者や高所得者に有利になっているのでこの仮説では説明しにくい側面がある．

(3) **公債依存度の上昇** この仮説は，かつてブキャナン＝ワグナーが提示した「ハーヴェイ・ロードの前提」への批判として有名になった説明である．ブキャナン＝ワグナーは，政府支出の調達が租税によってなされるのと，公債発行によってなされるのでは，公共支出の対価が納税者によって違ったものとして受けとられると考えた．いま中位投票者についてみれば（図4-7），特定の財政支出に関して，全額租税によって調達されるときには，その対価は OA

---

12) 公共財に対する需要の所得弾力性や価格弾力性を計測した事例がアメリカの地方政府の例についてみられる．ただし所得弾力性は1より小さい場合が多い．

13) Meltzer and Richard [1981]参照．

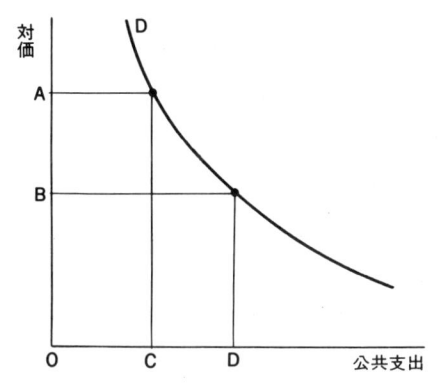

図4-7 中位投票者の財政錯覚

であるが，公債で一部が調達されるときには，かりに公債による調達部分のコストがゼロと錯覚されるときには，公債による調達部分だけ（BA/OA）対価が低く評価されることになる（財政錯覚）．この結果，公共支出への需要は OC から OD に増加し政府規模は拡大する．この結果，公債発行は政府規模を拡大化させるというブキャナン＝ワグナーの仮説が導出される．この仮説は，日本については長い期間をとれば統計的に多少の説得力をもっているが，石油危機以降の日本経済については，財政赤字の拡大とともに財政支出が抑制されたので，必ずしも説得的であるとはいえない[14]．

(4) 結託による支出拡大 4-2節でもふれたように，政治過程では結託が生じうる．結託は社会の構成員がもつ選好の強度の差異を反映するという意味で，より的確に社会の構成員の好みが公共支出への需要に反映されるという点では望ましい結果をもたらしうるが，他方，公共支出の拡大をまねく危険性がある．

ブキャナンとタロックがあげた例を用いて説明すると，100戸の農家で成立している地域社会があり，そこでの道路建設の例がこれに当る[15]．各農家は，それぞれ自分の家まで道路を引いてきたいのであるが，それぞれが個別に提案

---

14) 貝塚[1981b]参照．
15) Buchanan and Tullock [1962]参照．

すれば，99対1で投票では圧倒的に不利となる．そこで，他の50の農家の人々に働きかけて，自分の提案に賛成すれば他の50人の人々がそれぞれ自分の提案を行なうときには賛成するという形で結託すれば，提案は通りうる．あるいは，51人の人々が結託してそれぞれの道路建設を組み込んだ抱き合わせの提案を出せば過半数の支持をとりつけることができる．いずれの場合にも，負担は100戸の農家によって分担されるから，道路建設による個別の利益がそのコスト（負担）より上回るので，このような支出が支持され，結果として財政規模は拡大する．

このような形での公共支出の拡大は，たとえば日本の予算における公共投資の配分にもみられる．予算は，第2章2-2節の予算過程に説明された圧力団体の役割などからみて，シニカルにいえば，結託の産物とみられないこともない．アメリカでいえば，いわゆる Pork-barrel politics ということになる．表4-2 に示される純粋公共財でない分野の支出拡大の背景にもこのような要因がある．

(B) 供給面からの説明

官僚機構の役割　財政支出への需要とは独立に供給側の独自の要因で公共支出が拡大していくことがありうる．その典型的な例は，官僚機構の権限拡大による公共支出の増加である．このような視点はニスカネンの主張と結びつけられることが多い[16]．ニスカネンは，官僚機構は収益極大という目標のかわりに予算規模極大をめざすという．これは，官僚にとっては予算の増加が地位の上昇に役立ち，権限拡大の量的指標になるからであるという．この場合には，公共支出の供給曲線（単純には垂直な供給曲線）が右方へシフトしていくこととなる．すでに述べた結託の背後にあるメカニズムとして圧力団体の存在，これを支持する政治家の動きは，この供給曲線の右方へのシフトをさらに強めるものであるという解釈も可能である．

---

[16]　ニスカネンの見方と近いのが，ウィルダウスキーのいう予算における増分のみに関心を寄せる増分主義（incrementalism）の傾向である．日本について，増分主義の傾向を実証したのは野口悠紀雄氏である．Niskanen [1971]，Wildavsky [1984]，野口他 [1979] 参照．

(C) その他の説明

政府規模の拡大については，需要と供給の両面に分けて説明することが困難であるような社会的要因が影響力をもちうる場合があり，その例を示してみよう．

(1) 工業化・都市化 この要因はおそらく社会学者が重視する見方である．伝統的な社会においては，大家族，地域社会などによって相互扶助的機能が果たされていた．しかし，工業化によって農村から都市へ人口が集中するにおよんで，大家族は解体し，地域社会も分解していく．その結果，これらの伝統的社会における相互扶助機能に代わって政府が主として社会保障を通じて扶助機能を行なわざるをえなくなる．

(2) 人口構造の高齢化 人口の年齢別構成の変化，特に高齢化は，公共支出の拡大をまねく可能性が高い．すなわち，人口構成の高齢化は，高齢者が増加し，相対的に人口構成が高齢化し，工業化・都市化の進んだ社会で社会保障が不可欠となっているとすると，年金・医療費などを中心に社会保障費の増加が顕著となり，政府規模が拡大する一因となる．最近では，日本経済が21世紀に入り2010年代になると高齢化が進み社会保障費の増加が著しいという予想がなされている．

第5章

現実の財政支出

　第3章と第4章においては，財政支出をめぐる規範的な経済理論（第3章）と実証的な経済理論（第4章）を概観したが，ここでは，日本の現実の財政支出がどのような状況にあるかの具体例を説明したい．ただし，財政支出のすべての分野を説明することは困難であるので，重要な分野である社会保障（医療と年金）と公共投資の二つの例をとりあげることにしたい．

5-1. 社会保障(1)——医療——

　社会保障システムは，現代の経済社会において大きな役割を果たしている．今後とも高齢化社会が進行すると予想されており，その役割は，益々重要になると考えられる．社会保障システムの全体像とその経済分析については，社会保障論などの分野がこれを直接対象としているので，ここでは，財政からみた社会保障の現状を医療と年金を例にとって説明する．

　医療費の急増　　最初に，社会保障の重要な分野の一つである医療と財政支出の関係をみてみよう．国の財政支出の中心である医療費全体と一般会計予算に占める医療費の推移の動向を統計でたどってみよう（表5-1）．

　国民医療費は，医療にかかるすべての費用を含むものであり，内容は多岐にわたるが，1960年代以降，かなり高い伸び率を示していて，国民総支出に対する比率も倍増している．特に70歳以上の老人医療費の伸びは高く，医療費の伸びの3分の1を占めている．

表 5-1　医療費の動向

	国民医療費[1]		同伸び率[2]		一人当り国民医療費[3]	対 GDP %	医療関係費[4] 歳　出(％)
		老人医療費		同伸び率			
1960	4,095	—	100.0	—	0.44	2.1	
65	11,224	—	274.0	—	1.14	3.7	
70	24,962	—	609.6	—	2.41	4.0	
75	64,779	8,666	1,581.9	100.0	5.79	5.2	
80	119,805	21,269	2,925.6	205.4	10.23	6.0	
85	160,159	40,673	3,911.0	469.3	13.23	6.2	7.6
90	206,074	59,269	5,032.3	653.9	16.67	6.0	7.8
95	269,577	89,152	6,583.0	1,028.7	21.47	7.1	8.2
98	309,337	118,000	7,554.0	1,316.4	24.42	8.1	8.1

1. 単位：億円.
2. 国民医療費は1960年を100，老人医療費は75年を100.
3. 単位：万円.
4. 歳出は一般会計歳出予算額，医療関係費は一般会計における医療関係費.
5. 大蔵財務協会編『図表解説データブック』平成13年度，『図説 日本の財政』平成7年度版.

　このような傾向は，多くの先進諸国に共通するものであるが，日本の医療費の伸びはむしろ低めである．たとえば，アメリカでは，1950年に医療費がGNPの5.3％であったのに対し，1990年には12.2％と高くなり，一貫してGNPの伸び率をはっきりと上回るかたちで増加している．同様な傾向はフランスでもみてとれる．

　医療費増加の原因　　医療費のコントロールは，社会保障の財政にかかわる重要な課題の一つであるが，この問題に取り組むためには，まず，医療費が急増する原因を明らかにしなければならない．以下，いくつかの原因を挙げてみよう．

　第一の原因は，人口の高齢化である．この現象は，日本を含む先進諸国にほぼ共通の要因である．人口が高齢化すれば，どうしても医療の対象となる人々が増加し，その結果，医療費が増加する．表5-1における日本における老人医療費の増加の一因が65歳以上老人の増加にあることは確かである．たとえば，日本における65歳以上人口の総人口に占める比率は，1950年には，4.9％で

あったのに対し，1970年には7.1％，1985年に10.3％と増加している．さらに，念のために1人当り医療費（1991年）をみると，65歳未満の人々の1年当り平均医療費は，15.3万円であるのに対し，65歳以上の人々の平均医療費は，51万円である．

　医療費増加の第二の原因は，医療サービスの供給の特異性にある．医療サービスは，医者と患者との間で提供されるが，この場合供給者である医者と需要者である患者との間には，医療サービスに関する情報の非対称性が明らかに認められる．すなわち，医者の方は，患者の病状に関してかなり的確な情報をもっているのに対して，患者の方は医療に関して素人であるから，情報をもっていない．その結果，医療サービスの供給は，もっぱら医者の側の判断にもとづいて行なわれることになる．このようなサービスの供給が独占的供給に近くなるとすると，サービスの価格や供給量が競争的な場合に比較して適正でなくなる可能性が高い．

　第三の医療費増加の原因として患者の側のコスト意識が低いことが挙げられる．現在の医療に要する費用は，多くの場合，医療保険を通じて行なわれる．日本の医療保険の現状については，あとで説明するが，患者は，保険料をたえず払い込んでいる代わりに，医療費用のそれ自身の負担はわずかになっている．言い換えるならば，患者の側からすれば，医療サービスの価格は，低いように見えるので需要が増加する．現在の先進諸国は，医療保険を通じて費用が調達されているので，この第三の原因もほぼ先進国共通の医療費増加の原因である．

　医療保険の仕組み　ここで日本を中心に医療保険制度の仕組みを説明しておこう．医療の問題の理解には，保険制度の仕組みを知っておく必要があるからである．

　現在の先進諸国は，政府が主体になっている公的社会保険からの医療費の支払い方式，私的な医療保険との併用による医療費の支払い方式と，医療全体が公的サービスとして提供される方式の三つに分かれる．最初の社会保険による方式は，社会のすべての構成員が，社会保険に加入しており，日本，ドイツ，

フランスなどで採用されている．アメリカは，医療保険としては民間医療保険が中心であり，65歳以上の人々に対してのみ社会保険制度（Medicare）が適用されていて，医療保険は，皆保険ではなく，第二の方式である．これに対して，イギリスは，医療サービスが国有化されていて保険方式ではなく，租税で賄われている第三の方式である．

日本については，医療保険は，三つに分かれている．すなわち，民間企業の被用者とその家族を対象とする健康保険，公務員・私学教職員とその家族を対象とする共済組合保険，残りの自営業者，農業従事者などを対象とする国民健康保険から成立している．この三つの保険のうち，前二者，健康保険と共済組合保険は，被用者の支払う賃金（ボーナスを含む）に対する比例税（4.75％）と使用者の支払う賃金に対する比例税（4.75％）から主として調達されているが，国民健康保険は，一世帯当りの一括掛け金と所得割の掛け金という形になっている点が大きく異なる．いずれにしても国民健康保険は，いわゆるサラリーマン以外の人々を対象とするもので財政的な基礎が弱い．

このように分立した医療保険制度は，かつては給付の面でも差異があった．すなわち，健康保険や共済組合では，医療給付は，加入者本人で2割（2003年4月より3割負担）が自己負担分で残りが保険から支給されるが，国民健康保険では，3割が自己負担となっていた．しかし，最近の医療保険制度改革は自己負担の均一化を目指し，3割に引き上げることとなった．

医療費の増加のなかでも老人医療費の伸びが高いことはすでにふれたが，医療保険のなかでこの医療費をどのようにコントロールするかは重要な課題である．現在保険制度では，70歳以上の老人の医療は，老人保健としてわずかの自己負担を除いて全額給付され，その財源は各医療保険と公共部門（国と地方）が拠出している．

なお，日本の医療費については，欧米諸国と比較して，外来治療の薬剤費の比重が高いことや平均入院日数が長いことが指摘されている．今後の医療費のコントロールのためには，薬剤費の抑制や入院日数の短期化が重要な課題となろう．

医療費と財政負担　医療費は，健康保険を通じて大部分支出され，主として保険料収入によって賄われているが，ごく一部は，租税などによって調達される一般会計からも支出されている．すなわち，保険料収入ですべて給付を調達しているのではなく，国庫補助として一般会計が負担している部分がある．被用者に対する健康保険は，個別の大企業などが自ら組合を設立して保険（組合管掌健康保険）を運営している場合と，中小企業の被用者をすべて対象とした政府管掌の場合に分かれる．後者の中小企業の被用者を被保険者とする健康保険は，1980年代はじめまでは，財政赤字を示し，一般会計から赤字補塡が行なわれ，また現在でも給付費の13％部分を政府（一般会計）が負担している．被用者以外の自営業者を中心とする市町村が管理する国民健康保険は，さらに財政力が弱く，保険給付費の50％を政府（一般会計）が負担している．この他にも，国庫補助があるが，全体としての医療保険に政府（一般会計）が支出した額は，平成12年度予算でみれば，約4兆円となり，国民医療費の13.1％を占める．ただし，平成12年度から介護保険が創設されたことにより，老人医療費は2兆円近く減少すると見込まれている．

5-2. 社会保障(2)——年金——

社会保障のなかでも重要なのは，老齢年金である．老齢年金は，民間部門でも企業年金や個人年金という形で利用可能である．すなわち，個人は，自分の貯蓄を運用して退職後の生活水準を維持しようとするのであり，多様な貯蓄形態のうち個人年金という形である一定年齢以降（たとえば65歳以降）一定額の年金の支払いを約束した貯蓄契約を結ぶことができる．また，企業は，被用者に対して，定年後の年金支給にそなえて企業として年金を運用するという企業年金がある．他方，政府は，なんらかの仕方で社会のほとんどの構成員を公的な年金保険に加入させて，公的年金として老後の生活を保障しようとしている．これらの年金の諸形態は，併立可能であり，相互補完的である．現在，先進諸国の多くは，強制加入の公的年金によって少なくとも最低限の老齢年金を保障し，これに加えて企業年金，あるいは個人年金が老後の生活保障の役割を

果している．

日本の老齢年金　最初に日本の老齢年金のなかで大きな比重を占める厚生年金を例にとって公的年金の仕組みを説明しよう．厚生年金は，被用者（企業で働いている労働者）にとって標準的な老齢年金であり，老齢基礎年金（定額年金）部分と所得（報酬）比例年金部分の二つの部分から成立している．

このような厚生年金のシステムは，1986年4月から実施に移されたものであって，それまでは，分立した各年金（国民年金，厚生年金，船員保険，共済年金）がそれぞれ定額年金と報酬比例年金とを組み合わせていた．現在では，すべての年金を通じて基礎年金としての給付額は共通化されたのである．

厚生年金の保険料は，ボーナスを含む総報酬に対して13.58％の料率で徴収され，その半分（6.79％）がそれぞれ被用者負担と雇主負担となっており，基礎年金給付額の3分の1（平成14年度より2分の1）は，国（一般会計）が負担している．厚生年金以外の共済年金の保険料率は多少の差異はあるにしても，ほぼ同じ保険料率で徴収されている．

被用者ではない自営業者に対しては，基礎年金しか給付されず，保険料も自営業者1人当たり月額1万3,300円となっている．いずれにしても，社会保険における自営業者の取り扱いは，被用者に対するものとは異なっている．

年金の給付については，支給開始年齢は厚生年金では定額部分は60歳であるが所得比例部分は61歳，国民年金は65歳である．厚生年金の所得比例部分は個別の受給者が加入している（保険料を支払った）期間の長さに応じて，また，過去の賃金の水準に応じて違ってくる．すなわち，加入期間が長ければ長いほど，過去の賃金の水準が高ければ高いほど高くなる．最近年金を受け始めた男子の平均年金給付月額は，19万9,000円であるが，それ以前から受給されている人々の平均年金給付月額は，17万6,000円である．この点では，日本の年金は，徐々に成熟化しつつある．なお，高齢化・少子化が進行するなかで公的年金をどのように改革するかは，現在の社会保障改革の最大の課題となっている．

老齢年金と貯蓄　公的年金の存在が民間の経済主体の行動に影響を及ぼすことは考えられる[1]．第一の影響は，公的年金の充実が私的貯蓄へのインセンティブを低める形で経済全体の貯蓄に与える影響である．この問題は，サプライ・サイダーの提唱者であるフェルドスタイン（M.S. Feldstein）が1970年代後半に公的年金と私的貯蓄との代替性が現実にはっきり認められるとする実証研究を発表して以来，多くの賛否両論が戦わされた．すなわち，フェルドスタインは，年金給付の現在価値の増加が消費を増加させ，結果的に個人貯蓄を半減させるとした．しかし，色々な実証研究の結果は分かれていて，結論の一致はいまでもない．公的年金の財政方式の差異が私的貯蓄と投資に与える結果は，常識的には明らかであるようにみえる．すなわち，公的年金を積立方式（保険料を事前に積立給付に備える方式）によって運用する方が，賦課方式（必要な給付額をその時々の現役世代から徴収する方式）よりも，貯蓄率を高め，その結果経済全体として投資を促進するとみられる．しかし，残念ながら，実証研究においては，このような常識的な結論に関しても同意は成立していない．

老齢年金と退職　日本の厚生年金の受給開始年齢は，現在の60歳から，2025年に65歳にまで引き上げられるが，現実の勤労者の退職は，60歳台前半であるとみられている．諸外国（アメリカやヨーロッパ諸国）では，65歳が受給開始年齢であると同時に退職年齢であることが多い．

19世紀以降，勤労者の平均労働時間は，労働条件の改善とともに短縮してきたが，社会保障制度の確立がこの点に手をかしてきたか否かは，議論が分かれるところである．ヨーロッパにみられる早期退職の傾向も果たして老齢年金の存在によってどの程度促進されたか否かについても，実証研究の結果は，それほどはっきりしていない．しかし，老齢年金が引退年齢に影響を与え，60歳以上の人々の労働力化を引き下げていることは，ほぼ確かであるといってよい．アメリカの場合には，62歳と65歳が，特に後者が引退年齢に集中しているのは，年金の受給の仕方(65歳の支給開始年齢と62歳における早期退職

---

1) この問題に対するサーベイとしてAtkinson [1987]やHurd [1990]を参照のこと．

支給の有利さ)にもとづくところが多い．日本では，2010年までには，65歳支給に段階的に移行することが予定されているが，この期間中60歳台前半の雇用が不安定になるか否かに議論が集中してきた．年功序列賃金と固定的な定年制を維持してきた大企業の雇用慣行が変化するかどうかが問題の焦点である．

年金と財政負担　年金の財政は，原則的には，それぞれの年金が保険料をプールして給付にそなえるという形でその資金が調達されていて，多くの場合，特別会計(厚生保険特別会計，船員保険特別会計，国民年金特別会計)として運営されている．保険の構成員である雇主や被用者からの保険料以外に，国が財政から支出する部分が財政負担(保険料の国庫負担分)であり，国の一般会計から支出されている．平成14年度予算における国庫負担の総額は，5兆7,200億円である．なお，この国庫負担の内訳は，基礎年金の給付額の3分の1に当る3兆3,000億円(厚生年金分)と1兆5,700億円(国民年金分)などからなっている．

5-3. 公共投資

日本の財政支出に占める公共投資の比重は，量的にも高いし，また経済政策の視点からもその役割は重要であった．

日本は，明治以降急速に工業化し，第二次世界大戦においてかなり経済力が低下したが，その後，ふたたび高度成長期(主として1950年代・60年代)を経て経済規模が拡大した．しかし，この期間において，公共部門が財政支出の量的な側面で日本経済の発展を先導したとはいいにくい．確かに，日本の典型的な高度成長期である1960年代前半は，民間設備投資は，GDPの30％をこえ，まさに民間経済主導型の成長経済であったが，公共部門の投資は，GDPの7％前後にすぎず，明らかに社会資本形成は，おくれ気味であった．その後，第一次石油危機(1973・74年)以降，日本経済の実質GDP成長率は，それ以前の平均10％前後から，平均4％前後へと低下した．1980年代後半におい

第5章 現実の財政支出　　117

図5-1　総固定資本形成対GDP比の国際比較

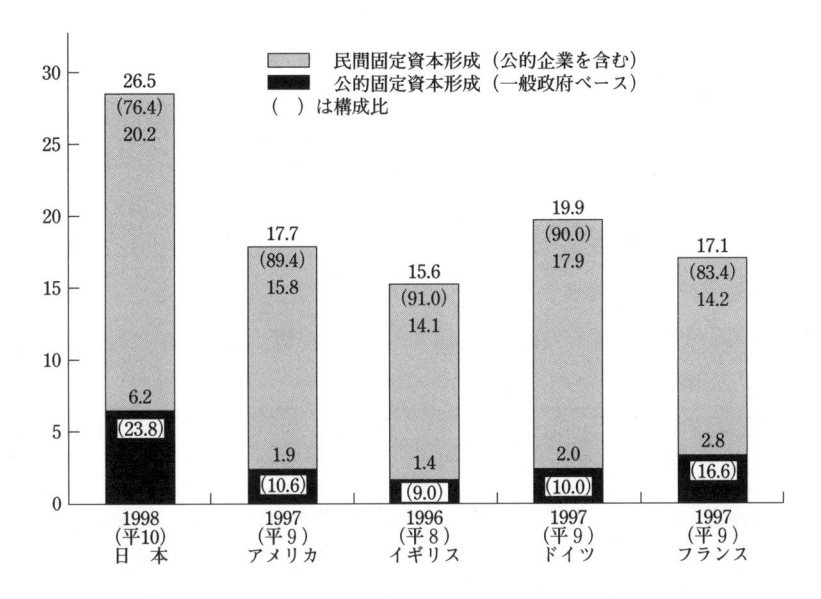

凡例：
- 民間固定資本形成（公的企業を含む）
- 公的固定資本形成（一般政府ベース）
- （　）は構成比

	日本 1998(平10)	アメリカ 1997(平9)	イギリス 1996(平8)	ドイツ 1997(平9)	フランス 1997(平9)
合計	26.5	17.7	15.6	19.9	17.1
民間（構成比）	20.2 (76.4)	15.8 (89.4)	14.1 (91.0)	17.9 (90.0)	14.2 (83.4)
公的（構成比）	6.2 (23.8)	1.9 (10.6)	1.4 (9.0)	2.0 (10.0)	2.8 (16.6)

1. 日本の1970年度の公的総固定資本形成は国鉄等を含む．
2. 外国は一般政府ベースである．OECD, *National Accounts*.

表0-2　政府支出の目的別分類（1998年度）(%)

	最終消費支出	公共投資
一般政府サービス	27.7	5.7
防　衛	8.9	—
（小　計）	36.6	5.7
教　育	31.8	5.9
保　健	4.6	3.3
社会保障・福祉サービス	7.0	1.8
住宅・地域開発	6.9	25.9
その他の地域社会サービス	3.2	3.1
経済サービス	9.0	53.7
その他	0.6	0.5
（小　計）	63.5	94.3
合　計	100.0	100.0

経済企画庁『国民経済計算年報』平成12年版．

ては，民間設備投資は，GDP の 17% に低下し，公共投資は，6.5% と 1960 年前半と似たような水準になり，その後 90 年代前半には再び増加し，その後低下した．

先進主要国と比較すると，図 5-1 でみるように日本の公共投資（公的総固定資本形成）の GDP，あるいは投資全額に占める比重が高い．この傾向は 1980 年代にさかのぼるにつれて高くなる．これは，ヨーロッパ諸国においてはかなり以前に長期間社会資本への投下が行なわれ，すでに成熟期となり，それほど多額の社会資本が必要でなくなったとみることができよう[2]．また，公共投資の分野別配分をみると先の表 0-2 のように，日本の場合は圧倒的に経済サービス（たとえば道路などのインフラストラクチュアー）への投資が高いことも同じような理由によるといえよう．

公共投資と財政　公共投資は，当然公共部門が支出するが，その構成は複雑である．平成 10 年度（1998 年度）公共部門による投資額（公的総固定資本形成）は，3 兆 6,584 億円であるが，その内訳は，次のようになっている．

中央政府(国)	10 兆 1,609 億円
一般政府	5 兆 5,000
一般会計	6,497
非企業特別会計	4 兆 5,473
事業団	3,030
公的企業	4 兆 6,409
地方政府(地方自治体)	28 兆 7,879
一般政府	25 兆 3,654
公的企業	3 兆 4,211
社会保障基金	1,377

---

2) この点でアメリカの社会資本整備のパターンが日本のそれと似ていることは興味深い．貝塚 [1991b] 参照．

第5章　現実の財政支出　　　　　　　　　　119

図5-2　公共事業関係費の内訳の推移
（一般会計当初予算ベース）

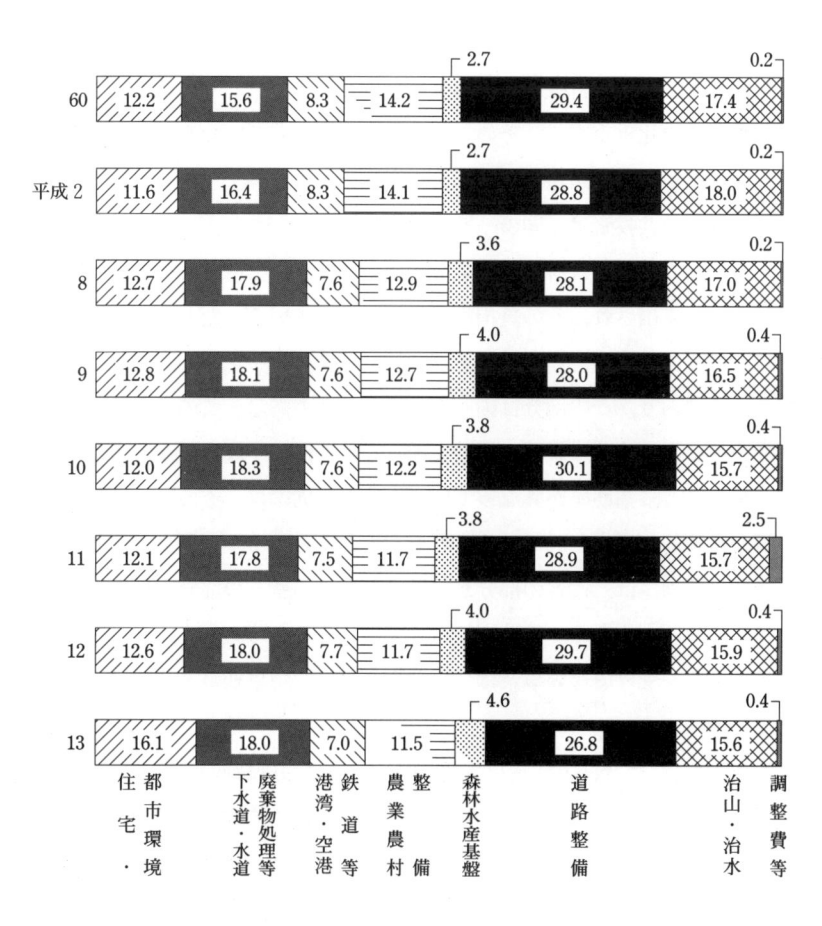

年度	住宅・都市環境	下水道・水道 廃棄物処理等	港湾・空港 鉄道等	農業農村整備	森林水産基盤	道路整備	治山・治水	調整費等
60	12.2	15.6	8.3	14.2	2.7	29.4	17.4	0.2
平成2	11.6	16.4	8.3	14.1	2.7	28.8	18.0	0.2
8	12.7	17.9	7.6	12.9	3.6	28.1	17.0	0.2
9	12.8	18.1	7.6	12.7	4.0	28.0	16.5	0.4
10	12.0	18.3	7.6	12.2	3.8	30.1	15.7	0.4
11	12.1	17.8	7.5	11.7	3.8	28.9	15.7	2.5
12	12.6	18.0	7.7	11.7	4.0	29.7	15.9	0.4
13	16.1	18.0	7.0	11.5	4.6	26.8	15.6	0.4

1. 平成2年度以降は，NTT-Bを含まない．

すなわち，公共投資は支出主体としてみると，圧倒的に地方自治体が多く，78％強を占めている．中央政府では，非企業特別会計（たとえば，国立大学の施設費）の比重が高く，公的企業（たとえば，日本道路公団，治水事業特別会計）の比重も高い．地方政府による公共投資においては，一般政府における普通建設事業費の比重が高く，そのなかでも土木事業費の割合が高い．公的企業では，上水道事業，下水道事業などの投資支出が大きい．

　このように，公共投資は，国の一般会計，特別会計（たとえば，道路整備特別会計）や公団など地方政府の普通会計，非企業会計，公営事業会計など多様な主体によって支出され，その負担も多岐にわたっている．たとえば，国の一般会計における公共事業関係費は，個別の公共事業の資金を一部調達するのが通常のケースであり，この部分は国庫からの補助金である．この場合地方自治体が事業主体である公共事業は，補助事業となる．国の一般会計が支出する補助金は，事業ごとに補助率が異なっていて，高い補助率は，その分野に対する公共投資が政策的に優先されていることを示すとみられる．一般会計における公共事業関係費は，ほとんどの部分が補助金となり，残りの部分を地方公共団体は，自らの税収入，あるいは地方債収入で調達するのである．なお，国からの補助をまったく受けてない事業は，補助事業に対して単独事業と呼ばれることがある．

　公共事業関係費（一般会計）の分野別配分もまた公共投資のどの分野が重要視されているかを反映しているとみられる．図5-2は，最近における公共事業費の構成比を示しているが1980年代終わり頃（昭和63年度）から，その構成比がほとんど変化せずようやく2000年代（平成13年度）に入ってから変化がみてとれる．確かに，1960年代からみると道路整備の分野が後退し，代わりに住宅対策や下水道環境衛生施設整備の分野が拡大したが，1990年代後半は，ほとんど構成比が変動していない．日本の社会資本整備は，徐々に生産基盤に直接関係した分野（たとえば，道路，港湾，農業農村など）から生活環境に直接関係した分野（住宅・下水道・治山・治水など）へ移るべきときに来ているが，そのシェアーの固定化は公共投資の配分における政治プロセスのも

つ短所を示すとも考えられる．

補論　公共投資の効率性──費用・便益分析──

　この補論では，最近政策評価の一手法としての費用・便益分析を簡単に説明する．費用・便益分析は元来公共投資の経済効率を高める方法の一つである[3]．

　公共投資の投資基準を説明する前に，民間部門において投資の意思決定がどのように行なわれるかをみておく必要がある．民間企業は，その製品やサービスを市場において価格を付けて販売して利益をうるのであろうが，将来にわたって収益を生む投資プロジェクトを採用するか否かは，次のような将来収益 ($R_t - C_t$) の流れが，期首の投資のための投下費用 (K_0) を上回っているか否かによって決まる．すなわち，

$$R_1 - C_1, R_2 - C_2, \cdots, R_t - C_t + \cdots + R_N - C_N$$

において，R_t は第 t 期におけるこの投資プロジェクトからの収入，C_t は第 t 期における費用（経常費用）であるから，$R_t - C_t$ が第 t 期における収益である．さらにこの投資プロジェクトは，N 期間の耐用年数をもつとすると，将来にわたる収益は，その割引現在価値，すなわち，

$$\frac{R_1 - C_1}{(1+i)} + \frac{R_1 - C_2}{(1+i)^2} + \cdots + \frac{R_t - C_t}{(1+i)^t} + \frac{R_N - C_N}{(1+i)^N} \tag{5-1}$$

であり，この値が期首の投下費用 (K_0) を上回るときに，企業にとって利益をもたらすことになるから，投資プロジェクトとして採用される．ここで，割引率 (i) は，市場利子率である．

　公共投資の経済計算　　公共投資の選択・採否を決める経済効率の算定は，民間投資と基本的には同一である．しかし，その割引現在価値を求める際には，二つの点が民間投資の場合とは，はっきり異なっている．第一の点は，民間投

---

[3] 費用・便益分析をよりくわしく検討したものとして Dasgupta and Pearce [1972], Gramlich [1981] と貝塚 [1981a] を参照のこと．最近の日本の実例については，田中 [2001] が政策評価を含めて説明している．

資における収入（R_t）は，市場における販売額であるが，公共投資から生ずるサービスは価格を付けて市場で販売されるのではない．しかし，公共投資は，明らかに生産者や消費者にとって利益を生んでいるはずであるから，この種の利益を便益（benefit）として算定する必要があり，その算定は必ずしも容易ではない．たとえば，純粋な公共財である一般行政サービスや防衛費などは，この種の便益の計算はほぼ不可能に近いが，その他の公共投資には経済的な利益が発生していると見られ，かなりの程度まで市場価格に換算して評価することができよう．

すでに費用・便益分析においては，定型化された算定法がある．有名な例は，ダム建設の例である．ダムを作ったことで，洪水防止，農作物の収穫増加や安定的な上水道用水の確保などの利益があるはずであり，これは，洪水が生じたときの損害額，断水による経済的損失などによって間接的に測定可能である．また，高速道路の建設などについては，現実に道路料金を設定して，利用者の利益を料金収入という形でみることができる．他方，公共投資を維持するための費用は，人件費，補修費などを含み，これらは容易に市場価格で算定できる．

次に，(5-1)で示される民間投資の現在価値の算定で用いられる割引率である市場利子率を，公共投資の経済計算にそのまま用いてもよいか否かについては議論がある．市場利子率よりも低い割引率（社会的割引率）でもって現在価値を算定すべきと主張する人々がいる．これらの人々は，市場機構にもとづく民間部門で成立する市場利子率が，適正な資源配分を保証せず，特に遠い先の資本蓄積の望ましい水準を達成しないとして，別の割引率（社会的割引率）を採用することを主張する．また，他の人々は，市場利子率を採用するにしても，民間の資金市場が不完全であるとすれば，修正が必要とする．

投資基準の有用性　費用・便益分析という公共投資基準がどこまで有用かということは，ほぼ二つの条件に依存する．第一の条件は，すでにふれたように，便益が公共投資のもたらす利益をどこまで的確にとらえているかに依存する．純粋公共財に近い利益をもたらす公共投資になればなるほど，この手段は

使えなくなる．第二の条件は，元来（5-1）にもとづく投資経済計算が暗黙のうちに想定する条件のもつ制約である．この投資基準は，民間部門が採用しているのであるが，元来投資を行なう企業が独占力をもたないこと，また，民間経済における価格形成が競争的であることを前提にしている．公共投資が行なわれるときにも公共投資によって民間経済が大きく影響を受けないこと，民間経済が競争的であることが同じように前提されている．この条件は，実をいえば，大規模な公共投資には，通常の費用・便益分析が適用できないことを意味する．すなわち，大規模な公共投資が行なわれると，地域経済がはっきりと影響を受け，民間の価格そのものが変化すると考えられるからである．このような点で，定型的な公共投資基準は，規模の小さい投資プロジェクトに向いている基準である．

　費用・便益分析よりもはるかに汎用性が高いのは費用分析であり，これは，特定の目的を達成する投資プロジェクトのうち費用最小のプロジェクトを選択する手法である．当然のことながら汎用性が高いとしても資源配分の効率性には直接つながらない．

III

租税

　第6章から第9章までは租税の経済分析に当てられる．この分野は，伝統的に財政理論が力を注いできた分野であり，財政学とは，実質的には租税論であるといわれた時代もあった．伝統的な財政学は，また租税の満たすべき要件として多様な要件を挙げている．第6章以下の租税の経済分析は，このような要件と結びつければ，次のような内容になっている．

　まず，第6章「税制の誘因効果」と第7章「税制と資源配分」は，税制の中立性の要件をミクロ経済理論を応用して分析したものである．税制の中立性とは，民間経済活動に対して中立であることを意味し，税制が満たすべき重要な要件である．やや理論的に表現するならば，税制は資源の効率的配分を攪乱してはならないという要件であり，効率性の要件といってよい．第6章は，この要件を家計や企業などのミクロの経済主体別に分析したものであり，第7章は，これを経済全体について相互依存関係を明らかにするために一般均衡的に分析したものである．

　第8章「租税の転嫁・帰着」は，税制の公平さを判断する際に不可欠な前提となる分析である．租税は，必ずしも法律上の納税義務者がこれを実質的にも負担するとはかぎらない．すなわち，負担の転嫁が生ずることがあり，最終的な負担の落ちついた先（帰着）を見定めてはじめてその税負担の配分が明らかになり，これにもとづいて課税の公平さが判断される．第9章「公平な税制」は，あらためて公平な税制とはどのような税制であるかを明らかにする．なお，重要視されるようになった簡素さの要件について，近年の日本の税制改革の動向，さらには最近の多様化した租税理論の概要は第9章の補論において説明される．

序論

租税システムの現状

租税の経済分析に入る前に,国税を中心とした租税システムの概略を説明しておく.

最初に国税収入の構成(表1)を示し,主たる税目の説明を行なう.今,2000年度の税収入における順序に従って税目をみていくが,その前に,この分類は最近では必ずしも多用されなくなったが,直接税と間接税の定義をみておこう[1].

直接税と間接税は,通常は転嫁の有無によって定義される.すなわち,直接税とは,租税を支払う主体である納税義務者がそのまま実質的に税を負担する租税であり,間接税では,納税義務者以外に負担が転嫁する租税である.しかし,この定義は,経済理論からすると明快な分類とは言いがたい.なぜならば,租税には,まったく転嫁しない税目があるとは考えられないし,転嫁の程度が異なるというのが現実である.そこで,ここでは,次のような定義をしておく[2].すなわち,直接税は,納税者の個別的事情を明示的に考慮するタイプの租税であり,間接税は,このような事情を考慮しない租税である.典型的な例をあげると,現行の所得税は,納税者の所得,家族構成,医療費の大小などの個別的事情によってその負担が変わるからである.また,別の例をあげると,現行の消費税は,消費者の個別的事情(たとえば所得水準)の差異を問わずに,消費のすべてにわたって5%の税率をかけるものである.

---

1) たとえば,Messere [1998] やRosen [2002] ではこの分類は登場しない.
2) この定義はAtkinson [1977] の定義である.

表1からみてわかることの一つは，第二次世界大戦前の1930年代中頃の税制が戦後のそれとは大きく異なることである．この時期には，間接税が酒税・たばこ税・関税などを中心に税収の60％強を占めてきたことである．これと対照的に，所得税・法人税は重要な税目であったとはいえ，その比重は低い．これに対して，第二次世界大戦後は，あとに説明する戦後のシャウプ勧告の結果にもよるが，直接税の比重が高くなり，1985年度では，4分の3が直接税となっていることである．

　次に主たる税目の概略を説明しておこう．

　まず所得税は，課税標準を個人所得にとる税目で，主としてアメリカとイギリスを中心に発展し，現在ではその比重に差はあるが，必ずといってもよいほど先進諸国において採用されている．所得税は，近代的な税制と言われることがあるが，これは，あとで説明する個別間接税に比べると，19世紀あるいは20世紀はじめになって整備された税目であるからである．

　法人税は，個別の税目としては，所得税につぐ税収をあげているが，課税標準を法人所得（法人利潤）にとる税目である．あとでもみるが，日本のように法人税の比重が高い国は，めずらしいともいえる．相続税は，税収に占める比重は小さいが，資産（富）の不平等を是正している資産課税である．地価税は，1992年（平成4年）から導入された新しい税目で，土地を対象とした保有税であるが，現在は課税されていない．

　間接税のなかで税収における比重の高い消費税は，1989年（平成元年）に導入されたもので，それまでは，物品税，酒税，専売公社納付金（現在はたばこ税）などのように個別の品目に異なった税率で課税される個別消費税しかなかった．この消費税は，原型としてかつてヨーロッパ共同体（EC）が採用した付加価値税を念頭におき，消費一般にかかる一般消費税である．酒税をはじめとするその他の間接税は，個別消費税であり，このうち，砂糖消費税，物品税，トランプ類税，（入場，通行税）は，消費税導入の際廃止された．

　間接税のなかで，揮発油税，石油ガス税，航空機燃料税，石油税は，税収入の使途が決まっていて目的税（earmarked tax）といってもよい．これに対し

III 序論 租税システムの現状

表1 国税収入の構成

(単位：1934-36年は百万円，1950年以降億円)

	1934-36年	1950	1970	1990	2000
直　接　税	427 (36.0)	3,136 (55.1)	51,334 (67.8)	462,971 (73.7)	323,193 (61.3)
所　得　税	140 (11.8)	2,201 (38.6)	24,282 (32.1)	259,955 (41.4)	187,889 (35.6)
源泉分	—	1,275 (22.4)	17,287 (22.8)	187,787 (29.9)	158,785 (30.1)
申告分	—	926 (16.2)	6,995 (9.2)	72,168 (11.5)	29,104 (5.5)
法人税	117 (9.9)	838 (14.7)	25,672 (33.9)	183,836 (29.3)	117,472 (22.3)
相続税	30 (2.5)	27 (0.5)	1,391 (1.8)	19,180 (3.1)	17,822 (3.4)
地価税	—	—	—	0 (0.0)	9 (0.0)
旧税	—	—	0 (0.0)	0 (0.0)	0 (0.0)
その他	140 (11.8)	70 (1.2)	—	—	—
間　接　税　等	756 (63.9)	2,557 (44.9)	24,336 (32.1)	164,827 (26.3)	204,016 (38.7)
消費税	—	—	—	46,227 (7.4)	98,221 (18.6)
酒税	216 (18.3)	1,054 (18.5)	6,136 (8.1)	19,350 (3.1)	18,164 (3.4)
たばこ税	202 (17.1)	1,138 (20.0)	2,723 (3.6)	9,959 (1.6)	8,755 (1.7)
砂糖消費税	82 (6.9)	7 (0.1)	442 (0.5)	0 (0.0)	—
揮発油税	—	74 (1.3)	4,987 (6.6)	15,055 (2.4)	20,752 (3.9)
石油ガス税	—	—	122 (0.4)	157 (0.0)	142 (0.0)
航空機燃料税	—	—	—	641 (0.1)	880 (0.2)
石油税	—	—	—	4,870 (0.8)	4,890 (0.9)
物品税	—	165 (2.9)	3,395 (4.5)	46 (0.0)	—
トランプ類税	—	—	6 (0.0)	0 (0.0)	—
取引所税	13 (1.1)	—	49 (0.1)	413 (0.1)	—
有価証券取引税	—	0 (0.0)	158 (0.2)	7,479 (1.2)	0 (0.0)
通行税	—	11 (0.2)	122 (0.2)	▲ 4 (▲0.0)	—
入場税	—	—	135 (0.2)	0 (0.0)	—
関税	157 (13.3)	16 (0.3)	3,815 (5.0)	8,252 (1.3)	8,215 (1.6)
とん税	3 (0.2)	—	51 (0.1)	89 (0.0)	88 (0.0)
自動車重量税	—	—	—	6,610 (1.1)	8,507 (1.6)
印紙収入	83 (7.0)	92 (1.6)	2,195 (2.9)	18,944 (3.0)	15,318 (2.9)
合　　　　計	1,183 (100.0)	5,693 (100.0)	75,670 (100.0)	627,798 (100.0)	527,209 (100.0)

図1 主要国の税体系（税収構成比：%）（国・地方税計）

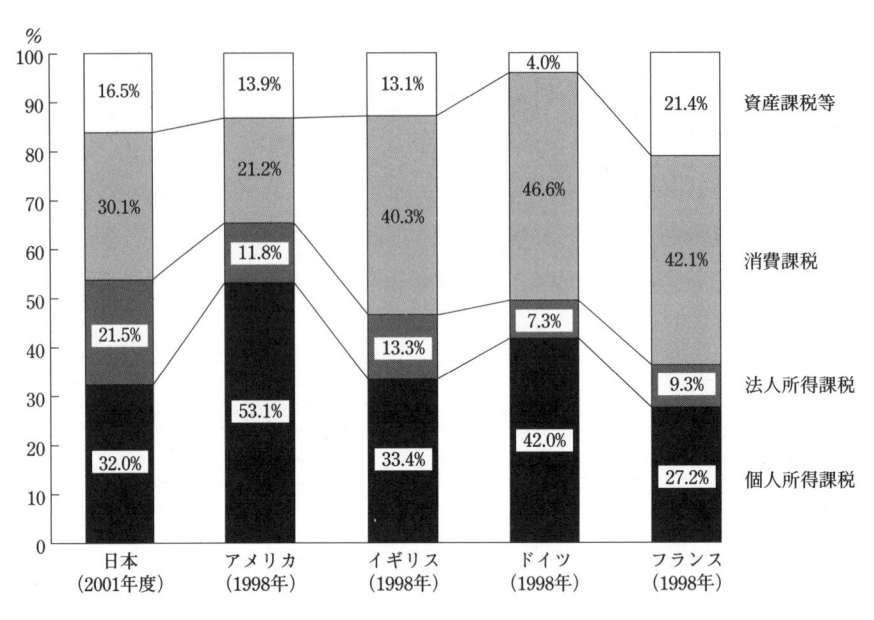

	日本(2001年度)	アメリカ(1998年)	イギリス(1998年)	ドイツ(1998年)	フランス(1998年)
資産課税等	16.5%	13.9%	13.1%	4.0%	21.4%
消費課税	30.1%	21.2%	40.3%	46.6%	42.1%
法人所得課税	21.5%	11.8%	13.3%	7.3%	9.3%
個人所得課税	32.0%	53.1%	33.4%	42.0%	27.2%

1. 日本は平成13年度予算ベース．諸外国は OECD, *Revenue Statistics 1965-1999* より作成．
2. 所得課税には資産性所得を含む．

て，目的税ではない他の税目は，一般税とも呼ばれ，使途は限定されていない．通常，目的税は特別会計の収入になっていて，特定の使途に使われる．たとえば，揮発油税は，国の特別会計である道路整備特別会計に収入が入り，道路投資に支出される．また，石油ガス税も国と地方の道路財源として使われ，航空機燃料税は国の空港整備費や地方公共団体の空港対策費に当てられ，石油税は，石油および石油代替エネルギー対策に当てられている．

最後に，税制の歴史的な推移について，多少とも付け加えておきたい事実認識がある[2]．第一に，現在最も重要な税目と考えられている所得税や法人税は，古くからあった税目ではなく，むしろ，20世紀に入ってからアメリカやイギ

---

[2] 税制と経済発展との関係を日本に即して検討したものに Kaizuka [1994] がある．

III 序論 租税システムの現状

表2 地方税収入の構成（主要税目）

(億円)

		1950年	1970	1990	2000
	道府県税	697 (37.0)	21,111 (56.2)	156,463 (46.8)	155,850 (43.8)
	市町村税	1,185 (63.0)	16,395 (43.7)	178,040 (53.2)	199,614 (56.2)
	地方税総計	1,882 (100.0)	37,506 (100.0)	334,504 (100.0)	355,464 (100.0)
道府県税	普通税	697 (100.0)	18,900 (89.5)	141,874 (90.7)	139,120 (89.3)
	道府県民税	— (—)	4,091 (19.4)	50,887 (32.5)	45,004 (28.9)
	個人	— (—)	2,525 (12.0)	24,576 (15.7)	23,863 (15.3)
	法人	— (—)	1,565 (7.4)	10,074 (6.4)	8,246 (5.3)
	利子割	— (—)	— (—)	16,237 (10.4)	12,895 (8.3)
	事業税	366 (52.5)	9,697 (45.9)	65,413 (41.8)	41,410 (26.6)
	個人	252 (36.2)	582 (2.8)	2,487 (1.6)	2,230 (1.4)
	法人	113 (16.2)	9,114 (43.1)	62,926 (40.2)	39,180 (25.1)
	地方消費税	— (—)	— (—)	— (—)	25,282 (16.2)
	不動産取得税	— (—)	949 (4.5)	5,962 (3.8)	5,667 (3.6)
	道府県たばこ税	— (—)	880 (4.2)	3,606 (2.3)	2,815 (1.8)
	自動車税	18 (2.6)	1,714 (3.4)	12,761 (8.2)	17,645 (11.3)
	目的税	— (—)	2,211 (10.4)	14,482 (9.3)	16,729 (10.7)
	自動車取得税	— (—)	764 (3.6)	6,131 (3.9)	4,641 (3.0)
	軽油引取税	— (—)	1,442 (6.8)	8,335 (5.3)	12,076 (7.7)
	合計	697 (100.0)	21,111 (100.0)	156,463 (100.0)	155,850 (100.0)
市町村税	普通税	1,183 (99.8)	15,668 (95.5)	165,273 (92.8)	182,103 (91.2)
	市町村民税	465 (39.2)	7,067 (43.1)	96,724 (54.3)	82,206 (41.2)
	個人	464 (39.2)	4,442 (27.1)	64,745 (36.4)	60,444 (30.3)
	法人	1 (0.0)	2,624 (16.0)	31,980 (18.0)	21,762 (10.9)
	固定資産税	476 (40.2)	5,767 (35.1)	59,746 (33.6)	89,551 (44.9)
	市町村たばこ税	— (—)	1,549 (9.4)	6,359 (3.6)	8,652 (4.3)
	目的税	2 (0.1)	727 (4.4)	12,490 (7.0)	16,653 (8.3)
	都市計画税	— (—)	703 (4.3)	9,423 (5.3)	13,180 (6.6)
	合計	1,185 (100.0)	16,395 (100.0)	178,040 (100.0)	199,614 (100.0)

リスで整備された比較的新しい租税であることである．第二に，所得税がその地位を占める以前には，間接税である個別消費税や一般消費税が重要な税目であったことである．表1からもわかるように，日本の場合でも，第二次世界大戦前は，個別消費税の比重が高かった．第三に，現在の先進諸国において認められるはっきりした租税システムの共通性がないことである．図1は，日本をはじめとする先進5ヵ国の税体系を所得課税（所得税と法人税），間接税である消費課税と相続税などの資産税に分類して税収の大きさで示したものである．先進諸国間にかなりの差異があること，たとえば，アメリカにおける所得税の比重の高さとフランスにおける所得税の低さは対照的である．

なお，地方税の現状については，主要税目について簡単に説明しておく．地方税は，道府県が課税する道府県税と市町村が課税する市町村税とに分かれる．道府県税と市町村税では，表2をみてもわかるように，最近では後者の比重が税収入としては高くなり，全体の地方税の60％弱に達している．地方税の税目としては，国税の所得税・法人税とほぼ同じ課税標準とする道府県民税と市長村民税が税収において高い比重を占めており，個人住民税は，道府県・市町村においてそれぞれ複数税率でもって累進課税され，また法人住民税は，道府県，市町村に所在する法人が均等割と法人税割に応じて課税される．また，固定資産税は，市町村固有の租税であり，固定資産価値を課税標準にとる資産課税である．なお，道府県が課している事業税は，個人企業と法人企業の両者の所得を課税標準とする独自の企業課税であり，最近では論争の対象となっている．

第6章 税制の誘因効果

　税制の存在は，市場経済を中心とする民間経済に様々な影響を与え，ひいては資源の効率的な配分を損なうことになる．この章では，個々の経済主体の意思決定，あるいは動機づけ（incentive）に対して課税がどのような効果を及ぼすかを分析する．換言すれば，課税がどのように経済行動を変えるかという実証的（positive）な分析を行なう．すなわち，本章においては特定の市場，あるいは個々の経済主体に焦点を合わせた部分均衡分析が用いられる．たとえば，特定の課税方式である所得税が労働市場に対してどういう影響を及ぼすかを分析するが，この場合，まず個々の家計に対してどのような影響があるかを吟味し，次に他の市場への影響はないとみて労働市場にのみ関心を集中する．他の市場との相互依存関係を考慮に入れた一般均衡分析による課税の分析は次の第7章において扱われる．

6-1. 労働供給に対する影響

　最初に所得税が労働供給に与える影響を考えてみよう[1]．所得税は直接税の典型と考えられている課税であり，納税義務者の経済状態（この場合は所得）を個別的に考慮して課税される．課税の対象となる所得は，生産要素が稼得する要素所得から資産価値の増減まで含みうるから，当然労働を供給してその対価として支払われる賃金に課税される．かりに所得税がないときに比較すれば，

---

1) 課税の労働供給に与える影響については，わかりやすい説明として，Boadway [1979], Ch.10が推奨できる．以下の説明もこれに負うところが少なくない．

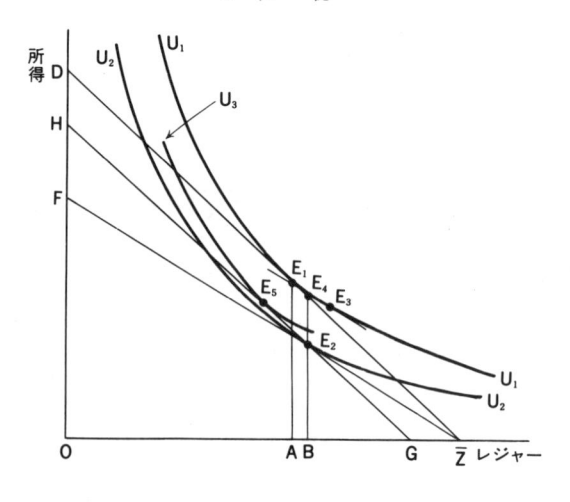

図 6-1 比例所得税の場合

課税により可処分所得が減少するから労働供給のインセンティブ（勤労意欲）が損なわれ，労働供給が減少する可能性がある．そこで，ここではレジャーと消費（稼得された所得からの支出）との選択という視点から，ミクロ経済分析を応用してこの問題をまず明らかにしよう．

いま図6-1では横軸にレジャー，縦軸に所得が測られている．労働を供給するというのは，レジャーを犠牲にして労働時間を提供し，その対価として賃金を稼得する行動を指している．いま，まったく働かないときに享受できる最大限のレジャーの量を $\bar{Z}$（1日の時間でいえば24時間）とする．所得税が課されていない状況の下では，労働市場において成立する時間当り賃金で働く機会が与えられているから，レジャーを犠牲にしてえられる賃金所得は $\bar{Z}$ から，その勾配が時間当り賃金である直線 $\bar{Z}D$ で示すことができる．消費者はレジャーと所得（より正確には所得を支出することによって得られる消費の効用）に関してそれぞれの好みを反映した無差別曲線群をもち，$\bar{Z}D$ という予算線上で効用を最大にする点を選択する．図6-1でいえば無差別曲線 U_1 と $\bar{Z}D$ との接点 E_1 が効用極大を満たす点である．

控除のない比例所得税　　次に所得税が課された場合を考える．最初に最も単純な控除のない比例所得税の例をとりあげる．すなわち，賃金を得た納税義務者は，賃金からの控除を認められず，賃金がそのまま課税所得額になる．現実の所得税は基礎控除，配偶者控除などの諸控除を差し引くことを認めているので，控除なしの所得税は最も単純化されたケースとして意味があろう．比例所得税とは，いうまでもなく税率が一定の累進性のない所得である．ここではとりあえず，所得税課税前の賃金率（W）は影響をうけず，税引後賃金は比例税率を t とすると $(1-t)W$ に減少し，税率に見合って勾配が低くなった新しい稼得機会線 $\overline{ZF}$ の下で効用極大を満たす点 E_2 が新しい主体的均衡を満たす点となる．図6-1では，比例所得税によって労働供給が $\overline{ZA}$ から $\overline{ZB}$ に減少することになる．しかし，労働供給は所得税課税によっていつも減少するとは限らない．消費者選好の理論における用語を使えば，代替効果と所得効果の大きさ如何が結果を左右する．図6-1でいえば，最初の効用水準（U_1）を満たしながら新しい税引後賃金に見合う点が E_3 であり，E_1 から E_3 までの効果は，純粋に価格の変化にもとづく代替効果であり，レジャーを犠牲にする対価が減少したのであるから労働供給は必ず減少する．しかし，賃金の下落により，この家計の実質所得は減少したことになるから，今度は所得効果が働き，所得の減少を埋め合わせるために E_3 から E_2 へとレジャーの消費が低下する（労働供給が増加する）．図6-1の場合には代替効果よりも所得効果が小さいから，二つの効果を合わせた全体としては，労働供給が減少する[2]．

　なお，労働供給に対して誘因効果をもたない税制を抽象的に考えることはできる．すなわち，定額税（lump-sum tax）がそれであり，各人に対してその経済活動の如何を問わず，それぞれに定額を課税される租税である．図6-1でいえば，比例所得税と同じ税収（$E_4 E_2$）を確保するが，中立的な税制として価格体系に攪乱を与えることなく課税する GH に見合う人頭税は，U_2 より高い効用水準（U_3）を達成する．無差別曲線の形状から考えれば，U_3 に

---

[2]　税制が消費行動に与える攪乱(distortion)は，代替効果を通じて働き，所得効果とは無関係である．

対応する主体的均衡点 (E_5) は必ず E_2 より左側にくる．すなわち比例所得税は，価格体系を攪乱しない同一の税収入をもたらす課税（定額税）の下での労働供給よりも，供給を減少させることとなる．

累進所得税　次に累進所得税と比例所得税とを比較し，累進課税が労働供給に及ぼす影響を検討してみよう．累進課税とは，税負担すなわち平均税率が所得の増加とともに上昇することを指しているが，ここでは累進課税のもっとも単純なケースをとりあげる．すなわち，税額 (T) は，

$$T = t(Y-E) \qquad (6\text{-}1)$$

によって決まる．ここで Y は所得，E は固定された控除額（たとえば，すべての納税者に適用される基礎控除額），t は固定された限界税率である．平均税率 $\left(\dfrac{T}{Y}\right)$ は，

$$\frac{T}{Y} = t\left(1 - \frac{E}{Y}\right) \qquad (6\text{-}2)$$

であるから，Y が増加するにつれて平均税率は上昇する．ここでは，このような限界税率が一定である累進所得税を線型累進所得税 (linear progressive income tax) と呼ぶ．線型累進所得税は，図示すれば，図6-2のようになる．ここで $\overline{Z}D$ は課税前の所得機会を示し，$\overline{Z}EF$ が線型所得税が課税されたあとの所得機会を示している．すなわち，$\overline{Z}E$ は控除額（正確には控除額と税率との積）に対応し，所得がまったく稼得されないときには，$E\overline{Z}$ だけのマイナスの所得税（現金給付）がなされ G 点で課税額がゼロとなる．$\overline{Z}A$ という賃金所得においては，課税額は HI となる．日本の所得税制のように，控除を認め限界税率が逓増していく累進税制では，$\overline{Z}A$ という所得で HI という同じ税収を生ぜしめる累進課税の一例とし EIJ のような曲線に対応する累進所得税を考えることができる．

比例所得税と累進所得税　さて，同一の税収をもたらす比例所得税と（線型）累進所得税の労働供給に与える影響を比較するために図6-3を用いる．図

第6章 税制の誘因効果　　137

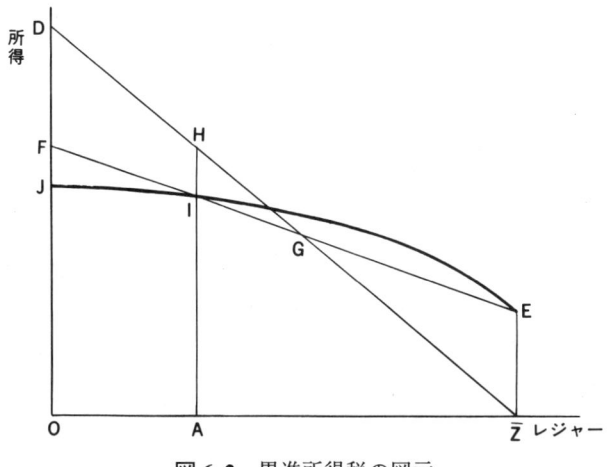

図 6-2　累進所得税の図示

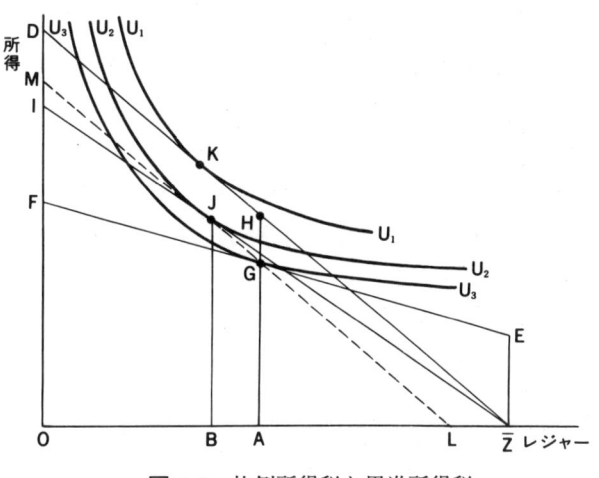

図 6-3　比例所得税と累進所得税

6-3において，$\bar{Z}D$ は課税前の所得機会を示し，EF は線型累進所得税課税後の所得機会を示し，主体的均衡点は G となる．累進課税の税収 HG と同じ税収をもたらす比例所得税を求めるには，HG だけ所得が減少する所得機会を示す LM 線上において，ちょうど無差別曲線が接するような $\bar{Z}$ から出発する比例所得税をさがせばよい．図 6-3 においては $\bar{Z}I$ 線がまさにこれに対応し J 点

が同じ税収を確保する主体的均衡点となる．無差別曲線の形から，EF よりも急な勾配をもつ $\overline{Z}I$ 線と接する点は G 点よりも必ず左側にある．したがって累進課税の下での労働供給 $\overline{Z}A$ よりも，比例課税の下における労働供給 $\overline{Z}B$ が大きくなる．すなわち，累進課税は比例課税よりも勤労意欲を強く抑制することになる．また消費者の経済厚生にとっては比例課税の方が累進課税よりもマイナスが小さいことは，効用水準（U_2 と U_3）を比較すれば明らかである．

資産所得と社会保障給付　以上単純なフレーム・ワークで所得税の労働供給に与える影響を分析したが，多少とも現実的な考慮を入れて分析を拡充しよう．

最初の例は，勤労所得以外に所得（資産所得）がある場合である．図6-4でいえば $\overline{Z}ED$ が課税前の所得機会を示しており，$\overline{Z}E$ に見合う部分が利子所得ということになる．いま比例所得税が課されたとすると $(1-t)\overline{Z}E = \overline{Z}G$ が税引き後の利子所得となり，税率分に見合って勾配が低くなった GF が新しい予算線となる．主体的な均衡は H 点から I 点へ移り，労働供給は図6-4ではむしろ増加することになる．労働供給への影響は，いうまでもなく所得効果と代替効果の大きさの如何に依存するが，勤労所得以外の資産所得があるときに

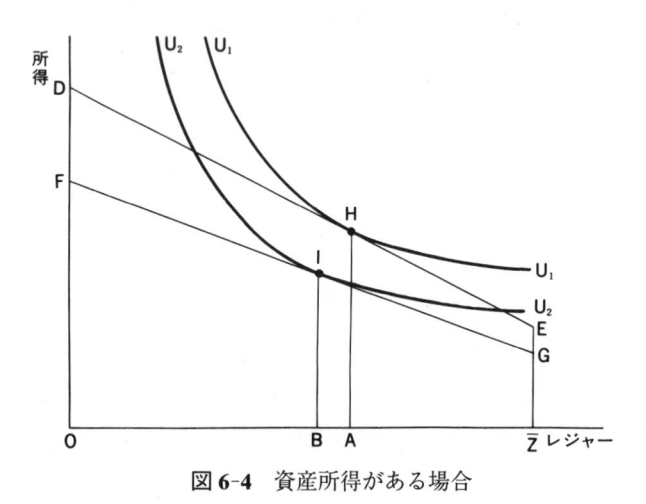

図 6-4　資産所得がある場合

第6章 税制の誘因効果

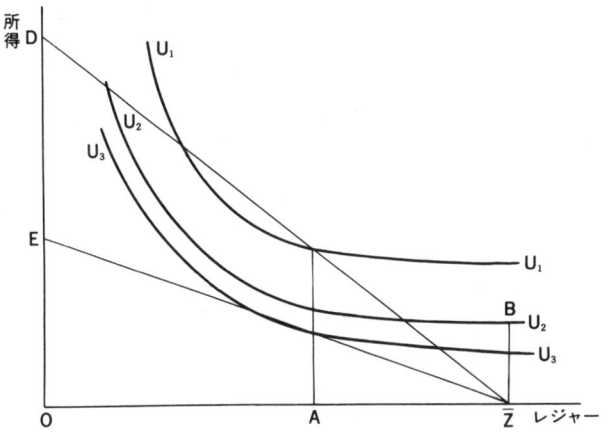

図6-5 社会保障給付がある場合

は，資産所得への課税分だけ所得効果を増大させることになり，労働供給を増加させる要因が強くなる．

次にもう一つの例として，社会保障の給付がなされ，また労働時間が制度的に固定されている場合（たとえば週48時間）をとり上げよう．いま図6-5においては，労働時間が制度的に $\overline{Z}A$ に固定されているとしよう．課税前の所得機会は $\overline{Z}D$ であるから，主体的な均衡はせいぜいのところ U_1 を達成するにとどまる．いま社会保障（たとえば失業保険）として $\overline{Z}B$ という現金給付が保障されているとしよう．この場合，全然働かなくとも U_2 だけの効用が保障されるが，働いた方が効用が高くなるから，この家計は働いて賃金を稼得するであろう．ところが政府が所得税を課税し，たとえば $\overline{Z}E$ で示されるかなりの重い比例所得税を課したとする．この場合には，課税後の所得機会の下ではせいぜい U_3 の効用しか達成されないから，この家計は働かずして社会保障の給付を受けることになる．この種の例は，極端で非現実的にみえるかもしれないが，欧米諸国では現実にこのような事態が生じているという主張があるのである[3]．

---

3) フェルドスタインは次のように主張する．アメリカの平均的稼得者は，退職後の社会保障

労働市場への影響　いままでの議論は，すべて課税が労働市場において成立している賃金には影響を与えないという前提の下で進められてきた．しかし，所得税は労働を供給する家計すべてに影響を与えるのであるから，労働供給全体が影響を受け労働市場で決まる賃金それ自体が変動するとみられる．そこで以下，労働市場における賃金決定におよぼす影響を簡単にみておこう．

図 6-6　労働市場への影響

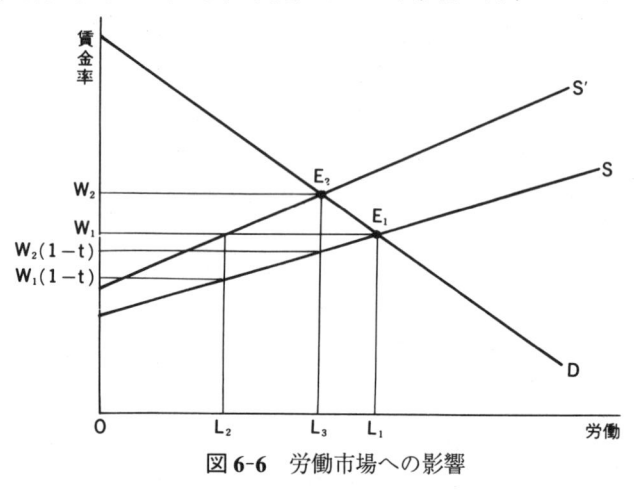

図6-6においては，同質的な労働に関して課税される前の労働市場における供給曲線 (S) と需要曲線 (D) が描かれている．供給曲線は代替効果を反映して右上りであり，また需要曲線は労働の限界生産力逓減を反映して右下りとなっている．いま t という税率で比例所得税が課され，労働市場における契約は税込みの賃金率でとりかわされるとする．労働の供給者側は税込みの賃金率からその t ％を差し引いた $W_1(1-t)$ が手取りの賃金であるから，たとえば W_1 という税込み賃金率では，$W_1(1-t)$ に対応する OL_2 という労働量しか供給せず，供給曲線は税込みの賃金率では S' へと移動する．したがって，課税前の賃金率は，労働供給の減少を反映して W_1 から W_2 へと上昇し，手取り

によって引退前の税引後最高所得の80％強を保障されているから，65歳で引退するのは不思議ではないという．また失業保険もレーガン税制改革以前の所得税負担，社会保険料負担を考えれば，賃金の60％から80％を置き換えるほど量的には影響力をもっているという．Feldstein [1977] 参照．

賃金は W_1 から $W_2(1-t)$ に下落する.

実証研究　1980年代にサプライ・サイダーの主張が注目されてから，その実証的根拠を確かめるために従来よりも労働供給に与える税制や社会保障の影響に対して計量的分析がアメリカを中心に熱心に行なわれるようになった．研究の結果は，必ずしも一致していないが，その概略を説明しておこう．

手取り賃金の下落（所得税の税率引き上げ）が労働供給量に与える影響は，労働力の種類によって異なっていることがかなり前からはっきりしている．すなわち，20歳から60歳までの男性の労働力は，賃金に対して非弾力的であり，その計測された弾性値は，−0.2からゼロの間にある．他方，既婚の女性の労働供給は，賃金に対して弾力的であり，計測された弾性値は0.2から1.0の間にある．代替効果と所得効果については計測例からすると，男性労働力については，代替効果が0.0から0.3，所得効果が0.0から−0.3の範囲にあり，女性労働力については，代替効果が1.0前後，所得効果は−0.06から−0.81という範囲にある[4]．税制の労働供給に対する影響と対照的な効果をもつのが社会保障給付の労働供給に与える影響である．この問題は，「福祉国家」の経済インセンティブに与える悪影響という大きな問題提起に関係するが，ここでは二，三の実証研究の結果をふれるにとどめたい．まず，アメリカの公的援助の代表例である扶養を要する子供のいる家計への扶助（Aids to Families with Dependent Children, AFDCと略称）をみると，無視できない効果があるといわれている．すなわち，女性を主たる稼得者とする家計で10%から50%程度の労働供給が減少するといわれる[5]．次に，老齢年金と退職との関係，また，私的貯蓄との関係については，すでに，第5章の年金の説明においてふれたので繰り返さない．最後に，失業保険の給付と失業との関係については，給付水

---

[4]　1980年代前半までの労働供給に対する税制の影響に対するサーベイとしてはHausman [1985] 参照．その後の分析についてはEngen and Skinner [1996] 参照．

[5]　社会保障給付，特に公的扶助や公的年金の労働・供給や貯蓄に関する効果についての数多くの研究のなかで，ここでは，Danzinger, Haveman and Plotnick [1981], Moffit [1983] を挙げておく．

準が高くなれば失業期間が長くなるという傾向があるといわれているが，その効果は大きくないとみられている．また，多くのヨーロッパ諸国において，アメリカや日本よりも失業が長期化する傾向があり，この差異は，単に失業保険給付の水準のみならず，受給期間，求職の定義の厳格さ，再訓練の有無，労働組合の強さ，賃金交渉の方式などの制度的要件によって左右されるとみられる[6]．

6-2. 貯蓄への影響

租税はまた家計の貯蓄に対して影響を及ぼす．消費計画をたてる場合に，特定の期間の消費の一部を断念する（貯蓄する）ことによって将来の消費に備えるというのが貯蓄行動であるが，税制はこのような貯蓄行動に影響を与える．

税制の貯蓄に与える影響は伝統的には，所得課税と消費課税との対比で議論されてきた．ここで消費課税というのは，直接税に分類される支出税（expenditure tax）と間接税に分類される消費全体にかかる消費税（consumption tax）あるいは売上税（sales tax）の両者を含む．支出税というのは現行の税制ではほとんど採用されたことがないが，伝統的に経済理論家（たとえばミルやマーシャル）の関心を集め，最近では税制改革案としても影響力をもち始めた．この税制は消費支出の主体である家計が消費支出額を申告して納税する．したがって消費額に課税されるとはいえ，所得税と同じように直接税とみることができる．他方，消費全体にかかる消費税（一般消費税）あるいは売上税は消費品目全体に課税されるが，納税義務者は消費財・サービスの売手であり，その税負担は転嫁されるとみなされる間接税である．日本の税制では，このような消費支出全体に課税される消費税は1989年度（平成元年度）にはじめて導入された．以下，所得税と支出税あるいは消費税を念頭に課税の消費に与える影響を分析しよう．

生涯消費と課税方式　異なる時期にわたる消費計画の問題は時間選好

---

[6] 失業保険の影響を含めて，社会保障全体のインセンティブに関するサーベイとして Barr [1992]，また，経済理論との関係を含む多角的な論点を整理した Atkinson [1987] をあげておく．

図6-7 所得課税と消費課税

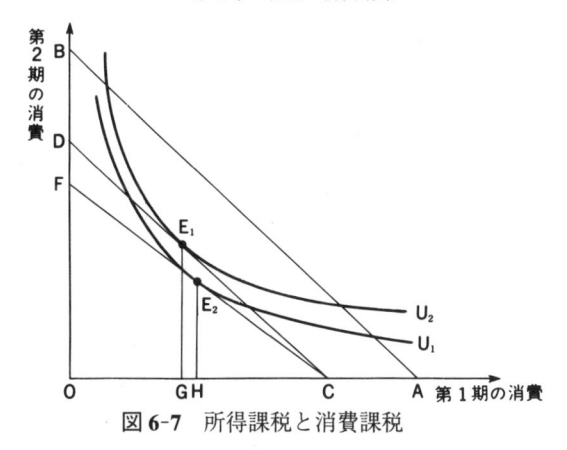

(time preference) の問題ともいわれるが，生涯消費の簡単な場合を例にとれば，通常図6-7のような形で説明される．ここで横軸は第1期の消費量，縦軸は第2期の消費量を示す．第1期に OA という所得を得る家計があったとする．たとえば，第1期は定年に至るまでの期間，第2期は引退後の期間とする．この家計は OA という所得をすべて第1期に消費し，第2期には何も消費しない場合から一部分を貯蓄して第2期の消費に当てる場合，さらに第1期には所得をすべて貯蓄し第2期の消費に当てる場合を含む消費量の組合せ（消費機会 AB) が与えられている．AB の勾配 (OB/OA) は $1+i$ であり，ここで i は第1期に金融市場で成立している市場利子率である．第1期の貯蓄が資産に投下されて運用されたときには，第1期末（第2期の期首）に元本と利子を含めた所得が生ずるからである．

いま第1期と第2期において，同一の税率（CA/OA あるいは DB/OB）によって支出税が課されたとすると，消費機会は CD に減少する．主体的均衡点は，異なる期間の消費に対する家計の選好を反映する無差別曲線群と消費機会線との接点に対応するから，E_1 点が課税後の均衡点となる．図から明らかなように，支出税の場合には課税の効果は所得効果を通じてのみ働くことになる．このような支出税と同じ効果を与える所得税が考えられないわけではない．すなわち，利子所得を非課税にした部分的な所得税である．利子所得を除

いた所得に対して，支出税と同じ税率で所得税が課されるとすれば，第1期の課税後の所得（可処分所得）は OA から OC に減少する．利子所得は非課税であるから，課税後の消費機会線は CD となり，E_1 点が同じように新しい均衡点となる．

利子所得にも課税される総合所得税，すなわち，第9章でくわしく説明されることとなる包括的所得税においては，稼得される利子に対しても課税がなされるから，課税の効果には，所得効果のみならず代替効果が含まれる．すなわち，第1期には支出税と同じ税率で課税がなされる結果，可処分所得は図6-7の OC に等しくなる．第2期の可処分所得は利子所得にも同率（CA/OA）の税が課される結果減少し，消費機会を示す直線の勾配は緩やかになる．図6-7の CF はこの新しい消費機会を示す．直線の勾配は，$1+i$ から $1+(1-CA/OA)i$ に減少し，均衡点は E_2 点へ移り，この場合には，社会全体の貯蓄量は AG から AH に減少する．もっとも貯蓄への影響は所得効果と代替効果を合わせたもので，所得効果の大きさ如何では貯蓄が増加することも生じうる．

いま，以上の説明を数式で示せば次のようになる．第1期の消費量 C_p は，

$$C_p = Y_p(1-t) - S \qquad (6\text{-}3)$$

で，Y_p は第1期の所得，S は貯蓄，t は所得税率である．第2期には勤労所得がないのであるから，第2期の消費量（C_f）は，

$$C_f = S[1+i(1-t)] \qquad (6\text{-}4)$$

したがって，この二つの式から S を消去すれば，

$$C_p = Y_p(1-t) - \frac{1}{1+i(1-t)}C_f \qquad (6\text{-}5)$$

となる．課税されないときには，予算線の勾配は $\frac{1}{1+i}$ であり，所得課税がなされると勾配は $\frac{1}{1+i(1-t)}$ と緩やかになる．課税の影響は，Y_p そのものが税率だけ減少するという形での所得効果と，利子率（税引後利子率）の変化による効果の両者を合わせたものになる．Y_p そのものの変化が大きいことは明らかであり，これは通常，所得税の効果として限界消費性向にもとづく消費の減少が重要視されることと対応する．

第6章 税制の誘因効果

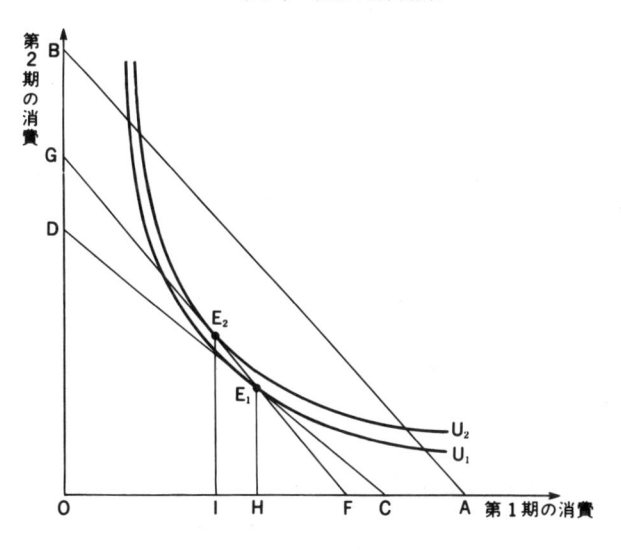

図6-8 貯蓄額の比較

次に,同じ税収入の現在価値をもたらす総合所得税と消費課税(一般消費税あるいは支出税)を比較すると,後者の方が貯蓄額が大きいことを図6-8で示しておこう. AB が所得税が課される以前の予算線であるとして,利子所得をも課税の対象とする総合所得税が課されて E_1 点で均衡が達成されたとしよう. E_1 点と同じ税収入を,消費課税あるいは利子非課税の(部分的)所得税で求めるとすれば,その予算線は E_1 点を通って AB と平行な直線 FG 上にあり,ここで効用極大を満たす点は E_2 になり, U_1 よりも効用水準が高く,私的な貯蓄は CH より FI に変化する. CH と FI のどちらが大きいかは何ともいえないが,社会全体からみると同じ財政支出を調達する限り,消費課税の場合の公的貯蓄と私的貯蓄を加え合わせたものは AH から AI に増加する[7].

---

7) より正確にいえば,税収入の現在価値が等しいときには,消費税の場合には,第1期間のみに税収入が生じているとみることができ,所得税の場合には,第2期間にも利子課税から税収入がえられる.第1期間に同一の財政支出が行なわれるときには,消費税の場合には余分の税収入が生じているのであるから公的貯蓄が増加する.なお,税収の現在価値は,図6-8でいえば, AF の大きさで示される.何故ならば, E_2 点に見合う所得から生ずる税収入は,市場利子率(FG の勾配から1を引いたもの)で割引現在価値が算定されるからである.なお,この点に関しては,Boadway [1979]を参照のこと.

さて，所得税の貯蓄抑制効果が現実にどの程度のものかについては，すでにふれたように所得課税の可処分所得減少を通ずる効果（所得効果）が量的に大きいことは確かであり，この点についての実証研究の例は消費関数の実証研究として無数にあるといってよい．しかし，代替効果がみられるかどうかについては実証的な証拠は少なく，意見のわかれるところであろう．以前から利子率下落が貯蓄に与える抑制効果は実証的にはないというのが定説であったが，現在でもその影響は，ほとんどないというのがコンセンサスとなっている[8]．

6-3. 投資と課税

税制が企業の投資行動に及ぼす影響は複雑であり，様々な見方がありうる．ここでは，新古典派的な投資理論にもとづいて，その考え方を例示的に説明するにとどめよう．

現行の税制は，法人税により法人所得をも課税の対象にしている．そこで以下では，主として法人課税における減価償却の取扱いを通ずる影響を分析する．

法人税が課税対象としている法人所得は，次のように算定される．まず法人の売上高から，支払われた賃金や原材料費，次にその負債のために支払われた利子，さらにそれが所有する固定資産の減価償却費が差し引かれる．賃金・原材料費などは法人企業の経常的な活動を維持する費用であるから経常費用と呼ばれ，売上高から経常費用を差し引いたものが経常収益（粗収益）である．負債のための利子支払いや減価償却費は，固定資産の維持に必要であり資本費用と呼ばれることがある．法人税の課税標準は，売上高から経常費用と資本費用を差し引いた利潤（純収益）であり，税率は通常は比例税率である．

法人税が投資に与える影響は，その投資プロジェクトの経済計算に法人税制がどのような影響を与えるかを分析することによって明らかになる．もっとも，法人企業の投資行動については，ここで説明される新古典派的な考え方以外の説明の仕方がないわけではない．たとえば，資金コストの水準とは独立に，企業の製品に対する予想需要量の増加に左右されるという見方（加速度原理）が

---

[8] この分野のサーベイとしてはAuerbach and Slemrod [1997] がまとまっている．

あり，経験的にみて，あるいは実証研究において，新古典派的な投資理論と比較して説明力が低いとはいえない．しかし，加速度原理はあまりに極端な想定に依存しているので，ここでは資金コストを考慮に入れた新古典派的なモデルを用いる．

民間部門の投資の現在価値は，すでに第5章補論における説明の際にもふれたが，(5-1)式（121頁）によって示される．

$$\frac{R_1-C_1}{(1+i)} + \frac{R_2-C_2}{(1+i)^2} + \cdots + \frac{R_t-C_t}{(1+i)^t} + \cdots + \frac{R_N-C_N}{(1+i)^N} \qquad (5\text{-}1)$$

ここで注意すべきは，第t期の$R_t - C_t$は，売上額マイナス経常費用に見合う経常利益（粗収益）であることである．すなわち，この投資の現在価値はそれが最初の投資額（K_0）を上回るかどうかが経済計算の結果を示しているのである．当然のことではあるが，N期間末には，その機会費用（利子率）をも含めて最初の投資額を回収しうるものになっている．いいかえるならば，機会費用を含めて減価償却費が償われているのである．すでに説明したことから明らかであるが，法人税は，経常収益から資本費用を差し引いた純収益を課税標準とする．したがって，法人税は投資プロジェクトの資金が内部留保によって賄われる程度（あるいは借入金で賄われる程度），減価償却費の算定方法の如何などによって投資の経済計算を左右しうるのである．わかりやすくいえば，法人税がないとしたときの(5-1)式で示される経済計算は同じであっても，法人税が課されたときには借入金に頼る程度が高ければ高いほど，投資の採算は有利になる[9]．また，減価償却費の算定方法が，早い年次に償却が行なわれるような偏りをもてばもつほど，投資の採算は有利になる．以下，この点を投資の経済計算に即してみてみよう．

いま議論を簡単にするためにN年の期間（耐用年数N年），毎年同じように$G(G=R-C)$という粗利潤をもたらす投下費用K_0の投資計画があった

---

[9] 法人税の資本コストに与える影響は，企業金融においてその理論的立場の如何にかかわらず広く認められてきた．たとえば，Miller [1977] 参照．また，最近では，Chronko, Fazzan & Meyer [1999] 参照．

としよう．資本コストを i とすると，この投資プロジェクトの現在価値 (V) は，等比級数の和の公式を用いて，

$$V = G \left\{ \frac{1-(1+i)^{-N}}{i} \right\} \quad (6\text{-}6)$$

と計算される[10]．いま，法人税によって税率 t の課税がなされ，減価償却が毎年均等で償却期間 N 年にわたって認められたとしよう——いわゆる定額法である．この場合の現在価値 (V') は，

$$\begin{aligned} V' &= \left\{ (1-t)\left(G - \frac{K_0}{N}\right) + \frac{K_0}{N} \right\} \left\{ \frac{1-(1+i)^{-N}}{i} \right\} \\ &= \left\{ (1-t)G + t\frac{K_0}{N} \right\} \left\{ \frac{1-(1+i)^{-N}}{i} \right\} \end{aligned} \quad (6\text{-}7)$$

となる．すなわち，法人税の課税は，税率分だけ粗利益の現在価値を低めるが，減価償却費に税率をかけた額だけ現在価値を高めるのである．

次に借入金が投下費用 (K_0) の α パーセントで，借入期間が耐用年数と同じく N 年とすると，現在価値 (V'') は

$$\begin{aligned} V'' &= \left\{ (1-t)\left(G - \frac{K_0}{N} - \alpha i K_0\right) + \frac{K_0}{N} + \alpha i K_0 \right\} \left\{ \frac{1-(1+i)^{-N}}{i} \right\} \\ &= \left\{ (1-t)G + t\left(\frac{1}{N} + \alpha i\right) K_0 \right\} \left\{ \frac{1-(1+i)^{-N}}{i} \right\} \end{aligned} \quad (6\text{-}8)$$

となる．純収益 $\left(G - \frac{K_0}{N} - \alpha i K_0\right)$ がプラスであるかぎり，法人税の課税は，(6-6)とくらべて投資の採算を悪化させ，投資を抑制する効果をもつ．

法人税制は，定額法以外の減価償却法を認めることもあり，また投資プロジェクトの物理的な耐用年数より短い耐用年数を認めることもある．したがって，税法に規定される償却方式の違いにより当然現在価値は異なってくる．たとえば，毎期未償却残高の一定比率の償却を認める定率法においては，初期の年度により高い償却が可能になり，それだけ現在価値が大きくなる．また，法定耐用年数を短くすることによっても現在価値は大きくなる．先進諸国における法人税制は，投資を促進するために多くの場合これらの償却方式をとっている．

---

[10] このような現在価値の計算においては，投資財の物理的な減価は耐用年数がくるまでは生ぜず最終年次に100％の減価が生ずることになる．あとで説明する新古典派モデルでは減価は資本ストックの一定比率で生ずると想定されている．なお，新古典派モデルとの関係については，Sandmo [1974]参照．

日本においては，かつては特定の機械設備などについて初年度において特別償却を認める制度が採用されていたが，現在では中小企業の一部や公害防止用設備やかなり限定された分野の細かい項目（沖縄地域，地震防災対策，産業再生，光ファイバー・ケーブル，農村地域など）に適用されている．

補論　新古典派の投資理論と法人税

いま(6-7)と(6-8)式に示された関係を新古典派の投資理論にしたがって再構成してみよう[11]．投資財1単位当りの価格を p とすると，企業が利潤極大を目指している限り，投資財限界1単位から生ずる減価償却前の粗収益に対応する限界粗生産物の価値 c（正確には賃料）の現在価値は，投資財1単位の価格 p に等しくなければならない．すなわち，毎期 δ の率で物理的に減価していく資本の耐用年数は無限大であるから，i を市場利子率とすると，

$$p = c \sum_{t=1}^{\infty} (1+i)^{-t}(1+\delta)^{-t} \tag{6-9}$$

が減耗分を含めた現在価値であり，無限等比級数の和をとれば，$\dfrac{1}{i+\delta}$ となり

$$c = p(i+\delta) \tag{6-10}$$

となる．ここで法人税が課されるとすると，投資は，投資財価格 p が税引き後の限界価値生産物に等しくなる点まで行なわれる．法人税の課税標準は粗収益 c から減価償却費と利子率を差し引いた純収益に課されるから，c 全体に課税されるわけではない．したがって，減価償却分と利子費用分に見合う課税分が減少したとみることができる．いま，z を投資財の1円当りの毎期税法上認められた減価償却額の現在価値，y を同じく利子支払い額の現在価値とすると，u という税率の法人税が課税されると，(6-8)に対応する次のような条件が成立する．

$$\begin{aligned}
p &= \sum_{t=1}^{\infty}(1+i)^{-t}c(1-u)(1+\delta)^{-t}+puz+puy \\
&= \frac{c(1-u)}{i+\delta}+puz+puy
\end{aligned} \tag{6-11}$$

これを整理すれば，

---

11)　以下の説明は元来ジョルゲンソンの考え方にもとづいている(Jorgenson [1967])．分かりやすい説明としては Boadway [1979] を参照のこと．

$$c = p\frac{(i+\delta)(1-uz-uy)}{1-u} \tag{6-12}$$

となり，$(1-uz-uy) > (1-u)$ あるいは $(z+y) < 1$ であれば，法人税は投資に対して不利になる．

いま，全額初年度で減価償却が認められれば $z=1$ であり，また自己資金で全額調達すれば $y=0$ となるから，法人税は投資に中立的となる．また投資財の減価に正確に見合って償却（δ）が行なわれるとすれば，

$$z = \sum_{t=1}^{\infty}(1+i)^{-t}\delta(1+\delta)^{-t} = \frac{\delta}{i+\delta} \tag{6-13}$$

同時に投資資金全体にその機会費用を完全に控除する場合には，

$$y = \sum_{t=1}^{\infty}(1+i)^{-t}i(1+\delta)^{-t} = \frac{i}{i+\delta} \tag{6-14}$$

となり，$z+y=1$ で法人税は投資に中立的になる．

租税特別措置として初年度に k ($k<1$) の割合で償却をみとめ，残りの期間は定率 δ で償却が行なわれるとすれば，資金の機会費用の完全控除が認められる場合には，

$$z = k + (1-k)\frac{\delta}{i+\delta} \tag{6-15}$$

となり，(6-13) の z の値より大きくなり，投資は促進される．

この種の投資行動にもとづく実証研究は，はじめはジョルゲンソンによって行なわれ，その後も法人税に関する特別措置の効果が有意に計測された例は多い[12]．

---

[12] 実証研究の結果については，Jorgenson [1971] を参照．日本の例については，木下 [1982] 第4章などがある．なお，その後トービンの q 理論を適用して投資収益の将来値（資本の限界効率）と資本コストの両面を比較した研究が行なわれつつある．Hayashi（林）[1985] や本間他 [1984] がある．

第7章

税制と資源配分

　民間部門の資源配分に対して攪乱を与えない完全に中立性の要件を満たした課税を思い浮かべることは可能である．公共部門の純粋理論（第3章）において説明したように，政府が個々の公共財に対する選好を正確に把握し，公共財の提供する利益の対価として各人に定額税（lump sum tax）あるいは人頭税（poll tax）を課税するならば，このような課税は民間部門に何ら攪乱を与えず，効率的な資源の配分が維持されよう．しかし，公共財に対する各人の選好が正確に示されえないのであるから，このような課税は実行不可能である．したがって，現実の税制が民間部門の資源配分に対して攪乱要因となるのは避けがたい．しかし，民間部門による効率的な資源配分を妨げないような課税，すなわち効率性を満たした課税が望ましいことはいうまでもない．

　本章においては，税制が資源配分に与える攪乱を検討する．第6章においては，もっぱら個別の経済主体に対して課税の与える影響を実証的に分析したが，ここでは，主として一般均衡的なアプローチの下で課税の経済厚生に与える影響を規範的（ノーマティブ）に分析する．この問題は伝統的には超過負担（excess burden）の問題と呼ばれている．すなわち，税を納めることは元来公共財の対価を負担することであるが，課税によって，さらに民間部門の資源の効率的な配分が攪乱されるとすれば民間部門に超過的な負担が生ずるからである．

7-1. 直接税と間接税——伝統的な議論——

　伝統的には超過負担の問題は，直接税と間接税との比較において議論された．

そこで最初にこのような伝統的な議論を振り返ってみることにしよう[1]．

ヒックスの分析 伝統的な議論においては，簡単化のために，すべての所得が消費されると前提されている．いま，ある消費者が X と Y という二財に所得を支出するとしよう．図7-1において，AA' を予算線，I_0, I_1, I_2 をそれぞれ無差別曲線とすれば，E_0 点が課税がなされないときの均衡点である．ここで所得税が課税されたとする．この所得税は，X と Y に対する支出額への同じ税率による支出税とみることができる．したがって，予算線 AA' は平行に内側へ移動し（BB'），均衡点は E_2 点に移る．さらに所得税と同じ税額を確保しながら，Y へ個別消費税を課したとする．ここで個別消費税とは，日本の酒税，たばこ消費税，物品税などのように，個別の品目が消費されるときに課税される間接税の一種である．個別消費税が課されると，予算線は AC' に移動し，均衡点は E_1 点へ移る．E_1 点では，所得税課税額 $B'A'$ に等しい個別消費税課税額 E_1D が確保されている．無差別曲線の凸性（convexity）の前提から，E_1 点に対応する無差別曲線は，E_2 点のそれよりも低い効用水準を示すこととなる．したがって，以上のような分析の下では，個別消費税は所得税に比べて余分の負担（超過負担）を納税者に負わせるので，所得税の方が個別消費税よりすぐれているという結論が導き出せる．

ヒックス以来，間接税に対する直接税の優越性は，このような超過負担の議論によって正当化されることが多かった[2]．しかし，ここで説明したような分析は，個々の消費者の行動に焦点を合わせた部分均衡分析という点で限界がある．そこで，このような欠点を除き，なおかつ分析の簡明さを保つためには，フリードマンが展開した次のような議論の方がすぐれている[3]．

---

1) 直接税と間接税に関する伝統的な理論については，Walker [1955] が参考となる．
2) Hicks [1946] の第2章をみよ．
3) 部分均衡による伝統的な議論に対する最初の批判は，ロルフとブレークによってなされたが，ここでは，より明快なフリードマンの論文にしたがって説明した．Rolph and Break [1949]，フリードマンの論文は，Friedman [1952]．なお，最近の議論のサーベイとして Auerbach and Slemrod [1997] を参照のこと．

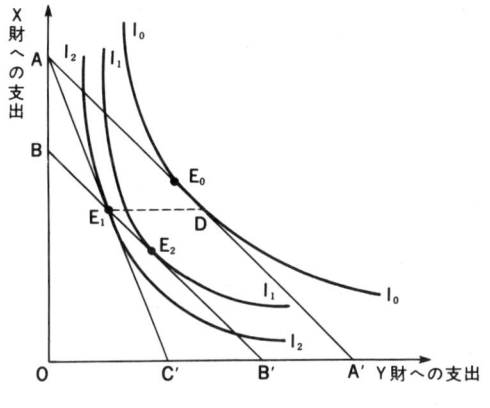

図7-1 ヒックスの分析

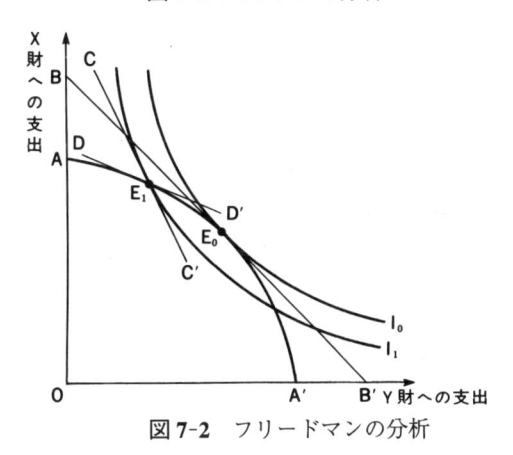

図7-2 フリードマンの分析

フリードマンの分析　いま,社会が公共支出のために特定の資源をきまった量だけ用いるとして,その財源を所得税か個別消費税で調達するとしよう.この場合,社会全体として公共支出に向けられる資源を差し引いた民間部門にとっての生産機会曲線は,財源調達のための課税の仕方如何によっては影響を受けないとしよう[4].したがって,社会全体にとっての生産機会曲線は,次の

---

[4] この場合,公共部門に向けられる資源がどのような形で効率を保ちつつ支出されるかは問われていない.とにかく資源の特定量がなんらかのメカニズムによって民間部門の利用から排除されることが前提されており,それは課税方式には依存していないと考えられている.

図7-2の AA' によって示される．さらに各人の嗜好が同一であり，また所得の大きさが同じであるならば，社会全体としての経済厚生は社会的な無差別曲線で示すことが可能である．あるいは社会全体の生産機会と経済厚生は，代表的な個人と代表的な企業をとって分析することが可能である．いま，公共支出の財源が所得税によって調達されるとしよう．この場合，所得税は X, Y の支出に対して同じ比率で課税されることになるから，生産者にとっての X と Y の相対価格は，消費者にとってのそれと同一である．したがって，図7-2でいえば，E_0 が均衡点であり，民間部門にとっては資源の最適な配分が達成されていることになる．すなわち，生産者の側も消費者の側も BB' という直線の勾配に対応する同一の相対価格によって生産と消費の選択を行なう．

次に個別消費税が Y に課せられたとしよう．個別消費税は，消費者が Y に対して支払う価格と生産者が Y を販売することによって受けとる価格との差額であるから，消費者と生産者にとって共通の価格が成立しなくなる．すなわち，Y の X に対する相対価格は，消費者と生産者の間で異なることになる．このような個別消費税の結果を，たとえば図7-2で示せば，E_1 点のようになる．この点では生産者は DD' という相対価格で生産し，消費者の側は CC' という価格で消費する．二つの相対価格の差が Y にかかる個別消費税であり，生産者にくらべて消費者は，消費税の分だけ高い価格で Y を評価せざるをえない．

所得税と個別消費税を経済厚生の観点からみると，図7-2からわかるように，個別消費税の課税によって非効率が生じ，経済厚生が低下する（E_1 点を通る無差別曲線 I_1 は I_0 よりも内側に位置する）．部分均衡分析から単純な形の一般均衡分析に移ることによっても，直接税の間接税に対する優位性が依然として超過負担という形でみられるのである．

7-2. 超過負担——一般的な議論——

直接税と間接税を超過負担の問題と結びつけて，後者が資源の効率的な配分上からみて劣っているという前節における議論は，実をいうと隠された前提に

依存していて，一般論としては成立しえないことがリトルによって指摘された[5]．したがって，今日においては直接税と間接税の相互比較を行ない，どちらが優れているかを伝統的な議論のような形で比較することは困難となった．そこで，以下この点を説明することにしよう．

伝統的な議論は，所得がすべて消費されるという前提にもとづいていたが，さらに，所得税が課されても労働供給が変化しないというもう一つの隠された前提に依存している．たしかに，労働供給はいろいろな制度的な制約——たとえば労働組合によるコントロール，法律による労働時間制限など——により，その供給が非弾力的であるという側面がある．しかし所得税が課されて限界的な収入が減少することが，レジャーと勤労所得との選択に影響を及ぼすことについてはすでに前章で分析したところである．

二財とレジャーの選択　　したがって，ア・プリオリには労働時間の選択——逆にいえばレジャーの選択——を含めて議論する必要が生ずる．この場合には，前節の議論とは違って，XとYという財以外にレジャー（L）も選択の対象となり，この三つの対象を含めて理論を再構成しなければならなくなる．このような構成の下では，容易にわかるように，所得税は決して中立的な課税ではなく，レジャーの選択についていえば，個別消費税と同じように労働供給（レジャーの犠牲）のみに課税される個別的な税であるということになる．

前節の後半の一般均衡的な分析と同じフレーム・ワークで考えるとすれば，同一の公共支出を賄う課税の仕方として，それぞれの財・サービスへの消費（X, Yへの支出）とレジャーの消費に比例的に課税されるような租税が，超過負担を生じない課税である．財・サービスへの消費については，比例的な課税であるとみられた所得税は，この場合には労働供給（レジャーの犠牲）のみを課税対象とする税であり，レジャーの犠牲にのみ高い税率が課される結果，超過負担が生ずる．また，個別消費税は前節と同じような形で特定の消費品目

---

5) Little [1951] 参照.

にのみ高い税率が課される結果，超過負担が生ずるのである．社会的な生産機会関数を労働の供給を含めて定義すると，いずれの場合にも限界転形率と無差別曲線の限界代替率がくい違うことになる．所得税の場合には，X と L，および Y と L との限界転形率が限界代替率とくい違うが，X と Y については一致する．個別消費税が X に課されているとすると，X と L，X と Y についてそれぞれ限界転形率と限界代替率にくい違いが生じ，Y と L との間においては，限界転形率と限界代替率は一致する．

いまこの点を簡単な条件式を用いて表現してみよう．まず，勤労所得のみが稼得所得と考えると，

$$p_x X + p_y Y = wN \tag{7-1}$$

という予算式が成立する．ここで X と Y は，それぞれ消費財の消費量であり，N は労働供給量であり，p_x, p_y, w は，それぞれ X 財と Y 財の価格，賃金率である．いま，レジャーの消費量の最大量を H（たとえば 24 時間）とすると，現実のレジャーの消費量 (Z) は

$$Z = H - N \tag{7-2}$$

となる．課税以前では，個々人の消費の限界代替率と生産の限界転形率との間には相対価格を通じて次の関係が成立する．

$$\left. \begin{array}{l} MRSxy = \dfrac{p_x}{p_y} = MRTxy \\[2mm] MRSzx = \dfrac{w}{p_x} = MRTzx \\[2mm] MRSzy = \dfrac{w}{p_y} = MRTzy \end{array} \right\} \tag{7-3}$$

なお，ここで MRS と MRT はそれぞれ限界代替率と限界転形率を示し，その添字は代替率や転形率が測られた特定の財・レジャーの組み合わせを示している．

いま，X 財に個別消費税を課税すると，

第7章 税制と資源配分

$$MRSxy = \frac{(1+t_x)p_x}{p_y} \neq \frac{p_x}{p_y} = MRTxy$$

$$MRSzx = \frac{w}{(1+t_x)p_x} \neq \frac{w}{p_x} = MRTzx \qquad (7\text{-}4)$$

$$MRSzy = \frac{w}{p_y} = MRTzy$$

という関係が成立する．ここで t_x は，価格を課税標準にとった税率（従価税の税率）である．X と Y，Z と X との間では限界代替率と限界転形率はもはや等しくないが，Z と Y との間では両者は等しい．

次に，所得税が課されたとすると（税率は t），予算制約式は

$$p_x X + p_y Y = w(1-t)N$$

となる．あるいは，

$$p_x X + p_y Y + w(1-t)Z = w(1-t)H$$

となる．したがって限界代替率と限界転形率との間には次の関係が成立する．

$$MRSxy = \frac{p_x}{p_y} = MRTxy$$

$$MRSzx = \frac{w(1-t)}{p_x} \neq \frac{w}{p_x} = MRTzx \qquad (7\text{-}5)$$

$$MRSzy = \frac{w(1-t)}{p_y} \neq \frac{w}{p_y} = MRTzy$$

(7-4) と (7-5) 式を比較するとそれぞれパレート最適の必要条件が満たされてはおらず，個別消費税も所得税も最適な資源配分を攪乱する要素となる．

次　善　この場合，所得税による超過負担と個別消費税による超過負担のいずれが大きいかを一般論として決めることは困難である．すなわち，消費者の選好の如何によって，どちらのケースも生じうる．コーレットとヘイグが示したように，レジャーと補完的である財に個別消費税が高率で課されるならば，同額の所得税が課されている場合に比較して労働の供給量が増え，より高

い効用水準が達成されうることもあるのである[6]．われわれの使っている例でいえば，X財の方がY財よりもレジャー（L）に対してより補完的であるならば，所得税を減税してX財への個別消費税を増税することにより，労働供給が増加する（レジャーが減少する）ことになり，より高い効用が達成されうる．このような状況は，次のようにも直感的には説明しうる．いまパレート最適が達成されている場合には，レジャーを含めたすべての財に均一な税率で課税されているとみられる．所得税はレジャー以外の財を均一に課税しているとみることもできるから，レジャーと補完的な財を高く課税することにより攪乱が小さくなり，レジャーと補完的な財に消費税を課税するとこのようなパレート最適に近づきうるのであり，超過負担は減少するのである．

このようにして，超過負担の観点からして直接税と間接税のいずれを選択するかについては，理論的な根拠よりは，むしろ個々の具体的なケースに対応する実証的な根拠により決められるべきものとなる．

いままでの超過負担の説明においては，生産の効率については最適条件が満たされているものと考えたが，もし資本から得られる所得に関して，税制上産業部門別に差別的な取り扱いが生ずれば超過負担が生ずる．たとえば，法人税は法人部門の利潤にのみ課される税金であるから超過負担が生ずることになり，生産の効率が阻害される[7]．また，貯蓄に関しても利子所得への課税は当然，超過負担を生ぜしめる．

課税による超過負担を避けることは，所得税，個別消費税，法人税のいずれをとっても困難である．また一般的な消費税に関してもレジャーと消費との選択に攪乱を与えることになる．それでは所得税と消費税とを均一税率で組み合わせれば，超過負担が避けられるかといえば残念ながらそうはならない．いま，個別の消費品目に均一税率（t）で課税し，他方同じ税率で所得税を課したとしても，限界代替率と限界転形率との間には，次のような関係式が成立してパ

---

[6] Corlett and Hague [1953-54]．なお，Walker [1955]も参考になる．
[7] 法人税の存在による超過負担を重視しているのは，ハーバーガーである．Harberger [1968]およびHarberger [1966]を参照のこと．なお，ハーバーガーの議論は，法人税の帰着のモデルと表裏の関係があり，次の第8章における法人税の帰着の説明をも参照されたい．

レート最適は達成されない．

$$
\left.\begin{array}{l}
MRSxy = \dfrac{(1+t)p_x}{(1+t)p_y} = \dfrac{p_x}{p_y} = MRTxy \\[2mm]
MRSzx = \dfrac{(1-t)w}{(1+t)p_x} \neq \dfrac{w}{p_x} = MRTzx \\[2mm]
MRSzy = \dfrac{(1-t)w}{(1+t)p_y} \neq \dfrac{w}{p_y} = MRTzy
\end{array}\right\} \quad (7\text{-}6)
$$

ちょうど同じ税率が課され，相対価格では課税の影響が中立的になるという場合は賃金に対して補助金を与えること（レジャーの消費に課税すること）になり，政府にはネットでみれば税収が生じない[8]．したがって最適な課税を求めるには，パレート最適が成立していない状況の下で次善（second best）を求める以外にはないということになる[9]．

7-3. 超過負担の測定と最適課税の理論*

超過負担は，需要関数を用いて，すなわち消費者余剰（consumers' surplus）の概念を用いても分析できる．以下，個別消費税の場合を示し，ラムゼーによる最適間接税の議論をその延長上で説明しよう[10]．

いま，一種類の財・サービスに，従価税として税率（t）で個別消費税が課されたと仮定し[11]，この課税の影響が他の市場に及ばない部分均衡的なケースをとりあげる．個別消費税とは，この財を消費者に販売する業者（小売業者）が納税するのであるが，小売業者は，その価格を税額分だけ引き上げて消費者

---

8) 予算制約式をかけば，
$$p_x(1+t)X + p_y(1+t)Y = w(1+t)L$$
となり，労働に対する補助金が与えられることになり，税収はすべて補助金に支出される．
9) 比例所得税あるいは一般消費税（均一税率の間接税）が最適であるための条件がどのようなものであるかを求めると，かなり厳しいことがわかる．たとえば，各財の需要に対する所得弾力性が1であることと，労働とその他の財に対して効用関数が分離しうることである．Atkinson and Stiglitz [1980], Ch.14 を参照．
10) Ramsey [1927]参照．
11) 個別消費税の課税には，需要量1単位当りの税率で課される従量税（unit tax）と，需要価額単位に課される従価税（ad valorem tax）とがある．

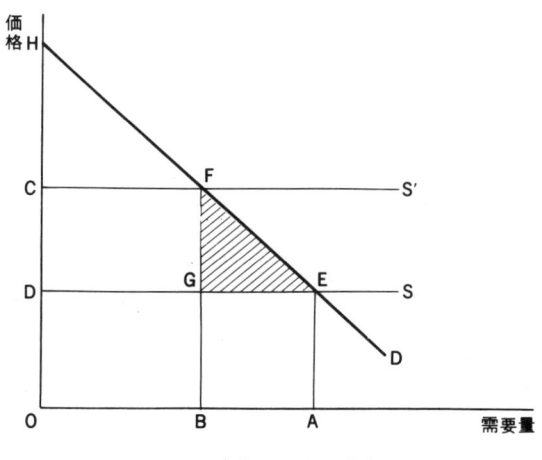

図7-3 個別消費税の超過負担

個別消費税の超過負担　図7-3において課税前の価格（P）がODに対応し，需要量がOAであるとしよう．ここで供給曲線は，横軸に平行な直線で示されているが，これはこの消費品目が全体の消費額のなかではわずかな比重を占め，この財の生産増加のために生産要素の投入量を増加させてもコストが上昇しないことを意味する．いま，税率（t）で消費税が課されるとすると，供給曲線はS'に移行し，需要量はOBへ減少する．最初の均衡点Eに対応する消費量における経済厚生は，費用・便益分析における便益（消費者が支払おうとする対価）に対応する$OAEH$から，社会的な限界費用（$OAED$）を差し引いたDEHという消費者余剰に対応する．次に，課税後の経済厚生は次のように算定される．まず，$OBFH$から社会的な限界費用$OBGD$を差し引くが，$DGFC$の部分が税金として政府に帰属し，これが納税者に還元されるとみると，$DGFH$が経済厚生に対応し，課税前と比較する斜線部分の三角形EFGが経済厚生の損失となり超過負担となる．

EFG の面積 (R) は,

$$R = \frac{1}{2} \times GE \times FG \tag{7-7}$$

であり, FG は課税による価格の変化 (ΔP) であるから,

$$\Delta P = (1+t)P_0 - P_0 = tP_0 \tag{7-8}$$

また GE は, 価格の変化による需要量の変化であるから, 需要の価格弾性値を η とすると,

$$GE = \eta \times \frac{OA}{P_0} \times \Delta P \tag{7-9}$$

となり, (7-8) を代入すると

$$GE = \eta \times \frac{OA}{P_0} \times (tP_0) \tag{7-10}$$

であり, OA を D_0 で示すと, 超過負担 (R) は

$$\frac{1}{2}\eta P_0 D_0 t^2 \tag{7-11}$$

で示される. すなわち, 経済厚生上の損失は需要弾力性に比例し, また税率の2乗に比例して大きくなり, また, この財の消費額 ($P_0 D_0$) の大きさにも比例する. いいかえるならば, 課税が消費量に大きく影響するならば, それだけ超過負担が大きくなるのである.

より一般的な場合として, 個別消費税の課税が他の市場に波及するときには, 以上の単純な分析を拡張しなければならない. たとえば, 新しく課税された財・サービスと代替的な財・サービスがあれば, その需要は増加し (需要曲線が右方へ移動し), その結果, 消費者余剰が増加するので, すでに説明された部分均衡的分析に修正が加わり, 場合によっては最終的には超過負担の減少も生じうる.

前節において説明されたように, 所得税と消費税を組み合わせても超過負担が生じない最適な課税を得ることはできず, また, 所得税のみの課税, 消費税のみの課税には超過負担が発生するから, 所得税と消費税の課税によって望み

図 7-4 最適間接税

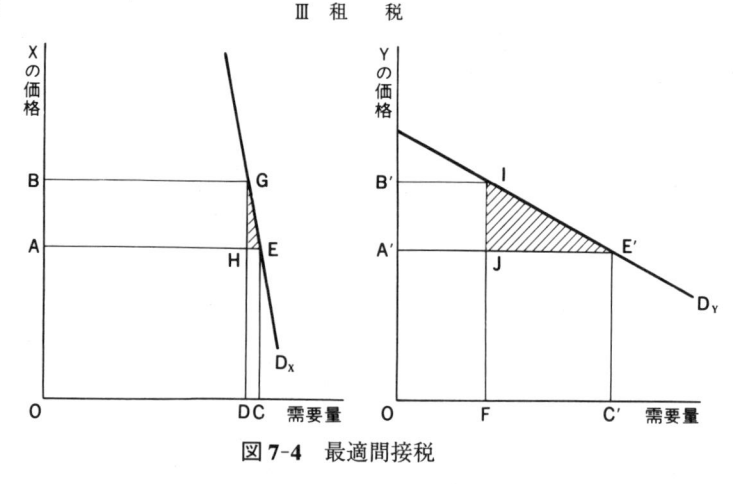

うるケースは，超過負担がなるべく小さくなるような次善の意味での最適な課税でしかない．

最適間接税 ここでは，このような課税の一つとして，税目を消費税に限定して，そのなかで個別の消費税の税率をどのように設定するのが資源配分の視点から望ましいかを分析してみよう．このような形で求められた消費税は，最適間接税と呼ばれ，その着想はラムゼーまでさかのぼる[12]．

いま，話を簡単にするために，消費品目として二つの財（X と Y）があり，それぞれ需要は相互に独立であるとしよう．いいかえるならば，両者は代替的でも補完的でもないとしよう．それぞれの（補償された）需要曲線が図 7-4 で示され，X に対する需要曲線を D_X，Y に対する需要曲線を D_Y としよう．単純化のために課税前の X 財と Y 財の価格は等しく，$P_0 = OA = OA'$ であるとしよう．また，供給曲線はすでに取り扱った個別消費税の超過負担の分析の場合と同じように，価格に対して無限に弾力的で，横軸に平行であるとしよう．さらに二つの財の消費量の単位は，OC と OC' が等しくなるように定義されているとしよう．

ここで X 財と Y 財に対して同じ税率（t）で個別消費税が課されたとしよう．

---

12) Sandmo [1976]，本間 [1982] 参照．

すなわち，$(1+t)OA = OB = (1+t)OA' = OB'$ となる．すでにこの節で説明されたところから，X 財への課税による超過負担は EGH であり，Y 財への課税による超過負担は $E'IJ$ であり，Y 財への課税による超過負担の方が (7-11) からもわかるように，その弾力性が大きいためにはるかに大きい．

いま，この二つの財に対する課税から生ずる超過負担を最小にするには，X 財への税率を高め，Y 財に対する税率を低めなくてはならない．このように考えると，いわゆる逆弾力性のルール (inverse elasticity rule) が導かれる．すなわち，全体として同じ税収を維持しながら，超過負担を最小にする税率の組み合わせは，t_X を X 財への税率，t_Y を Y 財への税率とすると，

$$\frac{t_X}{t_Y} = \frac{\eta_Y}{\eta_X} \qquad (7\text{-}12)$$

となる．ここで η_X, η_Y はそれぞれ X 財と Y 財への需要弾力性である．(7-12) は税率は弾力性と逆比例することを示し，逆弾力性のルールと呼ばれる．このルールは，相対的に弾力性の低い財には相対的に高い税率が課されなければならないことを示している．弾力性の低い財は，常識的には，必需品ということになると，最適間接税は逆進的というパラドックスが生ずる[13]．

なお，(7-12) を書き換えれば，$t_X \eta_X = t_Y \eta_Y$ となるが，これは価格が 1% 上昇したときの需要量の変化比率（百分比でみた変化率）に価格の変化比率を掛けた値であるから，逆弾力性ルールは，需要量の減少率が等しいと読むことができる．これはラムゼーのルール (Ramsey rule) と呼ばれる．ラムゼーのルールは，価格の変化ではなく需要量の変化こそが超過負担を引き起こすとすることから，同じ需要量の変化率が最適化の条件になることを示しているのである．

最適所得税　前節でみたように，所得税の課税は勤労意欲にマイナスの影響をもっている．他方，第 9 章においてもふれるように，所得再分配からすれ

---

[13] 最適間接税の理論の場合にも，均一税率に近づくケースがあるという解釈もある．Hatta（八田）[1986] 参照．

ば，累進度の高い税制の方が望ましいとする考え方が当然主張されるであろう．資源配分からみた中立性を充たす所得税率と公平な課税からみた累進性の要求とは，対立する要件であり，そこにトレード・オフが生ずることは避けられない[14]．

最適所得税の理論は，1970年代初めにマーリース（J. Mirrlees）が提起して以来，理論家が熱心に検討したが，現在においては，その理論的な結果は，およそ次のようにまとめられるであろう[15]．

1) 所得再分配に重きを置いた社会厚生関数（たとえばロールズの主張）を織り込んだ累進度，すなわち，社会において最小の効用を得ている人々の効用の増加のみを目標としても，最高の税率は，80％程度にしか達しないのである．また，各構成員に均等の比重を置いたベンサム型の社会厚生関数を置いたとしても，さらに，労働供給の賃金に対する弾力性が0.1という小さい値であるとして，19％という最高税率が得られる程度である[16]．

2) 社会で最も高い勤労所得を得ている人に対しては，ゼロに近い税率を適用することが望ましいというパラドキシカルな結果が得られることである．これは，低い税率を適用することで勤労意欲が高まれば，社会全体の所得が必ず高くなるという望ましい結果が得られるからである[17]．

いずれにしても，最適所得税の理論が示唆するのは，所得再分配に重きを置いたときにも累進度の高い税率にはならないことである．そして，このような結論は，累進度の高い税率よりも税率が単一であるフラット税の方が中立的で公平な税制である可能性を示している[18]．

---

14) 第6章第1節には，同一の税収をもたらす比例所得税と，累進所得税との厚生分析が行なわれていた．
15) Mirrlees [1971]参照．またAtkinson [1973]がわかり易い．
16) Stern [1976]参照．
17) Seade [1977]参照．
18) 最適課税理論の政策的意味づけに関しては，Stern [1987]，Kay [1990]とSlemrod [1990]参照．なお，その後のこの分野の研究は理論的な洗練さを加えているが，そのサーベイとしてはAuerbach and Hines Jr. [2002]を参照のこと．

第8章

租税の転嫁・帰着

　租税は，もし法律上（税法上）の納税義務者がそのすべてを負担し，そのことにより納税義務者の可処分所得が減少するというのであれば，税負担の所得分配に与える影響はきわめて明瞭である．すなわち，納税者の所得に応じて負担額の所得階層別の配分がはっきりするからである．しかし，経済行動に及ぼす租税の影響は決してそのように単純なものではなく，納税義務者が実質的に税を負担しないで他の経済主体に負担を転嫁する場合が生じる．したがって，租税の負担がどのように配分され，最終的に所得分配にどのような変化をもたらすかを見きわめることは容易ではない．

　伝統的な財政理論は，この問題に対して転嫁（shifting）と帰着（incidence）の概念によって分析を加えてきた．そこでこの章では，この二つの概念を説明し，その理論的な分析を試み，さらにいくつかの代表的な租税について，その負担の配分を理論的に跡づけることにしたい．このようにして税負担の配分を見きわめたあとで，あらためて次章で課税における公平さの要件が検討される．

8-1. 転嫁と帰着

　二つの概念の差異　転嫁とは通常，法律上の納税義務者が何らかの方法で課税による負担を他の人々に移しかえることをいう．たとえば，清酒・ビールの製造業者は，その価格の50％前後を占める酒税をほぼ卸売価格に含めて卸売業者に負担させている，すなわち税を転嫁しているのである．

　帰着とは，租税の負担の最終的な帰属を指しており，上述の酒税の場合には，

負担は卸売業者から小売業者に転嫁され，小売業者から消費者に転嫁され，最終的には消費者にほぼ帰着しているとみられる．このように租税の負担は，法律上の納税義務者から他の経済主体に転嫁され，さらに別の経済主体に転嫁されるというように，つぎつぎに転嫁され，最終的にいずれかの経済主体に帰着することになる．もちろんこのような場合，転嫁がちょうど100％行なわれるとは限らず，一部分が転嫁されるというケースも少なくない．また最終的な帰着も複数の人々の負担として分散されることにもなる．

ところで税負担の配分を評価し，また所得分配に与える租税の影響を評価する場合には，転嫁の概念は分析上不十分なことが多い．なぜならば，最終的に租税が誰の負担になるかがわからなければ，税の負担あるいは税の所得分配に与える影響を確定しえないからである．このことは別の観点からいえば次のようにも説明しうる．すなわち，租税とは，経済体系の仕組みを示す経済モデルの与件の一部を形成し，この与件を変更することは経済全体に複雑な波及効果をもたらすのであるから，租税負担あるいは租税が所得分配に与える影響を確定するためには，経済の相互依存関係にもとづいた波及の跡づけが必要である．帰着はこのような相互依存関係の枠組みのなかで考えられる概念であり，他方，転嫁は相互依存関係を考慮しない部分均衡的な概念であるともいえる．

租税の負担は，分析上その帰着において所得分配に対する影響をみなくてはならないとしても，部分均衡的な転嫁による分析が無用であるというわけではない．転嫁をそのまま帰着とみなしてよい場合には，転嫁による分析だけでも差し支えないのである．たとえば，個別消費税のような税をとり，それが小売段階で課税されるとしよう．課税品目の消費支出に占める比重が無視しうるほど小さく，また課税が他の消費品目の需要に大きな影響を与えないという条件の下では，消費者への転嫁（いわゆる前方転嫁）によって最終的な負担が説明される．かつて課税されていた日本の物品税における宝石類，じゅうたん等の繊維調度品は，小売段階で課税される個別消費税であるから，このような例に当たるであろう．たとえば宝石類の場合には，小売価格の15％が物品税として課税され，この部分がそのまま消費者に転嫁された可能性が強く，小売業者

から消費者への転嫁をほぼ帰着とみなすことができる．

なお，転嫁の有無によって租税を区別することがある．直接税と間接税という慣習的な分類がこれである．しかし転嫁の仕方には，完全な転嫁から部分的な転嫁というように程度の差があり，区別の線をどこで引いたらよいのかがはっきりしない．またすでに述べたように，転嫁の概念自体に制約があることをも考慮すれば，この種の分類の基準は便利であるとしても限界があるのであり，すでにふれたように直接税・間接税の分類は別の視点を重視する必要がある[1]．

正確な帰着の定義　租税の最終的な負担を跡づけるのが帰着であるとしても，帰着を正確に定義するのは必ずしも容易ではない．たとえば，失業の存在する経済での帰着を考えると，次のような問題が生ずる．いま，失業のある経済で所得税を減税した場合の帰着を考えてみることにしよう．所得税の減税の結果として，所得税を支払っていた人々の負担は減少することになろう．しかし，他の事情がかわらないかぎり減税は当然のこととして経済全体の総需要を増加させる[2]．したがって総需要の増加を含んで帰着を定義するとすれば，減税がなされる前の低い所得水準における租税負担と減税後のより高い所得水準の下での租税負担を比較することになり，負担の比較としては所得水準が異なる場合を比較してある種の価値判断が入らざるをえない．総需要の変化を織り込んだ帰着の定義には，このような欠点がある．

そこで租税の帰着を明らかにするためには，完全雇用水準が維持され実質的な所得水準はかわらないという前提をおく必要が生じる．もっとも，このような前提をおいても，特定の租税の帰着を考える場合にはなお次のような問題が生じる．いま完全雇用水準において，個人所得税の減税を行なったとしよう．この場合，総需要は減税によって名目的に増加するから，名目的にみて所得水準が増加する以前と増加した後を比較するということになり，失業が存在する場合と似た困難が生ずる．この場合には，総需要の変化はインフレーションと

---

1)　この点についてはⅢ.序論を参照のこと．
2)　財政とマクロ経済分析との関係については第11章を参照のこと．

いう形で名目的な所得を上昇させるのである．そしてこのような名目的な所得の上昇はインフレーションのプロセスを含むから，動学的な性格を帯びることになり，物価上昇がどのような形で生じ，どのような時間的経過をたどるかが明らかにならない限り最終的な帰着を明らかにすることができない．すなわち，インフレーションのプロセスを含む帰着を考える場合は，インフレーションが収束する時点における帰着をとることにならざるをえないが，インフレーションのプロセスがはっきりしないので，確定的な形で帰着を論ずることは困難となる．

以上に説明した例は，特定の税を減税（あるいは増税）したときの帰着であり，マスグレイヴの用語にしたがえば，特定税目の帰着(specific tax incidence)であるが，この例からもわかるように，特定の租税についての帰着を求めることは容易ではない．

帰着の正確な定義は，次のような差別的帰着（differential incidence）を考えることによって可能となる[3]．差別的帰着というのは，特定の租税の帰着を考えるのではなく，二つの相異なる租税を代替したときの帰着の違いにほかならない．たとえば，所得税の代わりに付加価値税を導入した場合に帰着がどう変化するかをみるのである．この場合の税の代替については，厳密にいえば次のような条件が満たされていなければならない．すなわち，実質でみた一定の財政支出を保ちながら，この財政支出をちょうど賄うにたる税収（正確にいえば，同一の実質税収額）をもたらすような税の代替である．これらの条件が必要となるのは，財政支出の内容がかわれば税の違いから生ずる帰着の違い以外の影響が混入すること，また実質水準が変化すると有効需要が変化し，インフレーションが生じたり失業が生じたりするからである[4]．

---

3) この帰着の概念は，元来ヴィクセル（K. Wicksell）が用いたものであり，マスグレイヴが強くこの考え方を支持している．Musgrave [1959]を参照のこと．なお，差別的帰着という訳語は，二つの租税による相違をみたという意味で用いられている．なお，Musgrave and Musgrave [1984], Ch.12 および Rosen [2002], Ch. 12 参照．

4) このような条件が必要となるのは次の理由による．もし貨幣額（名目額）でみた課税額を一定とした場合には，異なる租税を採用したときには，価格体系が当然のこととして変化し，同一の実質的財政支出を賄うための課税額としては不足したり，あるいは過大になったりす

ここで述べたような帰着の考え方は，租税政策上の議論に対応させてみると次のようになるであろう．すなわち，租税制度の変更は多くの場合，特定の租税の一部分を他の租税で置き換えることを意味する．たとえば，所得税を付加価値税に代えるとか，法人税を付加価値税に代えるといった税収中立的な変更であるが，これがどのような影響をもたらすかは，帰着の概念からみれば差別的な帰着に対応するのであり，この場合には正確な帰着と考えることができる．

もちろん，特定の税を新しい財源として導入する場合も少なくない．この場合，帰着の定義としては，新しい租税が導入されるとしてこれに見合ってなされる公共支出が完全雇用の状況を維持するような形で支出されるという条件が満たされなければならない．これを均衡予算帰着 (balanced-budget incidence) と呼ぶことができよう[5]．通常の租税政策の議論は，特定の税の採用が望ましい，あるいは望ましくないという形で議論されることが多いが，この種の議論は正確には差別的帰着，さらには均衡予算帰着として扱われねばならない．

以上，帰着の諸概念について説明したが，帰着の明確な定義のためには厳格な条件が満たされていなくてはならない．現実の租税政策においてこの種の条件が満たされている保証はないから，帰着の理論の適用に当ってはこの点を忘れないようにすることが肝要である．

8-2. 転嫁の分析——部分均衡分析——

帰着の分析のフレイム・ワークは，原則的には相互依存効果を考慮した一般均衡論的なものでなければならないことは，前節における議論から明らかであろう．しかし，すでにふれたように部分均衡分析的なフレイム・ワークが役に立つ場合もあるので，最初にこのような例を個別消費税と法人税について示し

るからである．

[5] マスグレイヴは均衡予算帰着という場合，支出面がもたらす便益を帰属させるという手続をも含ませているが，ここではこのような支出面の便益を考慮せず，公共支出がちょうど完全雇用を維持するようになされるという条件が満たされた場合とみる．なお，このような意味における均衡予算帰着は，後述するハーバーガー (A.C. Harberger) やミエツコウスキー (P. M. Mieszkowski) の帰着の説明における前提と同じである (8-4, 8-5 節参照)．

ておこう．

個別消費税の場合　具体的な例として，たとえば日本の現在の租税のうち，酒税やたばこ税など個々の財に対する税の税率の一つが変更された場合の帰着を考えてみよう．このような個別消費税の一つ，たとえば酒税は，個人の生計費のなかでわずかなウェイトを占めるにすぎず，またその税率変更によって他の関連する消費財への波及効果もほとんどないと考えられるので，この面での相互依存効果は小さいとみなすことができる．さらに，税率変更は課税商品の生産者の生産要素に対する需要を変化させるとしても，全体としての生産要素市場に対する波及効果は小さいと考えられる[6]．

完全競争が満たされている場合には，個々の財市場の価格はその需要と供給が一致するところに決まる．いま，図8-1に示されるように財の価格が E_1 点で決定されているとしよう．ここで物品税が数量単位に対して課せられる従量税であるとしよう．物品税は売り手が納税義務者であるから，売り手は課税がなされる以前の供給曲線 S_1 に単位当りの税額の部分を上乗せして新しい供給曲線 S_2 とする．したがって，均衡点は課税後は E_2 点で決定されることになる．E_2 点に対応して企業の受け取る税抜き価格は BG であり，E_2G が単位当り税額となる．この場合，課税がなされる以前の E_1 点と比較すれば明らかなように，E_2G のうち売り手の側が負担するのは HG の部分であり，買い手の側は前方へ転嫁された E_2H を負担することになり，転嫁が部分的に生じていることになる．

もう一つの例として供給曲線が完全に弾力的な場合を示してみると，図8-1の右図のようになる．ここでは E_1 点と E_2 点を比較すれば明らかなように，買い手が税額の100％を負担することになり，完全な前方転嫁が生ずる．これらの図解からも容易に推察できるが，買い手と売り手の税の負担割合は供給曲

---

[6] このように部分均衡のフレイム・ワークが成立する場合には，差別的帰着ではなく特定の租税についての帰着を考えても不都合はない．なぜならば，いずれにしても他の経済主体への波及効果が無視しうるほど小さいとみなすことができるからである．

第8章　租税の転嫁・帰着

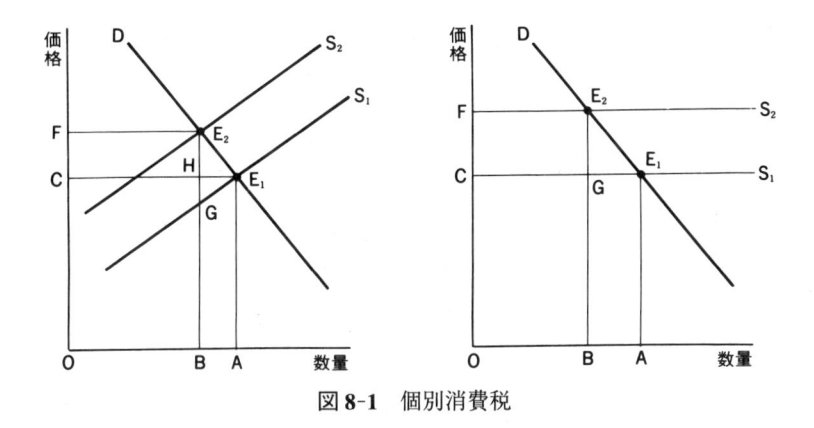

図 8-1　個別消費税

線の弾力性と需要曲線の弾力性が関係し，供給曲線がより弾力的になればなるほど，需要曲線が非弾力的になればなるほど，買い手が税を負担する割合が高くなる．

さて，物品税あるいは個別消費税の転嫁については，完全な前方転嫁がなされると考えられることが多いが，これは供給曲線が完全に弾力的な場合に対応する[7]．このような想定の下では，課税の負担がほぼ100％消費者に帰着すると結論づけても不都合なことはない．前方転嫁が部分的になされる場合には，供給者が自己の負担分をさらに他に転嫁することができるか否かを検討しなければならないが，生産要素市場において完全競争が支配しているならば，供給者が生産要素の価格に転嫁する（後方転嫁する）ことは困難となり，供給者がそのまま負担するとみられる．したがって，このような場合には一応課税の負担の帰着を跡づけたとみてよい[8]．

---

7) 供給曲線が完全に弾力的であるというのは，生産要素がすべて完全に自由に移動しうるという前提にもとづいており，厳密には規模に関して収穫一定の状況を必要としている．個別消費税などについて，この種の想定がかなり説得的であるという点については，Shoup [1969], Ch.10 を参照のこと．

8) 市場に独占的要素があるときには，いろいろなケースが考えられる．たとえば，独占の場合には，独占企業の価格決定のモデルを拡張すればよい．また折れ目のある需要曲線の場合には，物品税が価格形成に影響をもたらさないこともありうる．くわしくは，Musgrave and Musgrave [1984], Ch.20 を参照．

法人税の場合　次に法人税の部分均衡的な手法による分析をみてみよう．法人税は，法人という形態をとっている企業の利潤（純収益）に対する課税であるから，完全競争下あるいは純粋独占下の短期の企業の価格や産出量に影響を及ぼすことはない．なぜならば，完全競争下あるいは純粋独占下の企業にとっては，法人税が課されたからといって法人税が課税されないときに決定された均衡産出量（独占の場合は価格）を変更する理由はないからである．すなわち，税引き後の利潤極大産出量と税引き前の利潤極大産出量とは等しく，この均衡産出量（あるいは価格）を変更することによって税引き後の利潤を増加させる余地がないからである．したがって，法人税はこの限りでは転嫁されない．この結論は，また法人に関する古典的な議論の帰結でもあった[9]．

しかしこの帰結は，実際の企業が利潤の極大を目標に行動していないならば，修正されなければならない．たとえば，純粋独占の場合においても，企業が独禁政策の適用をおそれたり，労働組合の賃上げ要求を避けたいと考えたり，あるいは潜在的な競争者の新規参入をおさえたいと考えて行動するとすれば，（価格を高く設定して）市場支配力を100％行使することを避けるということも考えられる．このようなときには，独占企業は独占利潤をそのまま実現せずに価格を低めに設定するであろう．したがって法人税が課税されると，企業は利潤の減少を埋め合わせるためにその価格を引き上げるということになり，転嫁が生ずる．

企業が独占的競争あるいは不完全競争の下で行動しているときには，色々な場合が考えられる．ここでは，少数の企業による寡占の場合をとりあげてみよう．もし各企業がこっそり共謀して産業全体の独占的利潤を極大にするように行動するとすれば，純粋独占の場合と同様，法人税の転嫁は生じないであろう．

しかし，しばしば指摘されるように，企業がマーク・アップ（mark up）原

---

9) 古典的な理論においては，帰着について短期と長期とを区別した．ここで説明されているのは資本設備の変化を含まない短期の帰着であり，資本設備の調整を含む長期の場合には，法人税の課税は投資の減少をまねき一部分転嫁されうることになる．なお古典的な理論の説明について，くわしくは Goode [1951], Ch.4 を参照のこと．

理に従って行動しているとすれば転嫁が生ずる．マーク・アップ原理というのは，企業がコストに一定のマージンを加えた水準にその販売価格を設定することである．この原理に従って，もし税引き後のマージンを一定にするように企業が行動するとすれば，法人税率の分だけ販売価格が引き上げられることになるから，ほぼ100％に近い前方転嫁が生ずることになろう．さらに，企業が税をコストとみなして，前と同じマージンで販売価格を設定する場合には，100％を超える前方転嫁が生じることになる．法人税がこのような形で転嫁される場合には，個別消費税とは課税標準が異なる——個別消費税の課税標準が売上額であるのに対して法人税のそれは利潤である——にもかかわらず，結果的には類似の結果が生じうる．

また投資決定を含むいわば長期的な企業行動からみると，独占企業の場合にも転嫁が考えられる．すなわち，第6章でみたように法人税は投資に関しては中立的ではなく，ほとんどの場合資金コストを高める．したがって，法人税の増税は短期的な平均費用曲線と限界費用曲線を上方へシフトさせ，均衡産出量・均衡価格を上昇させ，転嫁が生じうるのである．

以上，簡単ではあるが法人税の転嫁に関する部分均衡論的な説明を紹介した[10]．しかしながらこのような説明は，法人税が法人全体にかかる課税であるから，個別消費税の場合のように特定の産業部門のみに限って課税の影響をみるだけでは不十分なのである．広い範囲にわたる影響をみるためには，相互依存関係を考慮した一般均衡論的なモデルを使ってその帰着を分析する必要がある．

---

10) 部分均衡分析的な形で法人税の転嫁の実証研究を行なった有名な例がクリザニヤークとマスグレイヴである．この研究に従えば，法人税は100％以上過大に転嫁されることになる．このような結果は，独占における企業行動から説明できないわけでもないが，その後の実証研究によれば，計測式の説明変数の選択に問題があり，過大な推計値が導出されたとみられる．しかし，部分均衡分析にもとづく実証研究が転嫁の可能性を示唆していることにはかわりがない．Krzyzaniak and Musgrave [1963]．なおこの研究に対する批判として，Cragg, Harberger and Mieszkowski [1967].

8-3. 帰着分析（1）——一般均衡分析の簡単な例——

すでに示したように，個別的な租税で他への波及効果が無視しうるものであれば，部分均衡論的な手法で取り扱うことが可能である．しかし，個人所得税・法人所得税・売上税などの一般税となると，もはや部分均衡論的な手法では取り扱えず，何らかの意味で経済全体の相互依存関係を組み込んだ一般均衡論的なフレイム・ワークが必要となる．しかし，直ちに多数財市場における一般均衡体系において議論することは，必ずしも実りのある成果をもたらすとは思われないので，ここではその縮小されたモデルで帰着の問題を取り扱おう．

所得税と売上税　最初にやや極端な例であるが，一般税としての所得税と売上税の帰着が同一になる例を考えてみよう[11]．いま，比例的な所得税と，投資支出と消費支出の両者に対応する売上額に一定の比率で課税される売上税とを比較してみることにしよう[12]．所得税というのは，経済主体が稼得した所得に課税されるものであり，生産要素（労働・土地・資本）に帰属する所得に課税されるものである．他方，売上税というのは，買い手が支出する際にはじめて課税されるものであり，両者は性格がいちじるしく異なる租税であると考えられやすい．たとえば，所得税は直接税の代表的な例と考えられているし，他方，売上税は間接税の代表的な例であるとみられている．また前者は転嫁がほとんど生じない租税であり，後者は容易に前方転嫁される租税であると考えられてきた．また部分均衡論的な発想でいえば，所得税は生産要素市場に関係する税であり，売上税は財・サービスの販売される市場に関係する税である．さらに帰着からみれば，所得税は可処分所得を減少させるものであるのに対して，売上税は転嫁されて販売価格を上昇させ，物価を引き上げるものと考えら

---

11)　一般税とは，所得や消費の全体を課税ベースとする租税であり，個別税とは，特定の所得や個別品目の消費のみに課税する租税である．

12)　比例的な所得税というのは，所得に対して均一の税率で課税される所得税である．また売上税とは，すべての売上高に対して均一の税率が課される税であり，通常売手が納税義務者である．ここでは両者の税率は等しいものと仮定する．

れるから，両者を共通の基準で比較して負担がどのようになるかを議論することは容易ではないようにみえる．

しかしこの二つの税は，経済全体の相互依存関係からみると帰着の点では類似している．いま議論を簡単にするために，国民所得ベースで経済全体を考え，生産要素が資本と労働の2種類であると前提しよう．このような経済において，比例的な所得税は生産要素に帰属する所得である賃金 (W) と利潤 (P) を合計したものに，一定の比率で課される．他方，売上税は最終需要者が支出をする際に——消費支出と投資支出が行なわれる際に——同じ比率ですべての支出品目に売上額に応じて課される[13]．この場合，前者の課税のベースは $W+P \equiv NNP$ であり，後者の課税のベースは $C+I \equiv NNP$ であるから，課税のベースは同じである（ただし，ここで NNP は純国民生産，C は消費支出，I は投資支出を示している）．ここで税の負担を考えてみよう．比例的な所得税は，通常想定されるように転嫁がまったく生じないとすると，所得を受け取った経済主体がそのまま負担する．他方，売上税についてみると，かりに前方転嫁が完全に行なわれるとすると支出する側が税を実質的に負担することになる．支出する側は，所得を受けとる側と同一の主体であるから，租税の負担からみれば比例所得税と売上税とは同じことになる．

以上の議論から，比例所得税と売上税について課税のベースが同じであり負担の主体も同一であるという結果が生ずる．この結果は，部分均衡論的な考え方あるいは特定の租税の転嫁のみを跡づける立場からは，容易に得られない見方である[14]．

このような見方は，われわれが検討してきた帰着の概念からすれば，差別的

---

13) ここでは国民所得ベースの最終需要に見合う売上税を考えているが，現実の売上税がちょうど同じベースに対応するとは限らない．たとえば卸売段階の売上税であれば，小売段階の付加価値が脱落し，さらに投資財の付加価値が脱落する．現実の税制で，国民所得ベースにぴったりの売上税は存在しないから，ここでの議論を現実の租税の問題に直接適用することにはギャップがある．

14) 所得税と売上税の類似性を最初にはっきりと述べたのはシャウプであろう（Shoup [1955]）．シャウプのテキストは，最初に付加価値に対応する売上税（一般消費税）を説明し，これに等しい所得税を説明するという方法をとっていて興味深い（Shoup [1969]）．

帰着といってよい．すなわち，一定の財政支出を賄うために（実質タームでみた一定の財政支出を賄うために），二者択一的に比例所得税を採用した場合と売上税を採用した場合との帰着の相違である．いまこのような特定の財政支出は，完全雇用を維持するに足るものであるとしよう．比例所得税を導入した場合と売上税を導入した場合とでは，絶対価格（名目価格）に与える影響は異なるかもしれないが，実質タームでみた課税額は等しくなければならない．いま，消費財と投資財の相対価格が不変であるとすれば，比例所得税は物価不変（名目価格不変）の下で可処分所得をその税率だけ引き下げるのに対して，売上税は名目的な可処分所得不変の下でその税率だけ物価（名目価格）を引き上げる．すなわち，売上税の場合には物価が上昇して実質的な可処分所得が減少する一方，比例所得税の場合には物価は変わらないで可処分所得が減少するという違いはあるが，両者の差別的帰着には相違が生じないのである[15]．

　以上，きわめて単純な経済体系の相互依存関係の下で，所得税と売上税との帰着の類似性を説明した．直接税の代表的存在である所得税と，間接税の代表的存在である売上税が，帰着において大きな相違がないという見方は，通念からいちじるしく離れたものと受けとられるかもしれない．しかし，ここで重要なことは，租税が転嫁するかしないかという相違ではなく，比例所得税も売上税も，すべての所得あるいはすべての支出にかかる一般税（general tax）であるという共通点である．

　いままでの説明は，国民経済を一括して取り扱ったものであるが，経済全体を二部門に分割して，一般均衡論的な分析をもう一歩すすめることが必要である．たとえば，消費財部門と投資財部門，法人部門と非法人部門，農業部門と非農業部門というような部門分割である．現実の税制においては，言葉の正確な意味における一般税が採用されることは少なく，一般税に近いといっても，特定の部門あるいは特定の生産要素に課税が行なわれるという場合が多い．こ

---

15)　ここで名目価格の変化についてそれぞれ想定を設けたが，このような想定がそのまま現実に妥当すると考えているわけではない．名目価格の水準の決定は金融政策（たとえば貨幣供給）に依存しているのであって，いろいろなケースが生じるであろう．

のような税の帰着をみるときにも，部分均衡論的な分析は有効性を失うのである．すなわち，経済全体に与える影響が特定の部門，特定の生産要素だけにとどまらずに波及効果が生じてくるからである．そこで次節以降，この種の税の帰着をより複雑なモデルにもとづいて検討することにしよう．

8-4. 帰着分析(2)──一般消費税──

厳密な意味での一般税ではないが，次に消費支出全体にわたって課税される一般税の一つとして一般消費税をとりあげ，その帰着について分析してみよう[16]．

一般消費税というのは，消費支出一般にかかる税であり，ヨーロッパ共同体（EC）が採用していた付加価値税や小売段階で課税される単段階売上税がこれにあたる．付加価値税の場合には，前段階税額控除方式がとられており，投資支出が自動的に控除される仕組みになっているので，結果的に消費支出にかかる税であり，小売段階の売上税は，課税対象が零細な業者を含み税務行政上の難点はあるが，同じように消費者の手にわたる段階での租税である[17]．

二部門分析による結果　さて，一般消費税の帰着の分析のためには，少なくとも，投資財部門と消費財部門の二部門に経済全体を分割し，消費財の消費に際して課税がなされる場合の効果を検討しなければならない．ここでは，生産要素としては，労働と資本のみを考え，これらの生産要素の供給は，賃金や賃料に対してまったく非弾力的であるとし，投資財部門か消費財部門のどちらかに投入されるものと前提する．労働市場と資本市場においては競争的に賃金

---

16) ここでいう一般消費税とは，英語では general consumption tax あるいは general sales tax（売上税）と呼ばれている消費全般に課税される間接税である．日本の税制改革では「一般消費税」（仕入控除型の付加価値税）や「売上税」（付加価値税の変種）という名前で一般消費税に近い間接税が提案されたことがあるので，誤解のないようにしていただきたい．なお，以下の二つの節における分析は，ハーバーガーとミエツコウスキーのモデルにしたがっている．Harberger [1962]，Mieszkowski [1967] を参照．

17) 付加価値税の仕組みについては，9-5 節を参照されたい．

が形成され，完全雇用が維持される．消費財と投資財に対する需要は，その相対価格と所得に依存するが，ここでは相対価格が変わらないかぎり，消費税が課されてもこの税収によって賄われる公共支出は，課税によって減少する民間部門の需要の減退をちょうど相殺し，消費者の実質所得が不変に保たれると仮定する．このような仮定の下では，消費財と投資財への需要はその相対価格のみに依存することになる．

以上のようなモデルを前提にして一般消費税導入の効果を調べてみよう．一般消費税の導入というのは，消費財の生産コストとその価格との間にくさびが入ることに他ならないのであり，このようなくさびが経済全体にどのような波及効果をもたらすかによって帰着がきまる．波及効果はまず需要の面から生ずる．課税の結果，消費財価格が投資財価格よりも相対的に高くなるから消費財に対する需要が減少する．このような需要の減少は消費財生産の減少をもたらし生産要素市場に波及する．生産要素市場への波及の仕方は，消費財生産部門と投資財生産部門の資本集約度の相違によって影響される．もし消費財生産部門のほうが投資財生産部門よりも資本集約的であれば，資本に対する需要のほうが相対的に大きく減少するから，資本の完全利用・完全雇用を満たすためには，要素価格比率は資本にとって不利となるような変化を示すことになり，賃金所得（実質賃金）に比して資本所得（実質賃料）を相対的に低下させる．逆に，消費財生産部門のほうが投資財生産部門よりも労働集約的であれば，賃金所得のほうが相対的に低下する．

このように，一般消費税の帰着については必ずしも一義的な結論を下すことはできないが，所得分配の観点からみると次のようにいうことが許されよう．すなわち，消費財の価格が投資財の価格にくらべて相対的に上昇するため，消費財への支出比率が高い階層が消費財への支出比率が低い階層にくらべて相対的に不利になる．また，消費財生産部門が労働集約的であれば，賃金所得を得ている人々が資本所得を得ている人々よりも不利になるのであるから，通常予想されるように賃金所得を得ている人々が消費財への支出比率が高い階層に属しているとみられ，この場合には賃金所得を得ている人々に一般消費税の負担

は帰着する．

他の税と帰着との差異 次に，この一般消費税の帰着を他の税の帰着と比較すると，次のような興味ある結果が得られる．まず第一に，一般消費税と同一の帰着をもたらす税としては，消費財部門の資本所得と賃金所得に消費税と同じ税率で課税する税が考えられる．一般消費税が消費財部門のコストとその価格にくさびを入れるのに対して，消費財部門の要素所得に対する所得税は要素所得とコストの間にくさびを入れるものであり，生産要素間の相対価格は変わらず同一の帰着がもたらされる．

この点は，次のようにも説明することができる[18]．いま経済全体の純生産物（NNP）を Y で示し，消費財 C と投資財 I が生産され，その消費者にとっての価格が P_C と P_I であるとしよう．これらの価格は市場価格によって評価されているので，消費税が課されていればその分だけ生産要素（資本量 K と労働量 L）への要素所得の支払額を上回ることになる．生産要素の移動は自由であるから，その税引き後要素価格（P_K と P_L）は各部門で等しくなければならない．もし要素所得に課税されている場合には，生産者にとっての賃料 P_K^*，賃金率 P_L^* については，それぞれの所得税率を t_K, t_L とすると，$P_K^*(1-t_K)=P_K$，$P_L^*(1-t_L)=P_L$ が成立する．

さて，
$$Y = P_C C + P_I I \tag{8-1}$$
であり，いま課税されないとしたときの要素費用からみると，
$$Y = P_K K_C + P_K K_I + P_L L_C + P_L L_I \tag{8-2}$$
が成立する．ここで K_C, K_I は，それぞれ消費財部門，投資財部門で用いられる資本量，L_C, L_I はそれぞれ消費財部門，投資財部門で雇用される労働量である．いま消費財に売上税が税率（t_C）で課されると，

---

[18] ハーバーガー・モデルの解説は様々の形でなされているが，この説明は，McLure and Thirsk [1975] を参考にした．なお，このパラグラフと次のパラグラフの説明は本章を読む際に省略しても差し支えない．

$$Y = P_K K_C + P_K K_I + P_L L_C + P_L L_I + t_C P_C C \qquad (8\text{-}3)$$

となる．$P_C C = P_K K_C + P_L L_C$ であるから，このような売上税は

$$Y = P_K (1 + t_C) K_C + P_L (1 + t_C) L_C + P_K K_I + P_L L_I \qquad (8\text{-}4)$$

に等しく，消費財の要素所得に対応する税率 $\left(\text{正確には} \dfrac{t_C}{1+t_C}\right)$ を課したことと同じになる[19]．すなわち，一般消費税は消費財部門の資本所得と賃金所得への同率の部分的所得税と同じ帰着をもたらす．

　第二に，一般税である比例所得税との帰着の差異を考えてみよう．比例所得税は，消費財と投資財の要素所得のすべてに均一の税率で課される税であるが，われわれの単純化されたモデルでは，消費財と投資財の両方に同じ税率でかかる一般売上税と同じ帰着をもたらすものであることは，先に述べた議論から明らかである．したがって，このような比例所得税は消費財と投資財の相対価格にはなんの変化も与えないし，また資本所得と賃金所得の相対的水準にも変化を与えない．つまり，一般消費税が消費財の相対価格を上昇させ，資本所得と賃金所得との相対的な関係を変化させるのに対して，比例所得税はこのような変化をもたらさない．したがって税率が等しい一般消費税と比例的な所得税の帰着の違いは，結局，すでに検討した一般消費税そのものの帰着に一致する．

　第三に，これは現実にはみられない税制であるかもしれないが，一般消費税とは逆に，投資支出一般にかかる一般投資税をかりに採用したとする．両者の帰着はちょうど正反対に働くので，その差異は大きくなる．すなわち，一般消費税の代わりに消費税と同一税率の一般投資税を導入したとすると，消費財価格が相対的に低下し，また要素の相対価格も変化する．消費財部門のほうが資本集約的であれば，資本に対する賃料が賃金に比して上昇する．

　以上，二部門モデルを前提として一般消費税の帰着を検討した．このようなモデルの分析によって，明確な結論を導き出しうる範囲は必ずしも広くない

---

19) (8-4) 式から右辺に等しい

$$P_K \frac{1}{\left(1 - \dfrac{t_C}{1+t_C}\right)} K_C + P_L \frac{1}{\left(1 - \dfrac{t_C}{1+t_C}\right)} L_C + P_K K_I + P_C K_C$$

が導出され，$\dfrac{t_C}{1+t_C}$ の税率に等しい消費財産業への要素所得税が課されたのと同じ結果になる．

が，部分均衡論的手法によっては明らかにされない一般消費税の性格を知ることができる．もっともこのような帰着の議論を現実に適用するためには，資本や労働が移動するに十分な時間が経過したのちということになり，一種の長期均衡である．

ここでは，一般消費税としては付加価値税あるいは小売段階の売上税を念頭においたが，この他に製造段階の売上税，卸売段階の売上税，累積的な粗売上高税（累積売上税）があるので，これらの売上税の帰着について一言つけ加えておこう．製造段階の売上税，卸売段階の売上税は，最終的な消費に対しては課税されないので，それ以前の段階の付加価値に対する課税となる．つまり，サービス（運送，小売，その他の個人的なサービス）は課税されないので，付加価値においてこの種のサービスの占める比重の高い品目を多く消費する階層にとっての負担は相対的に軽くなる．この種の品目は，高所得層が消費することが多いと考えられるから，この意味でこれらの税は付加価値税や小売段階の売上税よりも逆進的である可能性が強い．他方，累積的な粗売上高税は，やはり製造段階や卸売段階における課税が含まれるとはいえ，一応最終消費段階まで課税されるので，製造段階あるいは卸売段階の売上税よりは逆進性は弱いとみられる[20]．

8-5. 帰着分析(3)——法人税——

この節では，法人税の帰着の問題を取り扱う．すでに8-2節で示されたように法人税の転嫁の有無については特に複雑な様相を呈し，現在でも容易に意見の一致が得られない問題の一つである．しかし，8-2節における法人税転嫁の説明には，一般売上税の転嫁あるいは帰着の部分均衡論的な説明とほぼ同じ理由によって限界がある．すなわち，法人税というのは，法人全体にかかる課税であるから，個別消費税の場合のように特定の産業部門のみに限って課税の影響をみるだけでは不十分なのである．広い範囲にわたる影響をみるためには，相互依存関係を考慮した一般均衡論的なモデルを使ってその帰着を分析する必

---

[20] このような逆進性は，シャウプによって主張されている．Shoup [1969], Ch.8 参照．

要がある．そこで以下では，このような観点から法人税の帰着について説明し，この問題について見通しをはっきりさせよう．

二部門分析による結果　ここでは前節の一般消費税の場合と似たモデルで法人税の帰着を跡づけてみよう[21]．法人税は，法人の資本から生ずる所得（利潤）に課される租税であるから，経済全体を法人と非法人の二つの部門に分割すれば，法人税は前者の利潤にかかる税にほかならない．生産要素としては，一般消費税の場合と同じく資本と労働の2種類とし，完全雇用がいつも達成されているものとする．法人税が課税されたときには，法人部門の生産要素である資本に帰属する所得（利潤）に対して課税されることになるが，われわれのモデルでは完全競争が支配していると前提されているから，法人部門の資本に帰属する税引き後の利潤率と非法人部門の資本に帰属する利潤率とは等しくならなければならない[22]．なぜならば，もし前者の方が低いならば法人部門から資本が流出し，非法人部門へ流入して，この流出・流入は利潤の差がなくなるまで続くはずであるからである．

　以上のような想定の下で法人税は次のような効果をもたらすことになる．まず，法人部門と非法人部門の製品の価格についてみると，法人部門に法人税が課された結果，そのコストは非法人部門のコストとくらべて税に見合った分だけ高くなる．すなわち，法人部門の製品の相対価格が上昇する．次に法人部門の製品の相対価格の上昇は，その製品への需要を減少させることになる．いま，法人部門の資本集約度が非法人部門のそれにくらべて高いとするならば，法人部門の生産量の減少は労働とくらべて，相対的にみて資本に対する需要を減少させる．要素市場が完全雇用・完全利用を満たすためには，利潤が賃金よりも相対的にみて下落しなければならない．ところでこのような法人部門の製品価格の上昇という経路を通じての効果とは別に，法人部門の利潤に法人税が課税

---

21) このモデルは最初ハーバーガーによって示され，いまや古典的となった（注16でふれた）Harberger [1962]で提出された．
22) 資本の所有に対する報酬は実物的なモデルでは賃料とみるのがふさわしいであろうが，われわれが通常利潤と呼ぶものに対応しているので，ここでは利潤と呼ぶことにした．

されることから生ずる生産要素の代替を通ずる直接的な効果が働く．すでに説明したように，完全競争が支配している限り，法人部門の法人税の税引き後の利潤と非法人部門の利潤とは等しくなるが，このことは，法人税が課されると法人部門が資本を用いるときのコスト（あるいはレント）が労働のそれにくらべて高くなり，資本と代替的な労働の雇用が促進されることを意味する．資本に代替的な労働の雇用の促進は，資本に対する需要の低下を意味し，資本のレント（利潤）の下落が予想される．

　法人税の課税がもたらす影響は要約していうと，製品価格の変化，生産量の変化および生産要素の代替という三つの経路を通じて経済体系全般に波及する．そしてその帰着は，支出のうちで法人部門の製品を購入する比率の高い階層に不利となり，法人部門の資本集約度が非法人部門のそれに比して高ければ，資本のレントが下落し資本家に不利となる．

分析のもつ意味　　以上，二部門のモデルによって法人税の帰着を分析した．次にすでに説明した部分均衡的な分析の結果と比較して，この種の帰着の分析のもつ意味を明らかにしておこう．

　いま議論を簡単にするために，完全競争の条件が満たされているとしよう．このとき，部分均衡による古典的な分析では法人税は法人の利潤に帰着するから，法人税の課税によって資本の所有者である経済主体が負担を負う．法人の資本の所有者とはその株主であるから，より具体的にいえば株主が負担する．ところが，一般均衡分析のミニチュア・タイプである二部門モデルによる分析では，法人税の課税によって資本が二つの部門間を移動するという長期的な調整が行なわれる結果，非法人部門の資本の利潤も減少する．このことは法人税の負担が，法人の株主のみならず資本を所有する人々すべてによって分担されることを意味する．

　このような差異と関連した論点を次に説明しておこう．通常の短期的な法人税の転嫁の分析では，法人税が資本に課す負担はゼロから100％の間にあるといわれるが，この表現は，長期的な帰着の場合をとると必ずしも適切ではない．

いま完全に転嫁がなされ，資本に課す負担がゼロであるという極端な場合をとってみよう．この場合には，法人部門の製品価格は法人税率にちょうど見合って上昇し，課税後の資本の純収益率（税引き後の収益率）は課税前の収益率に等しい．このようなときには，法人税は高くなった製品を購入した人々が負担するのであり，資本の所有者（資本家）も労働者もともに税を負担する．すなわち，資本の所有者の負担がゼロになるというのではなく，全体の所得に占める資本所有者の所得の分け前に応じて負担することになる．次に，転嫁がまったく生じない場合，すなわち法人部門が税を負担するという逆の場合を考えてみよう．この場合には，課税後の純収益率は税率分だけ下落し，非法人部門の収益率も同じように下落する．このときには，法人税の課税によって資本が負う負担は，単に法人部門の資本だけではなく経済全体の資本に及ぶことになる．かりに法人部門と非法人部門の資本の大きさが等しいとすれば，法人部門の資本家にとっての負担は100％であったとしても，経済全体の資本家にとっての負担はそれよりも大きくなる．

以上，法人税のもたらす帰着の分析を示したが，このような分析は，第7章で説明した超過負担の分析と表裏をなしている．すなわち，所得一般に課税される所得税と比較して，法人税が超過負担をもたらすのは当然である．超過負担は消費者余剰の大きさの減少として，その損失を推計することもできる[23]．

また，これまでの分析は一般均衡的な分析であるとはいえ，静学的（static）な分析である．すなわち資本の存在量，労働力はいずれも一定であり，これらが増加する資本蓄積の下での帰着の結果を分析したものではない．たとえば，法人税が利潤部分にかなりの程度帰着し，経済全体の貯蓄率は賃金よりも利潤により感応的であるとしよう．この場合には，法人税は貯蓄率を下げ，長期的には資本蓄積を減少させ，賃金所得の上昇を抑制する可能性がある[24]．

---

23) 注21)のハーバーガーの論文に試算例がある．より明示的に一般均衡解を求めたものとして，Shoven and Whally [1972] がある．
24) この種の分析の代表例としては，いくつかのフェルドスタインの論文がある．たとえば，Feldstein [1974]．また，小椋[1981]も参照．

第9章

公平な税制

　伝統的な財政理論においては利益説と能力説が提示され，今日でもこの二つの考え方は，相対立する見解とみられることが多い．ここでは二つの考え方を課税の根拠あるいは租税原則として次のように位置づける．すでにみたように，公共部門の資源配分に占める役割を理解するためには，利益説の視点は不可欠である．しかし，すでにくわしく検討されたように（第3章参照），公共財の提供には市場機構が働かずこれにかわる民主主義的な政治過程も，公共部門への効率的な資源配分を保証するに十分なメカニズムでないとすると，利益説的な課税が実際に実現される可能性はわずかである．すなわち，利益説が主張するように，公共支出とその対価である租税負担との同時決定のメカニズムを考え，資源の最適配分を実現するのは困難なのである．民主主義的なプロセスにおいて税負担を与えておいて，公共支出の最適規模を決定するという見方（ブキャナンなどの立場）においても最初に与えられた税負担が妥当な水準であるか否かは判然としない[1]．また異なった公共支出間の選択を含む場合には，民主主義的な政治プロセスは過大な支出をもたらす傾向が強い．このような状況を念頭におくと，公共支出の決定と課税の方式の決定とを分離して，公共支出を与えられたものとして，あらためて課税の配分の仕方に関して基準を設ける必要がある．いま一つの伝統的な租税原則である能力説は，この場合，有効な

---

1) 公共支出の決定と租税額との決定を結びつけて考える実証的なアプローチがある．たとえば，Buchanan [1967] 参照のこと．なお，この種の考え方を発展させ憲法的決定としてどのような租税体系が望ましいかを議論したのが Brennan and Buchanan [1980] である．

基準を提供する．いわば利益説の実現可能性を断念する代わりに社会的に説得力を持ちうる別個の基準を求める必要があるのである．能力説の主張する支払い能力あるいは負担能力にもとづく課税とは，租税を負担する経済主体の経済力にもとづく課税を意味し，民間経済活動の結果として形成された経済力の分布，つまり所得あるいは富の分布にもとづいた税負担の配分を意味している．

したがって，民間経済活動がもたらした所得や富の分配が果たして公平な分配であるか否かの判断が，税負担をどのように配分するかに影響を及ぼす．所得分配の現状が不公平だと判断されれば，税負担がこの不公平を是正する方向に配分されねばならない．このように支払い能力（ability to pay）にもとづく課税は，経済力の公平な分配の問題と不可分に関係する．そこでこの章では，公平な課税について支出税をめぐる基本的な視点が検討され，さらに所得税制を中心に具体的な問題が扱われる．また補論では，最近重視されている簡素さの基準，最近の多様化した租税理論の動向と税制改革の動向が説明される[2]．

9-1. 課税ベースの選択

ここでは公共支出の総額とその内容が与えられたものとして，これを租税で調達するときに税負担の配分をどのような基準に従って行なうかを検討しよう．

税負担の配分の仕方は，いろいろな経済政策の目標と無関係ではありえない．たとえば，経済成長は税負担の配分の仕方によって影響を受けるであろうし，また有効需要の水準も税体系の変化によって影響を受けるであろう．しかしながら，税負担の配分にとってきわめて重要なのは，それが社会の構成員に支払い能力に応じて公平に配分されるということである．もし，課税の配分が公平でなくてもよいとするならば，政府はその時々にたまたま課税しやすいやり方で恣意的に財源を調達するという危険性がある．また，不公平な課税は次のような結果をもたらすであろう．まず納税者は負担を避けようとするのは自然であり，本来租税回避の傾向をもつが，課税が不公平であると考えるならば税金

---

[2] アメリカのレーガン政権の改革案の基礎となった財務省提案は公正さと経済効率の他に簡素さの原則を重視している．U. S. Department of Treasury[1984]．

をさらに逃れることに努力をかたむけるであろう．納税者の自主的な申告は困難となり，税の執行は困難になるであろう[3]．納税者の受益の程度について客観的な証拠がない以上，強制的に課税するには公平という基準以外にコンセンサスをうる道はないのである．

経済力の指標　さて，公平さの基準は次の二つのより具体的な基準を意味している．一つは水平的な公平（horizontal equity）であり，もう一つは垂直的な公平（vertical equity）である．前者は，同じ経済力をもつ個人や家計は同一額の税を負担すべきであるということを意味し，後者は，異なった経済力をもつ個人や家計が公平に租税を負担すべきこと，より具体的には高い経済力をもつ人は重い租税負担を，低い経済力をもつ人は軽い租税負担を負うべきだということを意味する．水平的公平については，好みの異なる納税者間の比較という問題がのこるにせよ，公平さの基準に含まれることに異論はないであろう．垂直的公平については，これをどの程度重要と考えるかについては議論が分かれるであろう．20世紀の初め頃には，所得の再分配に果たす累進課税の役割は重要視されていた．しかし，第二次世界大戦後社会保障が充実するにつれて，また，課税の中立性を配慮すると，所得再分配のため課税における垂直的公平はそれほど重視されなくなった[4]．しかし，いずれにしても公平さの基準の適用に当っては，まず経済力を具体的に明示しなければならない．すでにふれた能力説における支払い能力とは何を指すかが問題なのである．

伝統的な租税理論においては，この支払い能力を効用理論から裏付けようとした．J. S. ミルやエッジワースらがこの代表者である．たとえば，等量の犠

---

3) 税制にとって公平の原則が如何に重要であるかを簡潔にしかも説得的に述べたものとして，Canadian Royal Commission on Taxation [1966]（『カーター報告』）を参照されたい．またシャウプ使節団[1950]の叙述もすぐれている．「いかなる租税制度も，それが公平なものでなければ成果をあげられるものではない．……およそ，税の負担が公平であるか否かという試練に耐えられないような勧告は絶対に受け入れられないことに気づかない者はいないであろう．」（「シャウプ勧告」第1章8公平，参照）．

4) 本章の補論(3)で説明されるが，最近の先進諸国の所得税は累進度を低める方向に改正されている．

性（equal sacrifice）を達成するのがもっとも公平な課税の仕方であると考え，犠牲を非効用とみて効用理論から基礎づけようとした．しかし，このような伝統的な租税理論は，論理的には具体的な課税方式の導出にはつながらない．なぜならば，序数的効用を前提とする効用理論においては，異なる人々の効用を相互に比較することが困難であり，各人が等量の犠牲を負担すべきだといっても，比較ができない以上，具体的に異なる人々の間に適用しうる課税方式を見つけることが困難だからである．

そこで伝統的な租税理論の支持者であったピグーは，人々がその嗜好や気質において異なれば，厳密にはそのための配慮がなされねばならないことを認めながら，異なる人々の生活を楽しむ能力の相違を現実に考慮することは不可能であるとして，すべての納税者が同一であるという仮定をせざるをえないと考えた[5]．このようなピグーの立場には異論がありえようが[6]，いずれにしても具体的な経済力の指標を提示する必要がある．

所得・消費・資産　負担能力あるいは支払い能力を判断する尺度としては，従来所得をとることに異論はなかった．したがってまた，租税負担の配分は所得税によるのがもっとも公平な課税方式であるといわれることが多かった[7]．

しかし，所得税が無条件でもっとも公平な租税であるとはいえず，最近では消費税もまた別の根拠で公平な課税であるという見方が提出されている．そこでここでは主として所得と消費のいずれが公平な課税であるかについて検討することにし，さらに，もう一つの課税標準である資産（wealth）も検討の対象に加えて議論する．

---

5) Pigou [1947] 参照．
6) ピグーの主張に対してサイモンズは支払い能力という概念の使用に反対しているが，結局において所得の指標を支持している．Simons [1938], Ch.1 参照．
7) たとえば日本の税制調査会のかつての答申をみよ．「所得税中心の税体系が理想である」とか「直接税は応能負担原則に適応したものとして，逆進的といわれる間接税にくらべ，所得や富の再分配という租税の機能をよく果たしうる」（いずれも「昭和39年税制調査会長期答申」）という主張が代表的なものである．またアメリカの文献でこの種の代表的見解としては，Goode [1976], Ch. 2 を参照のこと．

ここでは比較が容易と思われる資産と所得について，どちらがより公平な経済力の指標となるかを検討してみよう．いま仮に同一の所得を得ている人が二人いるとしよう．一人は資産をほとんど保有せず，もう一人は資産保有者であるとしよう．この場合，所得税は完全に公平な税制であるとはいえない．なぜならば，後者の資産保有者が有利に取り扱われるからである．もっともこの場合でも，所得が包括的（comprehensive）に定義されているならば，帰属地代・帰属家賃，資本利得などに対しても課税されることになるので，この不公平さはある程度除去されるが，それにもかかわらず，富を保有すること自体が経済力を形成するから，ある程度の不公平が残ることは否定しえない．しかし，いまのような議論は，資産税（wealth tax）が所得税よりも公平な税制であることを意味しない．資産税を単一の課税ベースとしたときの最大の欠点は，最大の資産である労働力が資産価値として評価されないことである．近代社会においては，労働力は資産としては市場で売買されず，その資産価値を正しく評価するシステムが存在しないからである．したがって資産税はそれだけで租税体系の中心となるような租税ではなく，他の課税ベースに対する課税を補完する以上の役割を果たしえないと思われる．

所得税と支出税　次に，経済力の指標としての所得と消費支出を比較してみよう．直接税としての所得税は，われわれにとってなじみ深いものである．他方，消費をタックス・ベースにとって累進課税する直接税としての消費課税，すなわち支出税（expenditure tax）は古くから学者によって支持されていた．

まず，1861年にJ. S. ミルは議会の証言において，消費支出に課税する支出税が理論的にみて所得税より好ましい課税方式であると主張し，ただし税務行政上は所得税の方がすぐれているので妥協として所得税を認めると述べている．このミルの考え方はマーシャル，ピグーに受け継がれた．アメリカにおいては，フィッシャーがこの考え方の熱心な支持者であった．また，20世紀に入ってからカルダーがこの支出税の熱心な支持者であることはよく知られている．1970年代からは，フェルドスタイン，キング，ブラッドフォード，アーロ

ンなど支出税を支持する学者がアメリカ・イギリスのなかでは多数派であり，補論(3)で説明されるように最近のアメリカの租税理論もその延長線上にある[8]．

すでに第6章において検討したように，所得税と支出税が異なった経済効果をもち，貯蓄の意思決定については支出税の方が中立的であることは確かである．これは，ミルやフィッシャーが，所得税においては貯蓄が結果的には2回課税されるのに対して，支出税においてはそうではないといったことに対応する．しかし，中立性と公平の原則とは異なった基準であり，中立性を満たす課税方式が公平な課税方式であるというわけではない[9]．

一例として次のような議論をあげてみよう．支出税は貯蓄した場合には課税されないから，所得のうちで貯蓄の比率の高い人々には所得税にくらべて有利になる．たとえば，巨万の富を一生涯かかって蓄積した人の税負担は軽いのである．このような課税が公平な課税といえるかどうか，人によってその判断は異なるであろうが，公平な課税とは考えない人がいるであろう．他方，所得税が公平であると断定することもできない．たとえば，巨万の富を相続した人が，自分の所得そのものはそれほど多額でないとしても，資産を食いつぶしてぜいたくな生活をしているとしよう．所得税ではこの種の人々の負担は重くないが，支出税では負担が重い．この場合，所得税の方がより公平な税制と言いきれるであろうか．

いまあげた例はそれぞれ極端な例であって，経済社会のなかではごく少数の人々だけがこのような例にあてはまるであろう．かなりの人々は，自分が一生涯かけて稼いだ所得を死ぬまでにおおよそ使いきってしまうであろうから，一生涯を通じてみれば所得と消費（正確には残された多少の遺産を含む）は一致することになり，所得税と支出税は，大雑把にいえば累進課税が行なわれてい

---

8) Institute of Fiscal Studies [1978]（『ミード報告』と呼ばれている）と U. S. Department of Treasury [1977] が代表的な文献である．また，支出税提案の復活については，貝塚[1991a]，第3章参照．

9) 公平性と中立性のいずれが重要な基準であるかは簡単に判断しえない．最近の税制改革では中立性の基準が重視されつつあるが，税制改革が政治の産物であるとすると，より価値判断に訴えやすい公平性は依然として重要な要件である．なお，本章の補論(3)を参照．

るとすれば主として課税のタイミングと多少の絶対的な負担水準の相違に帰着してしまうとみることもできる．すなわち，所得税制の下では働きざかりの年代に税を負担し，支出税制の下では，子供の年代と老人の年代に相対的に重い税を負担するという相違となり，この相違をどうみるかに関係する[10]．

このように生涯所得をとれば所得税と支出税（消費税）との差異は大きくないといえるかもしれない．しかし，税体系の基礎となる課税標準として所得をとるか，消費をとるかは税体系の選択として依然大きな分かれ目になるのであり，この点についてさらに細かく吟味してみる必要がある．

経済力を測定する期間　　まず議論の出発点として，所得か消費かという選択は，究極的には納税者の負担能力の指標としてどちらが適切であるかという問題であることをあらためて確認しておく必要がある．そしてこの場合注意を要するのは，このような負担能力をかなり短期間（通常は1財政年度）にかぎって測定する必要があるということである．いまかりに，他の期間（年度）における特定の個人の経済力（負担能力）とは無関係に特定の期間（年度）のこの個人の経済力を測定するとすれば，所得と消費のいずれが適切な指標であろうか．おそらく消費よりも所得の方が経済力を測るのにより包括的な指標であるという理由で，所得の採用に賛成する人々が多いことは確かであろう．すなわち，所得は消費と貯蓄を含み，貯蓄は資産の増加として経済力の増加を反映しているとみられ，消費は経済力を測る指標としては部分的であるからである．所得税が消費税と比較してより公平な課税方式であるという見方は，おそらく以上のような文脈（コンテキスト）における議論としては的を射ている．

しかし経済力を測る指標としては，長期間をとってそこでの経済力を測るという考え方は当然ありうる見方であり，おそらく経済理論家にはこの種の見方に賛成する人々が多いのではなかろうか．この見方は，元来経済力という概念

---

[10] カナダの租税調査会の意見では，一生涯をとれば所得と消費が等しいから，両者の差異は小さく，とくに支出税を採用するメリットはないとしている．Canadian Royal Commission on Taxation [1966] 参照．もっとも，この議論はのちに説明するように，現在価値でみれば等しくはなく，せいぜいのところ近似的な議論である．

は，納税者の長期的にみて平均化された経済力をとるのが望ましいという視点に立っている．たとえば，有価証券を保有する場合に市場価格の変動によって資本利得・資本損失が生ずるが，この種の一時的所得を経済力として含めることには問題が多いのである．いいかえるならば，フリードマンが用いた恒常所得 (permanent income) という概念の方が一時的所得を含む現実の所得よりも経済力を適切に反映しうるとみるのである．いまこの種の見方をさらに進めて所得を定義するとすれば，『ミード報告』のいう「将来無限に同じ消費水準の維持を可能にするような資産を保持するという条件の下での達成可能な消費額」という所得の定義になる[11]．いいかえるならば，将来を通じて同じ消費機会をもつ個人は同一の資本化価値に見合う消費機会を与えられたとみるのであり，この資本化価値は将来消費の割引現在価値であり，この価値が負担能力の定義としては妥当であるというのである．

『ミード報告』における所得の定義は，それが将来予想される平均的な消費水準という税制上客観的に確定しえない性格のものであるから，残念ながら現実の所得の課税標準たりえない．そこで近似的な課税ベースとしてこれに見合うものを求めるとすれば，現実の消費がほぼこれに対応し，このような形で支出税（あるいは消費税）を経済力に見合う応能課税として正当化される[12]．

一時的所得を所得から除いた方が的確な経済力の指標であるという見方はすでにふれたが，伝統的な所得税の考え方のうちには，実をいうと一時的所得を除いて所得課税を行なう方が妥当という立場があった．端的にいうならば，イギリスの伝統的な所得税に対する考え方はこのようなものであった．すなわち，イギリスの所得税は現在でも分類所得税の形が残っているが，資本利得は

---

11) Institute of Fiscal Studies [1978] (『ミード報告』) p. 31 参照．このような定義がなぜ所得の定義として適切であるかについては Hicks [1946], Ch. 14 や U. S. Department of Treasury [1977] を参照のこと．

12) 『ミード報告』における支出税支持は，以上のような所得の定義がすぐれているという理由ではなく，「納税者がその消費の目的のために社会の資源を用いる請求権に対して課税すべき」（同書 p. 33 参照）という理由にもとづいているので議論が曖昧なものになっている．この点については，貝塚 [1991a]，第 5 章参照．なお，ここでの消費は残された遺産が含まれているから，支出税提案は遺産を含んでの累進課税を必要とする．現実には，支出税はかなり厳しい相続税（贈与税を含む）があってはじめて公平な課税として正当化される．

1962年まで一貫して非課税であった．その際の一つの理由は，資本利得は一時的な所得であり，納税者の負担能力を長期的に高めるものとはいえないという点にあった．これに対してアメリカの所得税は，1913年に連邦所得税制が成立したときにすでに資本利得が課税対象になっていてイギリスの所得税とは異なる総合課税の見方に立っていたことは興味深い[13]．

それでは，所得か消費かという選択を究極的に左右する要因は何であろうか．所得税を支持する立場は，すでにみたように，短期間（具体的には1財政年度）に負担能力（あるいは経済力）を測るには所得の方が消費より包括的であるが故に優れているという点にあった．そしてこの立場に立てば，所得をできる限り経済力の増加を含む要素をとり込む形の包括的な所得（comprehensive income）として定義して課税するのが望ましいという見方につながる．他方，消費課税を支持する立場からすれば，元来経済力とは長期的に消費を維持しうる能力という点に求められ，近似的には1期間の消費額がこれに対応するというのであった．後者の立場は実をいえば，もし消費者が合理的に行動し将来を的確に予測して資金を運用する場合にも，公平な機会が保障されているという想定に立っているのである．換言すれば，消費者は将来の消費の現在価値を最大にするように行動し，この点に関しては資金市場において機会の均等が保障されているという想定にもとづいている．これに対して所得税支持論は現在の市場機構においては必ずしも機会の均等が保障されず，また消費者が不確実性の下ではその予想とは異なる結果に出会うことがあり，結果としての経済力に着目して租税体系を考える方が公平であるとみる．両者の差異は究極的には公平さに関する価値判断の相違にもとづくとはいえ，市場機構のもつ機能の評価という事実認識の差異にも基づいている[14]．

---

13) なお，イギリスとアメリカのそれぞれの所得税制の差異については，Goode [1976], Ch.8 の説明は示唆に富む．

14) 支出税と所得税との優劣に関しては，1980年代において Goode [1980] と Bradford [1980], 貝塚[1991a] 第3章と石[1984]を参照．優劣論は，同じ論点を挙げながら判断は正反対となっている．なお，支出税に関する文献として，Aaron and Galper [1985], Bradford [1986], 野口[1986], 宮島[1986]も参考になる．なお，日本の財政学者に現在所得税支持者がどの程度いるのかはっきりしない．

すでにふれたように1980年代以降，所得税よりも支出税を支持する財政学者が圧倒的に多い．筆者は，以前から支出税を支持しているのであるが，あらためて，この間の議論の背景をふりかえっておく．

支出税支持者が増えた第一の理由は，税務行政上の難点がかなりの程度解消される見通しが立ったからである．かつて1950年代にカルダーが支出税を提案[15]したときに，多くの人々が疑問視したのは税務行政上，税務当局の必要とする情報が多すぎて，実現不可能と考えたことによる．すなわち，直接税である支出税は，個人の消費額が課税標準であり，このためには，個人の所得と貯蓄を申告させる必要があり，このことは，税務行政上容易でないと考えられたことによる．しかし，その後，1970年代後半に発表されたミード報告書やアメリカ財務省報告書は，必ずしもこのような情報を直接とる必要がなくとも，近似的に消費課税が可能であると主張し，税務行政上の難点は回避されうることを示した．

支出税支持者が増加した第二の理由は，現行の税制の中心である所得税がかなり多くの難点をかかえていることがはっきりしてきたことによる．20世紀に入りアメリカを中心に発達した所得税は，イギリスでそれまで課税されてきた所得税が分類所得税であったのに対して，包括的所得税であったことはすでにふれた．しかし，包括的所得税は，次節でくわしくふれるが，そのまま現実の所得税として実現されるわけでなく，課税困難な所得が残ることや，節税・脱税がかなりみられ，累進性の高い所得税を維持することが困難であるとみられたことである．

第三に，1970年代以降，税制の与える撹乱効果が重視されるようになり，特に経済成長の促進という点からは，所得税が貯蓄意欲にマイナスを与え，法人税が投資意欲にマイナスを与え，さらには，所得税の勤労意欲への悪影響がとりあげられることとなった．支出税もまた中立性を害することは否定しがたいが，資本蓄積には，より中立的とみなされることが多く，この点からも所得

---

15) Kaldor [1955], Ch. 1 参照．またこれに対するマスグレイヴの書評，Musgrave [1957] も要をえている．

税への批判が目立つこととなった.

最後に，1970年代に入ってから，公平性よりも効率性の方が政策的に重視されることとなり，公平な課税と見られている所得税に懐疑的な眼が向けられるようになったこと，最近では高齢化社会における税制のあり方として，働き盛りの収入が多い人々に高負担となる所得税の負担配分にも批判的な見方が提出されたことがあげられる.

9-2. 所得税(1)──包括的所得の定義──

前節では，公平な税制として所得税をとるか，それとも支出税をとるかについて検討を加えたが，以下では，現実の税制においてもっとも重要な税目である所得税について，主として公平さという視点から説明しておこう．この場合あらかじめ確認しておくべきことは，所得の概念が短期間には各人の経済力を示す的確な指標であるという観点から選ばれたということである．

サイモンズの定義 経済力を示す指標としての所得とは，どのような内容のものであろうか．所得税の支持者はかつてサイモンズが定義した所得の概念を採用することにおいてほぼその意見が一致している[16]．サイモンズの言葉を引用すれば「個人所得とは，広くいえば社会の稀少な資源の利用に対する支配力の行使である．それは感動（sensations）とかサービスとか財に関係があるのではなく，価格をもっている（あるいは価格が帰属しうるような）権利と関係している．その測定は，(a)もしその個人が何も消費しないのならば，期間の初めと終わりの間にその人の財産権の価値が増加したであろう額であるか，それとも，(b)彼の権利の価値に変化がなければ消費において行使されたであろう権利の価値を推定することを意味する．換言するならば，所得の測定は，消費プラス資産の増加の推定を意味する」[17]．

このようなサイモンズの所得の定義は，今日においては包括的な課税ベース

---

16) この定義の歴史的系譜については，たとえば Goode [1976], Ch. 1 参照のこと．
17) Simons [1938], Ch. 2 を参照のこと．また，藤田 [1992] 参照．

（comprehensive tax base）を規定したものと受け取られ，所得税制の基本的概念となっている[18]．すなわち，所得はそれが労働によって得られたものであれ，企業を経営することによって得られたものであれ，また財産を所有すること——財産を売却したり親類から贈与されること——によって得られたものであれ区別する必要はない．また，それが現金によるのかあるいは現物によるのかを区別する必要もない．さらに，このような所得を得ることが期待されえたものか，それとも突然のものであるかも問わないし，一回限りのものか継続的なものであるかも問わない．

このような包括的な課税ベースを定義することは，次の二つの理由によって正当化されうる．第一の理由は，個人の経済力の大きさを包括的に測定することが，経済力を公平にとらえるために必要と考えられるからである．経済力が実際あるにもかかわらず，課税の対象から脱落することは避けられなければならない．第二の理由は，かりに包括的な定義の代わりに所得の範囲を狭い範囲に限定する試みがなされたとしても，所得の範囲について明確な境界を設けることが困難であり，恣意的な取り扱いが生じて公平さが損なわれるからである．

資本利得と社会保障給付　　いま，資本利得（capital gain）あるいは資本損失（capital loss）の課税の問題を例にとってみよう．資本利得とは，資産を保有している場合に資産価値が増加したときの増加分を指し，資本損失は資産価値の減少分を指す．自分が所有する生産要素を提供することによって得られる報酬（要素所得）のみを所得とみれば，資本利得は所得ではないから非課税にすることは不自然ではないようにみえる．しかし，資本利得を得た人とそうでない人との間には資本利得が生じた期間をとれば明らかに経済力に差異が存在する．この場合，資本利得を所得から除外する理由として，利得が生ずる取

---

18)　かつては「税制専門家は，少なくとも原則としては，公平な所得税制度の要件が包括的な課税ベースに対する課税であることには意見の一致をみている」という見方があった．Stone [1969] 参照．しかし，以前から批判的な意見がなかったわけではない．その代表的なものは税法学者ビットカーの意見である．Bittker [1967]．その後，1970 年代から支出税に対する支持者が増えたことは前節でふれた．

引そのものを事業としているか否かによって区別すべきだという議論がある．しかし，このような区別は曖昧なものであり，資本利得を所得から排除する実際的な基準としてはあまり役立たない．たとえば，株式の売買で資本利得を得る人は，もし1年のうち何回以上売買をすれば株式の売買を事業としているといえるのであろうか[19]．

もう一つの例として，政府の移転支出の場合をみよう．包括的な課税ベースという考え方からは，社会保障の給付も個人の所得に算入されることになるが，現実の税制においては，この種の給付は所得とみなされない場合がある．しかし，いま社会保障の給付を受けている人が自分の稼得した賃金をそれに加えることにより，全部を賃金で得た人と同一の所得水準に到達した場合を考えよう．この場合，社会保障の給付に対して課税されないとすれば，前者では一部分のみが所得と認定され，後者では全額が所得と認定されることになり不公平が生ずる[20]．

さて，このような包括的所得税は，日本の税制ではシャウプ勧告以来基本的な考え方として受け入れられ，1970年代まで税制改正の基本的な理念となってきた．いわゆる総合課税の原則は包括的所得税の考え方を端的に反映した表現である．包括的所得税は，系譜的には累進課税と結びついて提唱され，垂直的公平に適した税制といわれることも多い．現実に採用されている税目でいえば，所得税以外の税目は累進課税には適していない．最近広く採用されるに至った付加価値税も消費に関して比例税か多少とも累進度をもつ程度であり，その他の税目は，むしろ逆進的であるか（たとえば，個別消費税），あるいは転嫁・帰着が曖昧であるか（法人税）の場合が多い．この点では現実の税制にはないが，支出税は直接税であるので消費に関して累進課税が可能である．

---

[19] 日本の所得税制では，有価証券の売却益（資本利得の実現益）は税法上の解釈はともかく現実には取引額に手数料と同じ形で課税される有価証券取引税という形で課税されていたが，2000年度から廃止された．しかし，現在証券税制の改正として再び議論の対象となっている．

[20] 日本の場合は一部分非課税扱いになっているが，かなり高い水準の年金給付の控除がある．またアメリカにおいては失業保険の給付金が非課税であるため，勤労意欲を害するという意見が主張されている（6-1節で紹介したフェルドスタインの意見）．

租税特別措置(租税支出)　さて包括的な課税ベースは，そのまま現実の課税ベースになるわけではない．9-3 節でふれられる税務行政上からやむをえず非課税になる所得ではなく，政策上の目的からなされる租税特別措置がある．日本の税制でいえば，1988 年 3 月まで存続していた貯蓄の奨励のための少額貯蓄利子の非課税，郵便貯金利子の非課税，少額国債利子の非課税や現存する有価証券の譲渡益の非課税はその代表的なものである[21]．このような特別措置が包括的所得税の立場からすると公平の原則に反し，結果的に課税ベースの縮小を生ぜしめていることは明らかであろう．同一の税収をあげるのには課税ベースが包括的であればあるほど全体として税率は低くてすむのであり，税負担は軽くなる．逆に包括的な課税ベースが侵食 (erode) されると，残った課税ベースにかかる税率が高くなる．課税ベースの侵食は包括的所得税がもつ難点が反映されているともいえるが，結果的には所得税のもつ公平さを害していることは明らかであろう．

なお，このような課税ベースの侵食に関して，このような特別措置による税収減は支出増と同じ効果をもつとみて，租税支出(tax expenditure)と呼ばれることがある．この概念の創始者であるサリーによれば，租税支出とは「容認された純所得概念からの意図的な乖離と多くの特例的な人的控除(exemption)，控除 (deduction) や税額控除」であるという．この概念は，アメリカの予算においても採用され，その推計が発表されている[22]．

課税ベースの侵食に関してはペックマンの先駆的な推計があり，最近では先進諸国でその推計が試みられている．一例として，かなり古い推計ではあるが表 9-1 において筆者が試算した数値をアメリカのそれと比較しておきたい[23]．この表は，国民所得統計から導出された税法上の所得がどのようにして課税所

---

21)　有価証券の譲渡益を除くこれらの貯蓄優遇措置が廃止されるに至った重要な理由の一つは，最高限度額が事実上守られず，高所得者層によって濫用されていたことによる．
22)　租税支出については，Surrey [1973] 参照．もっとも，租税支出を現実の所得税のタックス・ベースに加えたものが，サイモンズ流の所得に合致するわけではない．したがって租税支出の概念には曖昧さがつきまとう．この点については，Goode [1977] 参照．
23)　なお所得階層別のタックス・ベース侵食の推計としては，石[1979]第 1 章参照．

表9-1 所得税のタックス・ベースの算定（日本とアメリカ，1970）

調整項目と各段階	日本 金額(10兆円)	日本 全体に占める比重	アメリカ 金額(10億ドル)	アメリカ 全体に占める比重
税法上の所得	50.1	100.0	677.4	100.0
マイナス申告されない所得	12.6	25.1	45.7	6.7
申告書に報告された所得	37.5[a]	74.9	631.7	93.3
マイナス非課税申告所得	3.6[b]	7.2	21.4	3.2
課税申告所得	33.9	67.7	610.3	90.1
マイナス控除	17.4	34.7	209.6	30.9
課税所得あるいはタックス・ベース	16.4	32.7	400.7[c]	59.2

1. 日本については，林健久・貝塚啓明編[1973]第11章において説明された方法で推定．アメリカについてはアメリカ商務省経済分析局のデータ参照．
2. 数字は丸めてあるので総計には一致しないことがある．
   a) 源泉徴収されているが申告しない被用者の所得を含む．b) 政府に報告されるが非課税の被用者の所得を含む．c) 非課税の個人の課税所得8億ドルは含まない．

得に縮小していくかを示している．日本とアメリカとを比較すると，前者におけるタックス・ベースの比重の小ささと申告されない所得の比重の大きさが対照的である．この差異は，日本では課税最低限が相対的に高いこと，クロヨンなどによる申告されない所得の存在などを反映しているとみられる．

9-3. 所得税(2)——課税標準・控除・税率——

すでに説明したように包括的な所得は，公平な税制が採用する課税標準としてすぐれた特徴をもっているといえるが，このような考え方をそのまま現実の税制に持ち込むことは簡単ではなく，とくに税務行政上困難を生ぜしめる．課税所得の決定のためには，経費・控除の範囲を確定する必要がある．また税率の構造をどのようにするかも重要である．この節では，これらの制度面の問題を説明する[24]．

---

24) これらの問題については，Goode[1976]がくわしい．またPechman[1987]の説明も明快である．なお，日本の文献では税制調査会の長期答申（とくに昭和43年・46年の答申）が参考になる．

包括的所得と現実の課税標準　　いま問題の整理のために，包括的な所得（Y_C）の評価を具体的に示せば次のようになる．

$$Y_C = G - E + S - K + A \qquad (9\text{-}1)$$

ここで G は資産の売却額以外の収入（粗受取額），E は G を獲得するための費用，S は資産の売却額（贈与や遺産として贈られた資産額を含む），K は売却された資産の取得費用，A は期中保有されていた資産価値の変動額である．

たとえば G には，帰属家賃（持家に帰属するであろう家賃）や現物給与が含まれるし，E には住宅の減価償却費，維持費，住宅ローンの利子支払額が含まれる．贈与や遺産は，サイモンズの主張のように G に含めることもできようが，S に含めることの方が多い．

包括的な所得の概念を適用する際の第一の問題は，経済活動の範囲を確定することについてである．たとえば，野菜を自分の庭で栽培している人の場合，これは所得（より具体的には G）に算入すべきであろうが，趣味として花を植えている場合にはどう扱うのであろうか．あるいは，家庭の主婦労働は，所得に算入すべきであろうかという問題である．

同じような問題は現物による給与についても生じる．たとえば社宅の提供の場合には，はっきりとした現物給与であるが，社用消費の場合には，はっきりしない．たとえば，気が進まないのに社用で顧客と食事を共にしたとして，社用交際費でその食事の費用が支払われた場合，これを全額所得に算入することは適切であるか否かは疑問である．

第二は評価の問題である．サイモンズの定義通りに正確な所得の測定がなされるためには，市場における売買価格を基礎にして評価がなされなければならない．とくに財産権の価値の変動（具体的には A）を正確にとらえるためには，このような評価が是非とも必要となる．しかし，財産権の一部についてはこのような評価が困難であり，推測に頼らざるをえないのである[25]．

このようにみてくると包括的な所得はいわば理想的な課税標準であり，現実の課税標準である所得はある程度これと乖離せざるをえないと思われる．そこ

---

25) 以上の論点は，すべてサイモンズ自身が指摘したところである．Simons [1938], Ch. 2 参照．

で次に，包括的な課税ベースに元来は含まれるべきであるが，さきに述べた理由によって，現実の税制においては非課税の扱いを受ける所得の代表的な項目をあげてみよう．

(A) 帰属家賃（imputed rent）　持家に帰属するであろう家賃は，包括的な課税ベースに含まれるべき項目であるが，その推定は必ずしも容易ではなく，したがって非課税の扱いを受けることが多い．しかし，北欧諸国，オランダ，イタリア等の所得税では推定による課税がなされていたこともあり実施不可能というわけではない．

(B) 社会保障給付　原則的には課税されるが，身体障害者に対する年金，遺族手当，生活保護手当や健康保険による保険金支払いは非課税である．非課税とする理由は，受給者が経済的にめぐまれないことによるものである．

(C) 資本利得（キャピタル・ゲイン）　すでに説明したように，資本利得は所得に含められるべきであるが，資本利得を的確に測定することは容易ではない．包括的な課税という観点からは，(9-1) の A に対応するように資本利得は発生したときに課税するのが適切であるが，実際の税務行政上からみるとその評価が困難なことが多く，現実の税制は，ほとんど実現した（売却された）ときに譲渡所得として課税される仕組みになっている．現実の税制はキャピタル・ゲインに対して多様な仕方で対応している．日本では有価証券については有価証券取引税の形で代用していたが，不動産については長期（10年を超える）と短期とに分けて分離課税をしている．長期の場合には特別控除ののち25％と30％の2段階税率で課税がなされ，短期では40％で課税されている．このような長期譲渡所得の扱いは元来資本利得はそれが発生したときに課税されるべきであるにもかかわらず，税務行政上の理由から実現益にしか課税されないことから生じている．すなわち，長期譲渡所得は課税された期間に所得が帰属すると（累進税率であるかぎり）税負担が重くなりすぎるからである．しかし，このような長期と短期の分け方も恣意的であって，果たして公平の原則にかなっているといえるかは疑問である．イギリスでは資本利得は分離課税で5万ポンド以上の資本利得に対して課税され，アメリカでは最近の税制改革

(1986年)で全額課税されることになったが，その後修正された．なお，ドイツやイタリアでは資本利得は非課税である．

　資本利得あるいは資本損失に対する課税が，利得が実現されたときにだけ課されるとするならば，資産を凍結して保有しつづける人はその限りでは課税されないことになる．このような場合，相続税あるいは贈与税は所得税に代わる役割を果たすのであり，所得再分配上重要な意味をもつ[26]．

　(D) 帰属困難な労働による所得　　次に，家庭内における個人的なサービス，とくに主婦の労働を所得に含めるか否かという問題がある．家庭内での個人的サービスは，もしそれが市場において提供されれば，賃金として支払われ，当然所得として勘定されることになる．しかし，この種の個人的サービスを客観的に評価することは極めて困難であり，非課税とせざるをえない．実際には，このような非課税による不公平は，それほど大きくないかもしれない．なぜならば多くの場合，個人的サービスの提供は，レジャーの犠牲を伴うのであり，通常，レジャーの消費は，所得の計算には含まれていないからである．

　以上，包括的な課税ベースには含まれるにもかかわらず，主として税務行政上の理由から現実の税制の課税標準とはなりにくい所得の例を示した．これらの所得が現実に非課税になるとすれば，結果的には包括的な所得からの乖離が生じ，所得税として不公平な課税が発生する．

所得税における経費と控除

　(A) 経費の算定　　所得は(9-1)式にも示されているように，その所得を獲得するために必要な費用を差し引いて得られる．資産から生ずる所得あるいは企業活動から生ずる所得については，この種の経費を算定することは比較的容易である．しかし，給与所得に関していえば，なにが経費であるか判定が困難な場合が多い．消費支出は多かれ少なかれ労働力の再生産に役立っているとすれば，消費支出と経費の区別は困難とならざるをえない．この結果，所得税制においては給与所得の経費に関しては厳格な取り扱いがなされ，経費として

---

[26] 支出税支持者は，とくに資本利得課税によって生ずる不整合を重くみている．

認められる項目はきわめて限定された項目にかぎられることが多い．しかし，給与所得の獲得のためには経費がかかることは否定しえないのであり，経費控除が容易な財産所得などと比較して不利になっている．さらに日本ではクロヨンに示される所得把握の差異もあって，日本の税制においては，給与所得に対して特に控除を認めている（最低保障額65万円から高所得に移るにつれて給与所得額の40％から5％にまで逓減）．この点に関しては積極的に経費を認めるべきであるという主張がなされることがある．たとえば，教育費用の控除，通勤費用の控除，共働き夫婦の家庭内のサービス費用の控除がその具体的な項目となっていて，1987年度税制改正では限定的であるが勤務費用の控除が認められるようになった．

(B) **所得控除**（personal deduction and exemption）　課税所得の算定に当って人的控除が設けられる理由は二つある．一つの理由は，課税単位が支出する費目のなかで，自分の裁量によっては容易にコントロールしえない費用があるという理由である．もう一つの理由は，所得税をすべての人々に対して課することは，最低生活を保障するという所得再分配政策の考え方に反するという理由である．これらの理由により，課税標準である所得から控除がなされるのが所得控除である．

自分で容易にコントロールしえない費用というのは，同じ所得を得ている課税単位でも被扶養者がいるか否か，また被扶養者が配偶者であるか，それとも子供であるか等によって定まってくる家計の費用である．現在の日本の所得税制では，課税単位を所得の稼得者とみているので，この所得稼得者の扶養する対象が配偶者であれば配偶者控除（38万円），その他の扶養親族（たとえば子供）であれば扶養控除（38万円）が認められる．

所得控除として，さらに特別な支出に対する控除が認められるのが通例である．医療費控除・社会保険料控除がその代表的な例である．これらの支出控除は，直接自分の意思によってコントロールしにくい支出に対する控除とみられているのである．日本の所得税制においては，これ以外に生命保険料控除・損害保険料控除が認められているが，所得控除固有の理由によるものとみること

は困難で，むしろ貯蓄の奨励という別個の政策目標をもった租税特別措置とみなされる．

　課税の最低限を設定するための控除は，日本の税制では基礎控除（38万円）と呼ばれ，いかなる課税単位も最小限基礎控除を所得から差し引くことが認められている．課税単位は多様な家族構成をもっているから，基礎控除に加えて家族構成に応じた人的控除を合算したものが個々の家計にとっての課税最低限となる．課税最低限は社会保障制度が保障する最低生活水準以下であることは望ましくないが，最低生活水準を超えてどこに水準を設定するかについては明確な根拠があるとはいえない．この点に関して最低生活水準を保障する公的扶助の制度を所得税制度と結びつけた方が，社会保障制度のもつ所得再分配機能と税制のもつ垂直的公平さが整合的に対応するので望ましいという見方があろう．負の所得税（negative income tax）はこのような着想の下で提案されたものである．

　税　　率　　ここでいう税率とは課税標準である所得から諸控除を差し引いた課税所得額に対する税率であり，したがって，課税最低限以上の課税単位に適用されるものである．課税標準である所得に対する実際の課税額の比率，あるいは税法上の所得に対する実際の課税額の比率（実効税率）は，課税所得に対する税率とは当然異なったものである．

　税率の構造をどのように決定すべきかは，いうまでもなく垂直的な公平がどのようなものでなければならないかという判断に依存している．水平的な公平については，どのような課税ベースをとるかについての意見の相違はあっても，大きな異論のない基準である．しかし，垂直的な公平がどの程度の税率の累進性を意味するかについて合意を得ることは困難であろう[27]．

　公平の原則との関係でふれておくべき論点の一つは，最高税率の問題である．

---

27) たとえば，Canadian Royal Commission on Taxation [1966]（『カーター報告』）の意見を参照．最近の租税理論は，累進度の増加と労働供給の減少（勤労意欲の阻害）とのトレード・オフを考慮に入れて社会厚生関数を具体的に指定して最適累進度を求めているがその政策上の意味づけについては第7章参照．

たとえば，日本の現行所得税制においては，5,000万円をこえる課税所得に対して37％というかなり高い限界税率が適用されていて，地方税（最高税率15％）である住民税を含めると50％という高率となる．しかし，このような課税所得を申告する人の数はきわめて少数である．このような現象は，元来高所得者が少ないということにもよるが，本来課税さるべき所得が控除や特例によって軽課されているか，それとも脱落しているからである．たとえば，有価証券の保有にともなう資本利得は，現行税制においては不十分にしか課税されていないので，かりに次節でふれるように，現行の法人税率（37.5％）によって法人段階において課税されているとみても，所得税・住民税の最高税率50％よりもはるかに低い税率で課税されていることになる．また利子所得・配当所得についても一律課税（20％）であるから，高額所得者の実効税率はさらに低くなるのである．同様な例は，日本ほど顕著ではないにしても，諸外国にもみられるのであり，形式的な税率の高さは，実質的な累進度の高さを示すとはいえないのである[28]．1986年のアメリカの税制改革（レーガン改革）では，累進度は大きく弱められ，15％と28％という二つの税率が適用されることになったが，他方ではタックス・ベースの拡大がはかられ，実質的な税負担の累進度では，むしろ改善されたとみられる．また本章の補論(1)で検討される簡素な税制という視点からは，むしろ比例税（線型累進所得税）を所得税として採用した方がよいという見方が有力になりつつある．

9-4. 所得税と法人税

前節までの議論においては，課税ベースはすべて個人（あるいは家計）の所得と考えられてきた．しかし現実の税制においては，法人所得を課税標準とする法人（所得）税が大きな比重を占めている．たとえば，2000年度でみると

---

[28] レーガンの税制改革以前のアメリカについては，実際の申告書をサンプルにとって，実効税率がどの程度であるかについて調査がなされている．この調査によれば年収20万ドル弱のところからは，実効（平均）税率は横ばいであり，その重要な要因は，資本利得の軽課や所得控除の利用にある．この点については，Goode [1976], Ch. 9を参照のこと．日本については石氏の推計によれば2,000万円以上の収入から実効税率は低下傾向にある．石[1979]第1章．

国税収入の 22.3％が法人税であり（Ⅲ．序論表 1 参照），個人所得税よりはかなり低いとはいえ大きな比重を占めている．同様な事情は諸外国でもみられるわけであり，税体系における法人税の位置づけ，とくに公平の原則からみた位置づけを避けて通ることはできない．もっとも法人税に関する議論は多様であり，定説というものはないといえよう．そこで以下，ややバイアスがあることを承知の上で筆者の見解を示しておきたい．

法人税の基本的性格　個人とは独立に法人に対して法人税を課す根拠はなにかという問題については古くから議論があり，現在においてもこの問題に結着がついているわけではない．たとえば，法人は元来擬制的なものとして考えられてきたが，社会的にみれば大きな影響力をもつ存在であるから，その実在を無視するわけにはいかないという考え方がある．この考え方にしたがえば，個人とは別個に法人が負担する税があってしかるべきであるという見方がありうる[29]．

このような見方の可否を直接論ずることが生産的であるか否かについては疑問がもたれることがある．たとえば，サリーは二つの見方の可否を論ずることを租税神学（tax theology）と呼んでいて，法人税のシステムの評価は税負担の配分，成長，貯蓄，投資やその他の財政的・社会的視点を考慮に入れて租税体系全体への影響からなされるべきと主張している[30]．

しかし，筆者は次のような点で法人擬制説的な見方に賛成する．すでに強調したように課税の公平性という点からは，税負担の配分は経済力に応じてなさ

---

[29]　たとえば，日本の税制調査会の昭和 43 年の長期答申は，まわりくどい表現ではあるが法人実在説をとっている．「当調査会としては，むしろ法人税を企業独自の負担と考えるような社会的意識や近年の税制の歩みを端的に認め，社会・経済の実態に即応したわかりやすい税制の仕組みを確立するという見地から，今後の法人税の基本的な姿を長期的視野に立って描くことが肝要であると考え，このためには，法人税は株主の所得税の前払いとしてではなく，法人の独自の負担であると認識し，企業の純利潤を株主の負担とは切りはなした企業独自の負担力の指標と考える方向で検討することが適当と認めたのである」（「昭和 43 年税制調査会長期答申」19 頁参照）．

[30]　Surrey [1975].

れなければならない．この場合，経済力をもつ主体は個人あるいは自然人であり，これ以外のものではないと考えられる．法人その他の経済主体の負担能力を考えること自体奇異な議論にみえる．たとえば，水平的公平と垂直的公平を法人について認めて累進課税を行ない，また課税最低限を設定することが意味をもつのであろうか．このように考えると，税負担はあくまで個人のレベルで考え，個人の経済力に対して負担の適切な配分にもとづいて租税体系を組み立てるべきであろう[31]．そこで以下，このような視点から個人所得税とは独立に法人税の存在を正当化する議論の問題点を指摘しておこう．

法人税を正当化する議論の一つとして，法人形態で企業活動を行なうことが特権（privilege）であり，そこから生ずる利益に対する対価として法人税が課税されるという議論がある．しかし，このような議論が，果たして現実に妥当するかどうかは大いに疑問がある．この議論は法人形態をとるのが特権であること，すなわち法人形態をとることに何らかの制約があり，いわば法人への参入がある程度阻止されていることを前提している．しかし，現在とくに日本においては個人業主から法人形態へ移ることはきわめて容易であり，このような前提は満たされがたいように思われる．さらに，かりにこのような前提が満たされていたとしても，特権によって生じた利益は誰か特定個人に帰属するから，所得税による課税で十分カバーされるはずである．

さらに，法人税を正当化する議論として，法人が政府支出の利益を受けているから，その対価として法人税を支払うべきであるという考え方がある．あるいは逆に，法人は社会に公害などの経済的損失を与えているから，これを補償するものとして対価を支払うべきであるという考え方がある[32]．しかしこのような考え方は，すべての企業に税を課するのならばともかく，法人形態の企

---

31) マクリュアーは，このような見方を Conduit View（導管説）と呼んでいる．McLure [1979]．また McLure [1975] も参考になる．
32) 企業が外部不経済を他の経済主体に与える場合には，公害税やその他の抑制方法がとられる．しかし公害税を直ちに現行の税制に組み入れることには問題がある．なぜならば，不経済を与える主体がはっきりしていれば，不経済の程度に応じて課税すべきであり，一般財源としての税目とはならないからである．なお環境税の税制における位置づけについては貝塚 [1995] 参照．

業にのみこれを限定することを正当化するものではない．また法人が受ける利益に対する対価に見合う課税は，利潤よりもむしろ生産量を課税標準にとるべきだという議論も成り立ちうる．また法人の利益は結局，株主等の個人に帰属するのであるから，所得税を課することによって徴収することができる．

　法人税は，法人所得（法人利潤）に対する課税であるが，多くの場合法人所得は，法人が利用する資本への対価（資本所得）と理解されている．第8章第5節で説明されたハーバーガーによる帰着の分析は，このような前提にもとづいている．

　これに対して，法人所得を法人の粗収入（売上高）から，すべての投入費用（資本への対価を含む）を差し引いた純利潤をみる見方がある．これは，第6章の補論で示された法人税の見方であり，いわば，限界的な投資がすべて借入金で調達され，また経済的な減価に応じて減価償却がなされている場合である[33]．

　いずれにしても，法人税の基本的性格は，法人の資金調達の形態にも依存していることは確かであり，法人税の性格づけは，簡単ではない．しかし，以下では，資本所得に対する課税とみながら，法人税をめぐる問題を検討しよう．

転嫁と法人税　さて，法人税の問題は転嫁の問題と無関係に論ずることができない．転嫁についてはすでにくわしく取り扱ったが，法人税の性格との関連で言及しておく必要がある．いままでの議論においては，法人税の負担は形式的には法人所得にかかるが，実質的に誰が負担するかについては特に言及しなかった．法人の所有者は株主であるから，負担が転嫁されずにこの株主が法人税をそのまま負担するとみる見方が当然成立する．しかし，法人税の負担が転嫁される場合もありうる．たとえば，法人企業は法人税が課されたときに自分の製品価格を高くすることによって法人税の負担を製品の買い手に転嫁する（前方転嫁する）ことができる．この場合には，法人税は法人企業のみに課された売上税に近い性格をもつことになる．さらに法人税の負担は，法人企業に

---

[33] Stiglitz [1976] 参照．

雇用される労働者の賃金を引き下げることによって労働者に転嫁される（後方転嫁される）こともありえよう．この場合には，法人税は法人企業において雇用される労働者に対する賃金税という性格をもつことになる．法人税の転嫁に関しては定説がないので，どのようなケースが妥当するかはっきりしないが，所得税と法人税の共存は転嫁が生ずればいずれかの経済主体に二重課税をもたらすこととなり，公平の原則に反する[34]．

いま法人所得がすべて配当として株主に支払われるとすれば，これを法人所得の段階で課税するか，それとも個人所得として受けとられた段階で課税するか，どちらか一方の課税方法をとることによって一応は二重課税を避けることができる．もっともこの場合でも法人所得税の税率と個人所得税の税率が異なれば不公平が生ずる．したがって，このような不公平を生じないような課税方法が考案されねばならない．さらに一部が内部留保されるならば，内部留保が株主のキャピタル・ゲインになり，所得税のキャピタル・ゲイン課税との関連が吟味されなくてはならない．

以下，日本の法人税制を念頭において，法人税が転嫁しないとしたときに二重課税が生じていることを簡単な数値例で示そう．

まず，現行税制において法人税の負担が個人にどのように帰属するかを，課税最低限以下（限界税率0％），20％，50％の限界税率の人々を例にとって説明する（表9-2参照）．100の法人所得が発生して，全部内部留保したときとすべて配当したときをとると，現在の法人税では，同じ税率で37.5％の課税がなされ，表9-2のようになる．日本の所得税では，有価証券の資本利得は非課税とみてよいから，内部留保の発生が株価を引き上げたとしても所得税の課税対象にはならない．したがって個人の段階でみれば，表9-2の左欄のすべて内部留保の場合の超過税額に示されるように，低所得者の税負担は重くなり，高所得者層は負担が軽減される．すべて配当の場合には，低い所得の人々は源泉課税20％であり，高所得の人々は総合課税であるから，表9-2の右欄の超

---

[34] もし法人税が完全に前方転嫁されるとすれば，法人が税を負担しないのであるから，法人実在説を主張する意味はなくなる．

表 9-2 現行法人税制と二重課税

	すべて内部留保			すべて配当		
所得税率(%)	0	20	50	0	20	50
法 人 所 得	100.0	100.0	100.0	100.0	100.0	100.0
法 人 税	37.5	37.5	37.5	37.5	37.5	37.5
純法人所得	62.5	62.5	62.5	62.5	62.5	62.5
配 当	...	...	...	62.5	62.5	62.5
留 保 所 得	62.5	62.5	62.5	...	...	...
配当への所得税	...	...	...	12.5	12.5	31.25
資本利得課税	0	0	0	0	0	0
課 税 総 額	37.5	37.5	37.5	50.0	50.0	68.75
超 過 税 額	37.5	17.5	−12.5	50.0	30.0	18.75

過税率に示されるように,税負担はどの階層でも二重課税となり累進度はやや軽減される.

　次に極端なケースとして古典的な法人税——法人の完全な独自性を認めまったく調整を行なわない場合——と,逆に所得税と法人税を完全に統合した場合を例示しておこう(法人税率は簡単化のため内部留保と配当に差異を設けず40%と前提).古典的法人税の場合には(表9-3の左欄),内部留保されれば,キャピタル・ゲインは非課税なので高所得者の負担は軽くなること,また,配当されるときには完全に二重課税になることがはっきりしている.また完全統合の場合には(表9-3の右欄),税引後法人所得は同額個人に帰属され,税負担分を含めて総計されて(グロス・アップされて)個人所得が計算され,法人税部分が控除され最終的には所得税の累進的負担がそのまま維持されることとなる.

　二重課税の調整　現実の先進諸国の法人税制は多様であるが,ほぼ古典的法人税に近いのはアメリカである.逆に完全統合されたケースはない.調整が行なわれているときには配当のみに関して適用されている例が多い.そこで以下配当の二重課税を避ける税制上の措置をここで説明しておこう.基本的には二つの調整方法がある.

　第一の方法は,法人税の課税標準から配当分を除き,配当には個人所得とし

表 9-3 古典的法人税と完全統合の場合

	古典的法人税				完全統合	
配 当 率 (%)	0	0	100	100	…	…
所 得 税 率 (%)	20	50	20	50	20	50
法 人 所 得	100	100	100	100	100	100
法 人 税	37.5	37.5	37.5	37.5	37.5	37.5
純 法 人 所 得	62.5	62.5	0	0	62.5	62.5
配 当	0	0	62.5	62.5	…	…
グロス・アップ	…	…	…	…	37.5	37.5
個 人 所 得	0	0	62.5	62.5	100	100
所 得 税	0	0	12.5	31.3	20	50
税 額 控 除	…	…	…	…	37.5	37.5
純個人所得税額	0	0	12.5	31.3	−17.5	12.5
全 税 額	37.5	37.5	49.5	68.8	20	50

て課税する方法である（支払い配当損金算入方式と呼ばれる）．第二の方法は，配当所得の段階で調整する方式である．

　この第二の方法には細かくいえば四つの種類がある．第一は源泉徴収を利用するもので，法人段階で徴収された税額を個人所得の段階で還付する方式である（法人段階源泉課税方式と呼ばれることがある）．第二は個人の所得から配当の全部あるいは一部分を控除する方式であり，第三は配当の額に対して一定比率をかけて税額から控除するという方式である．第四は配当金額のみならず配当に見合う法人税額の全部または一部に相当する金額を株主の他の所得と加算して所得税を算定し，加算した法人税額分を税額控除する方式である．現在ヨーロッパ諸国（イギリス，フランス，ドイツなど）で採用されているグロス・アップ方式あるいはインピューテーション方式は第四の調整方式をとっている．

　このうち第一の方式は二重課税を完全に相殺しうるが，その他の方式では個人所得税の税率とのくい違いがあって，相殺は完全でない．日本の税制では，従来ここでいう第三の方式をとって二重課税を一応排除していたが，ある時期からこの配当控除の比率を下げたので調整は不完全となっている．カナダの『カーター報告』は，配当分のみならず留保利潤の分まで株主に帰属させ法人税額を還付させる完全統合方式を提案し，注目をあびたが，実際には採用され

るにいたらなかった[35]．

さて，現在の法人企業の慣行では，いま述べたような法人所得がすべて配当として株主に支払われることはなく，一部分は内部留保として企業に蓄積されるのが普通である．したがって内部留保に関していえば，少なくとも株主は要素所得としての支払いを直接受けているわけではない．しかし，法人企業の株式は，市場価値をもつものであり，この市場価値は，租税のない世界においては，利潤が内部留保されるか，それとも配当に当てられるかの如何を問わず，利潤の大きさそのものによって決定される．いま税（法人税）が配当のみに課税され，内部留保分に対して非課税であるとし，さらに日本の税制のように資本利得に対して個人所得税は課されないとしよう．この場合，表9-3で示されたように限界税率の高い株式の所有者にとっては，同じ税引き前利潤の増加を生ずる企業であっても内部留保の比重が高ければ高いほど有利になる．なぜならば，配当分には法人税が課されるが，内部留保分は課税されず，内部留保の増加によってもたらされる株価の上昇，つまり資本利得には課税されないからである．したがって，配当のみに課税される法人税は，資本利得が課税対象でないような不完全な所得税制の下では，内部留保を通ずる租税回避を導くことになりやすい．

前節においてくわしく検討したように，所得税の立場からすれば公平という観点から所得は当然包括的に課税されなければならず，資本利得に対しても当然課税されねばならない．もし資本利得に対する課税が完全に行なわれているならば，法人税が配当のみを対象とし，内部留保を非課税のままにしておいても差支えない．しかし，現実の税制においては，キャピタル・ゲインに課税されたとしても，未実現の資本利得は課税されないのであるから，配当のみを課税対象とする法人税は，株主の未実現の資本利得を通ずる所得を非課税のままに残すという結果をもたらす．所得税を租税体系の中心におくとすると，内部留保をも課税対象とする法人税は，個人所得税の不備の故にその存在が正当化されるのである．

---

35) Canadian Royal Commission on Taxation [1966].

これまでの議論は，直接税として所得税が課税されているという前提のもとで法人税の問題をとりあげたが，かりに直接税として支出税が採用されているとすれば法人税の地位はどうなるのであろうか．原則的には，支出税は消費支出をタックス・ベースとするから，法人所得への課税は不要になる．しかし，法人税の廃止が大きな税収減をもたらすとすれば，経済活動に中立的な法人税，すなわちキャッシュ・フロー法人税の採用が考えられる[36]．

9-5. 消費税

すでに触れたように，最近の租税理論では，消費をタックス・ベースとする課税に対する賛成論が多数を占めている．アメリカの場合には，直接税としての支出税の支持者が断然多いが，ヨーロッパ諸国，さらにはラテン系諸国では，間接税としての消費税が支持され，現行の税制において税収からみても，重要な地位を占めている．日本では，1986年のいわゆる抜本改革によって消費税が導入され，今日に至っている．ここでは簡単に消費税の仕組みを説明し，その今後を展望する．

消費税は，系譜的には，ヨーロッパ大陸において古くから採用されていた累積売上税を引き継ぎ，これを合理化したものである．今かりに特定の財が製造段階・卸売段階・小売り段階という三つの段階を経て，消費者の手に渡るものとする．累積売上税は，各段階で同じ税率（たとえば，10％）を課税し，次の段階では，この税込み価格に上乗せして，最終的に消費者に販売される．一例として次の表9-4では，製造段階で6,000円の付加価値，卸売段階で2,000円の付加価値，小売り段階で2,000円の付加価値で最終的に10,000円の付加価値で消費者がこの財を購入する．ここで累積売上税は，各段階の売上高に10％ずつ上乗せされて，最終的には，課税が累積されて，26.06％という税率を消費者が負担する．

この累積売上税は，企業が垂直的に統合することで節税できるという点で中立性を損なうという欠点をもつ．さらに自由化された貿易の下では，各国の税

---

[36] Institute of Fiscal Studies [1978]，野口[1986]，宮島[1986]を参照．

表 9-4　累積売上税

製造段階	6,000 (円)	付加価値
	+ 600	税
	6,600	売上額 (仕入額)
卸売段階	+ 2,000	付加価値
	+ 860	税
	9,460	売上税 (仕入額)
小売段階	+ 2,000	付加価値
	+ 1,146	税
	12,606	売上額 → 消費者

表 9-5　付加価値税

製造段階	6,000 (円)	付加価値	600
	+ 600	税の部分	(税支払額)
	6,600	売上額	
卸売段階		税抜き	800
	6,000	仕入額	− 600
	2,000	付加価値	
	+ 800	税の部分	200
	8,800	売上額	(税支払額)
小売段階		税抜き	1,000
	8,000	仕入額	− 800
	2,000	付加価値	
	+ 1,000	税の部分	200
	11,000	売上額 → 消費者	(税支払額)

率が異なれば，競争条件が不均一になる．そこで，ヨーロッパ共同体を形成する際に，この種の欠点を持たないフランスが創始した付加価値税が採用され，現在の消費税となった．表9-4と同じ付加価値の形成に付加価値税を適用したものが表9-5である．付加価値税の下では，各段階の付加価値に対して10％の税率が適用され，前段階の課税が控除されるので課税の累積は避けられ，輸出の場合にもその段階までの課税額を還付することで付加価値税抜きの輸出価格で競争ができる．1988年に導入された日本の消費税は，付加価値税のように前段階の税額の控除が明示的に組み込まれていない点や非課税の企業規模が高過ぎることなどで問題点は残っているが，基本的には，付加価値税と同じ課税方式である．

補論(1)　簡素な税制

1986年のアメリカの税制改革（レーガン改革）に典型的にみられるように，1980年代になってから税制の満たすべき要件として簡素さ（simplicity）が重視されるようになった．簡素さの要件は，これを効率性や公平さに分解することもできないわけではないが，ここでは，独自な要件として説明を加えることにしたい．従来の効率性や公平さの議論においては扱われなかった新しい税制の要件が簡素さに焦点を合わせて問題になっているからである．最適な租税システム（あるいは租税制度）は，簡素さの要件を充たしてはじめて現実の提案として説得力をもつ[37]．

簡素な税制とは，課税を行なう際の行政コスト，すなわち税務行政コストが小さく，また納税者にとっての手間，すなわち納税に伴うコスト（納税協力費用）が少なくてすむ税制である．これらのコストは，税制が存在することから発生する一種の取引費用とみることができる．すなわち，この種の取引費用があまりに高いと税金は現実には支払われなくなる．すなわち，節税や脱税が発生する．以下，税務行政コストと納税者にとってのコストを具体的に説明し，簡素でない複雑な税制がもたらす節税と脱税の弊害，所得税と簡素さの要件との関係を分析する．

税務行政コスト　　わが国の税務行政コストは明示的には国税庁の支出額であり，2001年度決算において6,904億円であり，国税庁の扱う税収の1.40％に見合っている．比率は，1985年度には1.41％，さらにさかのぼれば1960年度には2.32％であったから，この意味では行政効率は高くなったといえよう．アメリカの内国歳入庁（Internal Revenue Service）はその課税に関して税収の0.5％（1999年）の徴税コストしかかけていないから，アメリカではさらに低いといえよう．しかし，この数字だけから税務行政が効率的であると判

---

[37] この点はスレムロッドは徴税技術の問題としている．Slemrod [1990]参照．

定することはできない．納税者にとっての手間，すなわち納税協力費用 (tax compliance cost) が考慮されなくてはならないからである．

納税協力費用　現在の税金の支払いは，申告納税制度と源泉徴収制度の二種類の仕方でなされる．前者は納税義務者が自ら申告することで税額が決定され，税が支払われる制度であり，たとえば所得税における個人業主の納税がそれである．後者は所得の支払者が納税義務者に代わって税を徴収し，税を納付する制度である．たとえば，給与所得の支払者である企業が給与所得者に代わって所得税を納付する場合である．

納税協力費用とは，申告納税の場合には種々の記録，会計的計算，税額の算定などにかなり時間をとられることを指す．特に複雑な税制の下では，素人に近い納税者にとっては手間は小さくない．所得の高い納税者は税理士など専門家に依頼することもできるが，当然のこととして費用が高くつく．他方，源泉徴収制度の場合にも支払者にとってコストが発生するが，多くの場合，支払者はこの種の仕事に熟練した人々を雇用しているのでコストはそれほど大きくないといえよう．

日本の場合，納税協力費用に関する推定は行なわれていないが，イギリスとアメリカの例があるので紹介しておこう．

イギリスでは所得税の大部分は源泉徴収制度で課税されているが，納税者 (支払者を含む) のコストは，納税者へのアンケート調査により税収入の1.9％から3.4％と推定されている[38]．(税務行政コストが1.5％程度とみられるから，全体としての課税に伴う取引費用は3.4％から5％弱ということになる)．

アメリカの場合には，申告納税に全面的に依存しているから，イギリスよりももっと数字は大きくなる．1989年の申告に関するアンケート調査から推定された例では，申告のために平均して27.4時間が当てられている．さらに税理士に平均60ドルの手数料を支払っている．両者を合わせて全米の納税者に

---

[38] Sandford [1973] 参照．

拡大すると，連邦と州の所得税収の7％程度のコストとなる[39]．この数字は，やや高目のバイアスをもつとされているが，税務行政コストを含めると無視できない額となる．資源配分上の超過負担に加えてこのような機会費用をなるべく抑制することは租税政策上の重要な課題となる．

節税と脱税　納税協力費用と税務行政コストと密接に関係しているのが租税回避，あるいは節税（avoidance）と脱税（tax evasion）である．節税とは税負担を免れようとする合法的な行動であり，脱税とは税負担を欺こうとする違法な行動であり，両者は一応分けられる．

節税は，納税者が完全な情報をもち，手間がかからなければ，当然行なわれる行為である．しかし，納税者は税制に関してくわしい情報をもっているわけでもないので，例外的な措置である租税特別措置などが数多く認められている複雑な税制であればあるほど（納税協力費用が高ければ高いほど），完全な情報をもつことは困難になる．また，租税回避のためには取引の仕方をかえなければならず，手間（取引費用）が余分にかかる．おそらく高額な所得者ほど税理士などに依頼して租税回避を容易に行ないうるであろうから，節税は納税者に公平に利用可能というわけにはいかない．

脱税は，古くから課税に伴って生じてきた現象である．納税協力費用が高くなれば脱税の傾向が強められ，脱税を抑制しようとして徴税費（税務行政コスト）が増加することになる．もっとも，納税者のもつ租税への協力度（あるいは義務感）が脱税をある程度左右するが，かなり協力度が高いといわれるアメリカでも最近は脱税の問題は重要視されている．アメリカ内国歳入庁の見積りでは，1992年に所得税と法人税において約1,284億ドル（税収の約18％）の脱税があり，それは1973年以降，年率15％で増加してきたといわれる．日本についていえば，いわゆるクロヨンの問題は脱税と関連しており，また1988年度まで利子非課税の特例の対象となっていた少額貯蓄・郵便貯金の限度額濫用も脱税の問題である．

---

39)　Slemrod [1996] 参照．

脱税は税務行政を厳しくすることによって抑制しうる．しかし，税務行政を厳しくすることは（たとえば，より多くの資料の要求）は，納税者にとって不便となり，脱税しようとする納税者のみならず，いわば正直な納税者にとって手間をかけることとなる．また，経済活動においては，税率（税負担）に敏感な活動とそうでない活動があり，均一に税率をかけるよりも，敏感な活動については暗黙のうちにある程度脱税を認めた方が効率がよくなるということがある．いずれにしても，単純に徴税を厳重にすれば税務行政コストが低下するわけではない．

脱税の存在が不公平さをまねくことも確かである．すなわち，正直に申告した納税者と脱税を行なった納税者との間では，同じ所得でも税負担が結果的に異なる．この場合も脱税に対して罰金を高くすればよいとは単純にいえない．高い罰金は，脱税に成功した人々と成功しなかった人々との水平的不公平をさらに拡大する．また納税には錯誤がつきものであり，脱税と見分けがつきにくい錯誤による納税に高い罰金を課す場合も生じうる[40]．

以上，節税と脱税について説明したが，この分野の研究は未だ十分ではないので，いくつかの問題点をあげるにとどめたい．

所得税と税制の簡素さ　包括的な所得税は，現実の税制として適用される際には，主として税務行政上の理由，すなわち税務行政コストが高くつくことから便法を使わざるをえなくなることは9-3節でふれた．その典型的な例は，資本利得の場合であって，実現益でしかも低率で課税することになる．このような場合，資産運用者にとっては，できる限り未実現での資本利得の形で資産を運用し，借入れ，から売りなどの金融操作を行ない，実現益に対する課税を避けようとする，すなわち節税への誘因が強く働くのである[41]．この場合，金融上の規制や税制上の節税防止は，ある程度有効性をもつとしても，完全に

---

40) Skinner and Slemrod [1984]参照．
41) スティグリッツは，もし完全な資本市場を前提すれば，資本利得はすべて租税回避され，勤労所得さえも節税されうるという結果を示している (Stiglitz [1985])．わかりやすい説明としては Stiglitz [1988], Ch. 24 を参照．

節税が防げるわけではない．これらの規制や防止策は税制をますます複雑なものにするであろう．そして，節税を利用する人々は取引費用が相対的に低くて済む高額所得者にかぎられ，水平的公平のみならず，垂直的公平が阻害されることになる．

　資産所得には，利子・配当所得などのように包括的所得として税務行政上確定しやすい所得があり，これらの資産所得と資本利得との間に課税の水平的公平を満たすことは困難になる．さらに，金融資産には年金のように長期的に運用される資産があり，1年毎に課税所得を明確に確定することが困難な資産所得がある．このようにみてくると，包括的所得税の有効性は金融資産がどの程度多様化され，金融商品が自由化されているかに依存することになる．

　もっとも現在租税特別措置と呼ばれているものは，節税の誘因をさらに強めることとなり，特定の租税特別措置の廃止がむしろ税制を簡素にし，公平さを強めることは考えられる．しかし，税務行政上のコストが高くつくことからして，税制に便法を認めることが公平さを害し，逆に無理に公平さを確保しようとすれば税制の簡素さが失われてマイナスになるというケースがあることは，資本利得課税については明らかである．

　このようにみてくると，資本利得への課税の困難さが所得税のアキレスの腱であることは否定しえない．資本利得は，資本所得の一つであり，所得税の課税対象として公平に課税されるべきであるとしても，納税者からみれば，その課税は自分の裁量によって決めることができる．たとえば，資本利得をいつ実現させるかによって，負担を変えることになる．また，この負担は，多くの場合，資本利得の実現を延ばすことによって軽くなる[42]．

　税務行政上からみると，所得税の対象となる所得は，経済取引の記録がそのまま所得となるのではなく，新しく算定を必要とする．この意味では，納税者にとって余分の手間となる．特に，資本利得は，売却益を算定しなければならず，過去の取引記録を必要として，納税協力費用が高く，簡素な税制とはいえ

42）資本利得に対する軽い税負担や借入金利子の控除を利用して，借入を行ないながら税負担の軽い資産への運用を図る行動を租税裁定 (tax arbitrage) と呼ぶことがある．Steuerle [1985] 参照.

ない.

　すでに説明された支出税は, 現金ベースで見た (キャッシュ・フローで見た) 支出 (収入マイナス貯蓄) を課税標準とするのであるから, 税務行政上は問題は大きくない.

　なお, 日本の所得税制については, 源泉徴収 (たとえば, 給与所得者の場合には雇用者が賃金を支払うときに課税・徴収) による場合と申告納税 (たとえば, 個人業種の所得) とでは, 所得の把握に差があり不公平との議論がある (いわゆるクロヨン問題)[43]. しかし, この問題は, 元来申告納税に伴う納税協力費用や税務行政コストの高さを反映しているのであり, アメリカなどにもみられる現象であることを考えると所得税固有の問題であろう.

　最後に, 所得税以外の税目について, その簡素さについてふれておく. 直接税である支出税についてはすでにふれたが, 仮に収入から差し引く貯蓄が正確に控除されずに消費が過大となっても, 後日収入が過小評価されて, 生涯所得としては差異がなくなることを付言しておこう. また, 法人税については, 法人形態をとるかぎり, 所有者である株主の所得税負担と法人税の税負担とは別のものになるので, 所得税の節税・脱税の傾向は大きくなかろう. また, すでに説明した消費税などの間接税は, 納税者 (税の支払者である業者) と税の負担者 (買手である消費者) とが異なる主体であるので節税・脱税のインセンティブは小さく, 取引に即して課税がなされるので納税者にとっての手間も小さい.

---

43) クロヨンの実証研究については, 石[1981], 本間・井堀・跡田・村山 [1984] 参照. なお, アメリカについては, Slemrod and Bakija [2000] Ch.5 参照.

補論(2) 税制改革

1980年代になってから，先進主要国において税制改革の機運が高まり，特にアメリカにおいて20世紀に入ってから最大の改革といわれるレーガン大統領による税制改革が1986年に実施に移されるに至った．その後も先進主要国においては，多少の税制の手直しから，新税の導入を含めて様々な改革が進みつつある．日本の場合には，1988年の税制改革に関する基本的論点を概観しておきたい[44]．以下，税制の歴史的背景，消費税導入を行なった1988年の税制改革を中心に説明を加える．

税制の歴史的背景　税制改革については，それぞれの国の税制の歴史的発展を無視して議論することはできない．そこで最初に第二次世界大戦後の日本の税制の発展をごく簡単に跡づけておく．

戦後の日本の税制の出発点は，1949(昭和24)年・50(昭和25)年のシャウプ勧告であった．シャウプ勧告は，当時の占領軍の依頼により，コロンビア大学のシャウプ教授を団長とする財政専門家が勧告した税制改革案であり，当時のアメリカ財政学界の主流的な考え方，すなわち，包括的所得税を税体系の中心におく考え方(所得税中心主義)を採用した．すなわち，この勧告は理念として公平を重視し，その実現のため納税者の意識を高める申告納税を定着させることを狙ったものであった．シャウプ勧告の具体的内容としては，(1)資産所得課税とキャピタル・ゲイン(実現益)全額課税を含めて総合課税を行なうこと，(2) 20%から55%という累進度をもつ所得税率を採用し，高所得者層には資産税(富裕税)を課税すること，(3)間接税としては，酒・たばこ・ガソリンに対する個別消費税と，奢侈品(ぜいたく品)に対する物品税の課税を認め

---

[44] 1980年代前半の日本の税制改革の方向に関しては，野口[1986]，宮島[1986]を参照．その後の税制改革に対する評価としては，藤田[1987]，貝塚[1991a]第4章を参照．なおシャウプ勧告の評価については Kaizuka [1992]を参照．

たのみで，一般消費税の採用は認めなかったこと，(4)税務行政上の改革，すなわち，偽名・匿名預金の禁止，株式登録の強制，青色申告制度の導入などの提案である．

シャウプ勧告は，1950年の税制改正に盛り込まれたが，その直後から包括的所得税の原則がくずれて現在にまで至っている．消費税導入が組み込まれた1988年の税制改革までのその後の税制の主な推移は，次のようにまとめられる．①所得税の分類所得税化あるいは賃金所得税化．1951年に利子の源泉分離選択課税が復活し，利子所得への総合課税の原則がくずれ，1953年には有価証券のキャピタル・ゲインが非課税となった．利子所得課税についてはその後一時完全に非課税の時期もあったが，9-2節においてもふれたように郵便貯金と少額利子非課税制度（マル優）が濫用された結果，利子所得への一律分離課税が実施される直前（昭和61年）には利子所得の60％前後が非課税となっていた．②個人事業所得に関する節税（tax shelter）の拡大．シャウプ勧告は，申告納税の定着を重視し，青色申告制度が採用された．しかし，この制度における青色専従者給与（たとえば，家内労働者としての配偶者への所得を給与として支払うこと）への制約がなくなり，さらに事業主の所得も報酬として給与に準じて支払われること（みなし法人課税における事業主報酬制）になると，もっぱら個人業主の節税に利用されるようになった．さらに同族法人化による節税の機会を含めると個人事業的な所得に対する課税の軽課に利用されて，補論(1)で説明したクロヨン問題の背景となる．③所得税の累進度の強化．シャウプ勧告時の20％から55％の8段階から昭和57年には10％から75％までの19段階となり，消費税導入前では10.5％から60％の13段階であった．累進度の強化は，富裕税の廃止に伴った措置であったとはいえ，資産所得の軽課と個人事業所得の節税機会を考慮に入れると，高い累進度は主として給与所得に限られることとなった．④法人税の動向．法人税に関しては1950年代半ば〜60年代（昭和30年代〜40年代半ば）にかけて，輸出振興や資本蓄積の促進という目標のため，減価償却における優遇措置（主として初年度償却）や非課税引当金・準備金などの創設によって租税特別措置が拡大され，法人税の実質

的な負担は軽くなった．その後 1970 年代に入ってから租税特別措置の縮減がはかられ，税率も 43.3％（昭和 59 年）と引き上げられた．税率構造は，中小法人を考慮した二段階税率となっているが配当分と留保分との税率の差異はなくなった．

　いくつかの問題点　消費税導入以前の税制，すなわち，1970 年代と 1980 年代半ばまでの日本の税制は，どのような問題点をかかえていたのであろうか．ここでは，その問題点のいくつかをあげ，1988 年の消費税導入を中心とする税制改革がどこまでこれらの問題点を解消させたかを検討し，今後の税制改革の課題を明らかにしておこう．

　(1)　強い累進性．1980 年代後半には，所得税は，最低の限界税率が 10.5％から最高限界税率は 60％であり，ほぼ同じ課税標準をとる地方税である住民税が 4.5％から 19％までの限界税率をとっているから，二つの税を合わせると，最低の限界税率は 15％から 79％ということになる．このような累進性の高さが現実に公平な課税であったかといえば，利子所得課税が不十分であったことから実効性をもたなかったといえよう．他方，給与所得については，年功序列賃金となっている日本の賃金体系の下では，中高年層の所得税負担が高くならざるをえない．生涯所得に対する課税の公平性からみれば，このような累進度の高さは疑問があった．

　(2)　法人税は，1987 年では，留保分に対して 42％，配当分に対して 32％であり，平均的にみても，40％を多少下回る税率であった．当時の先進諸国は，アメリカの税制改革が示しているように，法人税率の引き下げが重要な課題であった．なお，アメリカでは最高税率は，46％から 34％へと下げられた．国際間の資本移動が自由化された 1980 年代にあっては，法人税を高目に維持することは，日本企業の国際競争力にはマイナスであったことは否定しえない．

　(3)　間接税については，日本は国税・地方税を通じていずれも個別消費税（たとえば物品税）しかなく，消費一般に課税する間接税（売上税）は存在しなかった．ヨーロッパや広くラテン系諸国において付加価値税が採用され，ア

メリカの地方税で売上税が採用されているのとは対照的であった．個別消費税は，嗜好品（たばこやアルコール飲料）に対する課税としては存続しているが高級品（奢侈品）に対する課税という物品税の課税の根拠は，消費が高度化することによって説得力をもたなくなった．

(4) 所得税中心の税体系を維持することが望ましいか否かに対する疑問が投げかけられたことである．もっとも所得を課税ベースにとるか，それとも消費を課税ベースにとるかについては，当否は分かれ，両論がありうる．この点は，所得税対支出税の論争と密接に関係している．なお，英米の財政学者が大部分支出税支持であるのに対して，日本では，所得税支持の財政学者が，潜在的にみられることをつけ加えなければならない[45]．

1988年の税制改革とその評価 以上のような問題点を背景に，1988年にいわゆる抜本改革が提示され，初めて売上税型の消費税が導入された．これと同時に所得税の税率も最高税率が50％に引き下げられ，税率表も12段階の細かい税率区分から5段階に簡素化された．地方税である住民税も，最高税率が15％に引き下げられ，3段階の税率表となった．また，所得税の課税最低限も引き上げられ，かなりの減税が行なわれた．さらに法人税についても，留保分については，42％から37.5％へとはっきりと引き下げられた．

日本の税制改革は，アメリカのそれと比較すると，かなり性格が異なっている．すなわち，アメリカでは所得税の税率は，レーガン政権の下では，わずか3段階で最高税率も28％と低くなり，また法人税率も大幅に下げられると同時に租税特別措置が大幅に縮小されたが，いずれにしてもアメリカの税制改革が，あくまで所得税中心の体系内の改革であるが，その内容は単一税率を目指す大幅な改革であった．これに対して日本では初めて付加価値税型の消費税を導入するという税体系そのものの改革が目標で，所得税・法人税自身の改革は漸進的であった[46]．

---

45) アメリカを中心とする租税理論の動向については次の補論(3)を参照のこと．
46) レーガン改革以降のアメリカの税制は3段階の税率になった．所得税は，民主党政権になっ

消費税導入を中心とする税制改革に対する評価は，依然として所得税中心の租税体系を念頭におくか，それとも，消費課税中心の租税体系への移行を念頭におくのかによって異なってくる．もし，前者の立場をとるならば，消費税導入それ自身が疑問視されることになろう．事実，消費税導入の際に，根強い反対論があったことは，単に政治的反対というだけでなく，理念的な違和感があったことにもよる．所得税・法人税に話を限定すると，アメリカの税制改革ほど革新的ではないにせよ，税制の簡素化への方向が読み取れるという点で所得税中心主義の立場の人々も評価するであろう．

　筆者は，消費課税中心の租税体系への移行を支出税の立場から賛成するのであるが，消費税導入を中心とする税制改革は二，三の点で十分ではなかった．第一は，すでにふれたように採用された消費税が税額算定方式において控除方式をとっているために，必需品に低税率，高級品に高税率をとることが困難であることがあげられる．第二に，消費課税に移行することによって，所得税がある程度内在的にもつ節税・脱税による水平的不公平が緩和されるとしても，垂直的不公平からして問題が残るのではないかということである．支出税は，消費と同時に残された遺産への課税を重視するが，現在の相続税・贈与税で資産課税は十分かという疑問が残る．第三に，現在の日本の所得税は，利子所得に対しては（住民税を含めて）20％の源泉分離課税がなされ，その限りでは，分類所得税となっていて，また有価証券の資本利得がほぼ非課税である状況をどのように理解し，今後の税制改革において統一的な観点から整理をする必要があろう．

て税率が多段階になった．最近ではブッシュ政権によって提案された遺産税の廃止が議論の対象となっている．なお，日本税制改革の最近の争点については貝塚[2002a, 2002c]を参照のこと．

補論(3) 多様化する租税理論

　最近になって税制改革が熱心に議論される状況にあるが，世の中の関心は，省庁間の対立を中心とする政治過程にあり，税制改革の具体的内容が論争の対象になったとはいえない．ここでは，税制改革の背後にある租税理論が現在どのような状況になっているかについて，主としてアメリカを中心にして展望することにしたい．その際，日本の事情も多少触れることとなるが，いずれにしても，日本に関してこのような租税理論の背景が問題にならないのかといえば，税制改革の内容がこのような基本的な争点を抜きにして行なわれていること，あるいは，長期的な税制改革の方向が議論されることなく，景気対策などの視点が混在して不透明になっているからである．

　この補論では，税制改革は，基本的にその背後にある租税理論の差異によって具体的に内容が決まり，租税理論の変化が最終的に税制改革の方向性を決めるという問題意識に沿って，最近の租税理論を展望し，その多様性を指摘する．日本でなくして，主としてアメリカを取り上げたのは，残念ながら，日本の財政学界には，最近ではこのような意識が薄く，議論の直接的な対象にならなかったからである．

望ましい租税体系　　望ましい租税体系の基準としては，公平性，中立性，簡素さの三つの基準を挙げておく．この基準については，財務省と経済財政諮問会議との間に論争らしきものがあったが，ここでは触れないことにする．ここでの租税理論の整理は，主として公平性の視点から行なわれ，多少とも簡素さの視点を考慮する．なぜ，このような視点に限定するのかについては，中立性については，財政学者間にこのテキストの第6章，第7章，第8章で説明されたように暗黙のコンセンサスがあり，とり立てて議論する必要がないと考えたからである．簡素さは，徴税費用と納税者にとっての手間の両者を含み，異なった税制間の選択とその実現可能性に究極的に影響をもたらすからである．

公平性の視点からする税制の選択は，伝統的に経済学者・財政学者が議論してきた課題であり，よく言われるように価値判断を含むので，単純な議論とはなりにくい．ここでは，課税ベースの選択，課税方式（直接税型か，間接税型か？）と累進度に焦点を合わせて議論を進める．

　課税ベースの選択は，もっぱら消費か所得かという選択に絞られる．資産は，市町村が固有の課税として固定資産税をもっていて，これは，先進諸国共通の税制となっているが，相続税・贈与税・遺産税は，その存在理由がそれぞれの社会の公平感を反映していて，象徴的には，重要といえるが，税収からみれば，その比重はわずかであり，せいぜいのところ，他の租税を補完するものか，アメリカのブッシュ提案のように廃止かという選択さえあり，ここでは，議論の対象から外す．

　直接税か間接税かの選択は，簡素さの問題と関係していて，かなり複雑な要素を含んでいる．直接税・間接税の分類は，現在の租税制度の議論において，以前ほど重視されてはいないが，筆者は，それなりに重要な分類であると考える[47]．ただし，この分類は，通常の転嫁の有無を基準にするのではなく，かつてアトキンソンが採用した定義，すなわち，直接税とは，納税者の個別的事情を明示的に考慮するタイプの租税であり，間接税とは，このような個別的事情を考慮しない租税である．典型的には，所得税は，納税者の所得水準，その家族構成，医療費の負担などを考慮する直接税であるし，消費税は，消費支出を行なう個人の経済的事情（例えば，所得）を配慮することなく一律に同じ税率で課税する間接税である．この二つのタイプの課税は，税務行政上かなり違ったインフラストラクチュアーを必要とする．例えば，所得税は，申告納税か源泉徴収による納税者の細かい情報が不可欠であるのに対して，消費税は，取引者の売上高と仕入れ額が分かりさえすればよいのである．この種の直接税に必要な情報は，そもそも企業が正確な会計上の処理を行なっていることが前提となるから，市場経済が発展していることが不可欠である．

---

47) この点に関しては，貝塚[2002c]を参照．

所得税への信認低下——アメリカの場合—— 1970年代半ばから，かつてアメリカ人が誇りにしてきた所得税に対する信認が低下したことが指摘されている．この点をイェール大学の税法学者であるグラエツにしたがってその信認低下を反映する事例を挙げてみよう[48]．

まず，第一は，世論が所得税，あるいは，これを行政的に管理している内国歳入庁（Internal Revenue Service ; IRS）に対して反感を持ち始めたことである．典型的には，離婚であり，メキシコで簡単に離婚を届けるか，そのまま同居を継続するが，これは，IRSの課税の仕方によるというのである．すなわち，結婚が課税上不利になっており，所得税の課税方式が，社会や経済の変化に対応していないことである．第二にタックス・シェルター（Tax Shelter）の利用が1970年代以降急増し，1983年には，過少な所得税の課税申告の15%を占めてきたことである．第三に，1978年6月のカリフォルニア州の提言13（Proposition 13）が租税に対する反乱に火を付けたことである．第四に，この期間の物価上昇が名目所得に依存する所得課税の矛盾を拡大させたことである．例えば，累進課税構造を持つ所得税の累進性が過度になったのである．第五に，1975年に導入された勤労所得の税額控除（Earned-Income Tax Credit）が所得税申告を複雑化させ，納税者の負担を含む徴税コストを高めたことである．第六に，控え目な推定でも，近年申告されない所得が課税所得の15%にまで達していることである．第七に，レーガン改革もまた，議会と所得税に対する信認は，一向に回復させなかったのである．

日本の場合，このような所得税への信認が趨勢的に低下したか否かははっきりしないが，筆者のみるところ，元来所得税に対する信認がアメリカほど高くはない．また，クロヨンに見られる現象がめずらしくなく，給与所得への課税が中心となることは，当然と見られてきた．しかし，少なくとも1980年代前半までは，所得税が公平な課税であるという見方が，一応受け入れられてきたといえようが，アメリカ市民ほど，所得税に忠誠心をもっていたとはいいが

---

48) Graetz [1997].

たい.

所得税支持者の退場と支出税の復活　所得税支持者は，1970年代に入って，財政学者のなかでも少数派になった．すなわち，第二次世界大戦後の第1世代であるシャウプ（Shoup, Carl），グード（Goode, Richard）やペックマン（Pechman, Joseph）などは，所得税，とくに包括的所得税の熱心な支持者であった．一例として，第二次大戦直後のシャウプ勧告は，まさにこのような理念を体化させた提案であった．

しかし，財政理論の伝統からして所得税が本当の意味で正統であったか否かは，疑問である．古典派経済学者の最後といわれるミル（Mill, John S.）は，直接税としての消費課税である支出税を最善の課税方式であるとしたが，税務行政上の困難さからして，所得税を次善の課税方式とした．この伝統は，マーシャル（Marshall, Alfred）やピグー（Pigou, A.C.）に受け継がれ，アメリカでは，フィッシャー（Fisher, Irving）がその代表者である．従って，支出税論者が機会を見て復活することは，自然の成り行きであった．1980年代に入って支出税提案がかなりの支持者を得て，第1世代の財政学界の大御所は，その影響力を失い，第2世代が登場してきたのである．アメリカでは，フェルドスタイン（Feldstein, Martin S.），ブラッドフォード（Bradford, D. F.），アーロン（Aaron, H. J.）などであり，イギリスでは，キング（King, Mervyn）であり，世代は異なるが，ミード（Meade, James）である[49]．

この間，日本の税制改革論議はどのようなものであったであろうか．この種の議論が盛んになったのは，1988年の消費税導入のときである．ただし，日本では，間接税としての消費課税の導入に焦点を合わせたので，支出税構想は，現実にはほとんど問題にならなかった．しかし，1990年代のアメリカでは，税制を立案する議会を含めて，税制改革案は，百家争鳴であり，その基礎となる租税理論もまた，多様である．以下，この報告では，多様化された租税理論の現状を展望することとしたい．

49）この間の経緯については，くわしくは本章9-1節を参照.

アメリカの税制改革論議　　1990年代のアメリカの税制改革論議においては，所得税の改革を取り上げたのは，ゲップハルト（Gephardt, Dick）の提案ぐらいであり，所得税の簡素化を内容とした．その他の論議は，急進的な改革案に対する賛否両論であった．すなわち，所得税から，何らかの意味で消費課税ベースとする消費課税への移行に関する議論である．

いずれにしても，すでに述べたような所得課税の問題点を意識しながらの提案である．まず，現行の一部の州で課税されている小売売上税の連邦税への採用である．次に，世界中で広く課税されている付加価値税の採用である．第三に，スタンフォード大学のハール（Hall, Robert [1995]）によるフラット・タックスである．これらの提案に対しては，賛否両論があり，その論議の帰趨は，見えないが，潜在的には，急進的な改革に対する賛成の感情が見て取れる[50]．

それでは，租税理論から見たときに，これらの改革案はどのような基礎にもとづいているのであろうか．

背景にある多様な租税理論　　まず，かつての所得税中心の租税理論は，説得力を失い，代わりに消費課税を支持する租税理論が影響力をもってきた．しかし，アメリカの租税論議が，ヨーロッパ大陸とはっきりと違うところは，潜在的に直接税の支持者が多いことである．すなわち，支出税の着想を何らかの意味で生かそうとしていることが見て取れる．以下いくつかの争点としてこれらの論点を挙げると以下のようになろう．

1) 直接税が基幹税として不可欠か否か．
2) 支出税構想をどのように生かすか．
3) 社会保障との関係をどう見るか．
4) 経済の効率化，あるいは，中立的な税制の長所を重視するか否か．
5) 地方税との関係はどうなるのか．

---

50) この間のアメリカの税制改革論については，Slemrod and Bakija [2000]の優れた概観と評価があり，この報告も彼等の議論に負うところが少なくない．

以下，これらの論点をやや詳しく検討することにしたい．いずれにしても，これらの論点は，大きな争点でもあり，筆者の取り敢えずの論評にとどまる．

1) **直接税が基幹税として不可欠か否か**　アメリカにおける税制改革において，付加価値税が基幹税として提案されている有力な例は，ないようである．確かに，ヨーロッパにおける付加価値税の重要性とその税制としての長所は，認められているとはいえ，議員による具体的な提案はないのである．他方，すでに地方政府で採用されている小売売上税を連邦税として採用する提案は，議員 (Billy Tauzen) によってなされている[51]．しかし，この提案はほとんど支持を得ていない．なぜ，間接税を基幹税とする提案がほとんど支持がないのか，その理由は，どこにも説明されていないが，直接税こそが基幹税であるべきであるという価値判断がアメリカ市民によって支持され，また，アメリカの財政学者によっても支持されているというのが本当のところではなかろうか？

2) **支出税構想をどのように生かすか**　この論点こそがアメリカの財政学者がもっとも強調している論点であり，1990年代以降，税制改革は，この点を巡って展開されているといっても過言ではない．

支出税構想は，より具体的提案としては，ハールとラブシュカ (Hall and Rabushuka) のフラット・タックス (Flat Tax) と USA 税 (USA Tax) がある．そこでごく簡単に二つの税の提案内容をみておこう．

フラット・タックスは，企業がその売上高から原材料の購入額と投資財購入額を差し引き，さらに賃金支払額を差し引いた残りに課税し，賃金をうけとった家計がまた同じ税率で税金を支払うというものである．企業と家計が同じ税率を負担するという意味でまさに単一税率課税 (Flat Rate Tax) なのである．フラット・タックスは，一見するところ，直接税である所得税・法人税に似ている．すなわち，賃金所得と企業所得に同率の税金を課している点で，類似性があるようにみえるが，この理解は，正しくない[52]．まず，課税ベースとしてみると，フラット・タックスは，付加価値税と同じ課税ベースなのである．

---

51) Slemrod and Bakija [2000]参照．
52) Seidmann [1997]参照．

企業部門をみると，フラット・タックスは，法人企業のみならず個人企業を課税するものであり，また，投資支出を即時に控除しているから，明らかに法人税とはベースが異なる．さらに，賃金部分の所得は，年金給付を含むが，その他の所得（利子，配当，資本利得，賃貸料，特許料など）は，含まれていないから，所得税の課税ベースとは，明らかに異なる．このようにみてくると，フラット・タックスは，付加価値税を二つに分けて，賃金部分と企業利潤部分とそれぞれに単一税率で課税したものとみるのが的確である．ただし，フラット・タックスが付加価値税と異なり，直接税としての側面を残している点は，アメリカの伝統に忠実ともいえる．すなわち，賃金税の部分では，家族の構成に応じて控除を認め，そのため，賃金部分については，かなりの累進性を結果として残していて，直接税としての申告納税部分が生かされている．ただし，申告納税部分は，現行の所得税よりは，遥かに簡単であり，簡素な税制となっている．いずれにしても，フラット・タックスは，極めて優れた着想に基づいていて，租税理論の歴史に残る提案である．

USA Tax は，無制限の貯蓄控除（Unlimitted Savings Allowance）を認めた租税であり，支出税の提案にもっとも忠実な提案である．ごく簡単にこの提案を紹介すると，USA Tax は，家計が支払う部分と企業が支払う部分とに分かれ，前者に関しては，無制限の貯蓄控除を認め，その限りでは，かつてカルダーやミードによって提案された支出税提案にもっとも近い．後者の企業課税部分は，企業が投資部分を含めて売上高から経費を差引く課税法式，すなわち，付加価値税における控除方式（Substraction Method）によって課税される．この提案は，個人支出税提案をそれなりに現実化したものとして，興味深いものであり，アメリカ議会でも，その変形が提案されている．

3) 社会保障との関係をどう見るか？　社会保障と税制は，給付と保険料（アメリカでは賃金税）のいずれもが，税制と密接に関係していて，税制専門家は，敬遠する課題であるが，筆者は，社会保障の問題に関心をもっているので，二，三コメントしておきたい．

社会保障システムと租税システムとの関係は，原理的には，前者が社会保険

として独立の体系をもっているか否かによって左右される．すなわち，社会保障システムが厳格な意味で保険方式によっているとすれば，保険給付と保険料は，明確な対応関係があり，租税システムからの独立性は，はっきりしている．もっとも分かりやすい関係は，公的年金が拠出建てになっているとすれば，公共支出を賄う租税システムとは，独立している．技術的な問題としては，所得税のなかで年金給付と保険料をどのように扱うかが議論されなければならないが，この点は，あくまで租税政策の問題となる．しかし，社会保障システムが税収入からの援助を必要としているときには（例えば，日本の基礎年金），話は複雑になる．すなわち，この場合には，税収入の一部が何らかの意味で年金給付と直結しており，目的税的な要素が入り込む．社会保険システムとは異なり，公的扶助を中心とした社会保障システムをとっている国（例えばオーストラリア）では，税収入と社会保障は，一体化されているから，その連結は容易である．

　社会保障システムとの関係でいえば，社会保障が約束する最低生活水準と税制がどのような関係に立つかも検討されなければならない．この場合，税制が直接税中心なのか，間接税中心なのかによって，その関係は，変わってくる．少なくとも，直接税中心の体系であれば，最低生活水準に見合う所得を特定化できるであろう．フラット・タックスであっても，賃金プラス年金給付でみた賃金所得で最低生活水準を特定化できる．しかし，付加価値税のような間接税中心の税体系では，税制上所得水準と対応させることは困難であろう．生活保護を独立させて，ミーンズ・テストを行なうというベバリッジ報告以前の社会保障に戻ってしまう可能性があろう．

　4) **中立的な税制を重視するか？**　今までの議論は，主として公平性と簡素さを中心としてきたが，中立性の基準を考慮に入れれば，どのような点に相違が生じてくるのであろうか．確かに，税制は，勤労意欲を害し，貯蓄意欲を害し，企業の資金調達形態に影響し，その投資行動にも影響する．所得税，法人税，付加価値税，支出税は，それぞれに民間経済活動に攪乱を与えることは確かであるが，この観点からしてどのような租税体系が最適であるかを確定できるほ

ど，経済分析は，高い水準のものではない．また，最適課税の理論も，その現実性に難があることも否定し得ない．したがって，公平性と比較して中立性をどの程度まで重視すべきかについて確たることは，なんとも言えないのである．

5) **地方税との関係**　現在の地方税は，大部分国税と課税ベースを同じにしているので，今までの議論が同じように当てはまる．唯一地方固有の税制として固定資産税があり，この課税は，受益に対応すると考えられるので，これまで議論の対象としてきた課税方式とは，異質である．

　む　す　び　今までの議論が日本の税制改革に示唆するところがあるとすれば，日本の税制は，今後如何なる方向に向かうのかという問題提起に対して，そもそも所得課税に執着するのか，それとも，間接税に移行するのか，あるいは，支出税の変種を採用するのか，いずれにしても1990年代の日本経済の低迷を打破するための方向を求めるとすれば，この方向に適合する税制の組み合わせを探す必要がある．この課題は簡単ではないが，多様化した租税理論のいずれが説得力があるかを十分吟味すべきときである．

Ⅳ 公債発行

　多くの先進諸国は，多かれ少なかれ財政支出の一部を公債発行によって調達している．したがって，財政全体をみるときには，公債発行によって新しい問題が生じたか否かを検討しなければならない．

　公債は，租税と違って発行の際には，誰にも負担が生じないようにみえる．そして，その償還の際に財源として課税されるときには税として負担が生ずるようにみえる．果たしてこのような常識論が当っているか否かを，第10章「公債の負担」において扱う．

　公債発行は，またマクロ経済政策における論争点の一つと関連している．すなわち，財政政策が総需要のコントロールの手段として有効であるか否かという問題である．すなわち，財政支出の拡大を公債発行によって賄うことが，景気の拡大にとってどの程度効果があるかという問題である．第11章「公債発行と総需要」は，主としてマクロ経済学の視点から財政活動の影響を分析する．

　補論では最近のマクロ経済理論の動向を踏まえて，1990年代に手づまりとなった日本のマクロ経済政策における財政政策の役割を検討する．

第10章

公債の負担

　前章までは多くの場合，暗黙のうちに租税によって財政支出のすべてが調達されるものと想定されていた．しかし，第1章でもみたように，現実の予算は財政赤字を示し，財政支出の一部は国の債務証書としての国債によって調達されている．国債発行については，歴史的にもまた現在の時点においても経済政策の争点の一つとなってきた．たとえば，第二次世界大戦中における国債（とくに赤字国債）の発行は，日本経済を破綻させた原因の一つといわれ，戦後に制定された財政法が公債発行に対して厳しい制約を設けた背景となっている．1980年代には，アメリカの財政赤字（連邦債発行）が世界経済に不安定性をもたらしている元凶であるとさえいわれたこともある．

　このように，公債発行は経済に対して悪影響を及ぼすという見方が一般的には強いが，他方においては，経済を不況から脱出させるための財政支出の拡大は，公債発行を伴ったときには効果が強く，安定政策の重要な手段であるという見方がある．この第10章では前者の問題，すなわち経済においては完全雇用が満たされている世界で世代間の負担を中心に公債発行の長期的な問題について分析を加える．すなわち，公債の負担があるかどうか，もしあるとすればそれは将来世代に転嫁されるか否かという疑問に答えようとするものである．

10-1. 公債の負担(1)──その定義──

　租税が課税の行なわれた世代にとって負担となることは当然のことであるが，公債がどのような形で負担をもたらすかについては，負担の定義によって違っ

てくる．公債の負担の問題を扱う際には，まずこの定義の差異をはっきりさせておかないと無用の混乱が生ずる．

資源利用の視点からする機会費用　まず公債によって調達される財政支出の機会費用という点からの負担の見方がある．この視点からみれば，元来公債によって調達された財政支出がかりに租税で調達されても，民間が利用可能な資源が使われたという点では，資源配分からみて機会費用が発生するので，租税と区別して公債にとくに負担が生ずるわけではないということになる．この負担の概念は，かつてラーナーが用いたものであるが，正確にいえば公債の負担ではなく，財政支出の機会費用といった方が適切であろう[1]．

将来世代への負担の転嫁　公債の負担に関する典型的な議論は，公債の発行の際にはその世代に負担が生じないが，償還の際に課税がなされるので将来世代の負担が生ずるという主張である．

この主張は 1960 年代において論争の対象となり，いくつかの議論が行なわれたが，ここでは負担の定義という視点から，将来世代への負担の転嫁の議論をまとめておくと次のようになろう．

第一に，負担というのは，取引が一方的に強制力をもって行なわれる非自発的取引に伴って生ずるものと考える[2]．公債発行は保有したい投資家が自発的に購入するのであるから自発的取引であり，課税は明らかに非自発的取引である．したがって公債発行は負担を伴わないが，公債が償還されるときには課税がなされるから負担が生じ，発行時の世代から償還時の世代へ転嫁が生ずるとみる．

第二に，公債の負担を一つの世代(あるいは一生涯の間)の負担とみて，政府の公債発行が行なわれた結果その生涯にわたる(正確には遺産を含む)消費量が

---

1) Lerner [1948]．このようなラーナーの議論の延長線上には，財政赤字をタブー視する見方を完全に否定する機能的財政論 (Functional Finance) の立場がある．
2) このような議論はブキャナンによって展開されている．Buchanan [1958], Ch. 4.

減少するときに公債の負担が生ずるとみる[3]．このように負担を定義すると，公債の負担は転嫁するときもあるし，しないときもある．いま，かりに課税が勤労所得に対してのみ行なわれる，すなわち賃金税のみが課税されるとしよう．一つの世代の若い時期に公債が発行され，引退する以前に償還がなされると公債の負担は転嫁せず，この世代に負担が生ずる．しかし，公債発行と償還が別々の世代にまたがると，負担は発行時の世代から償還時の世代へと転嫁する．

第三に，公債発行が実物的な側面で将来の世代に悪影響を及ぼすという面を重視し，とくに資本蓄積を抑制するという意味で負担をとらえる見方がある[4]．すなわち，完全雇用にある経済を想定し，そこで新しく公債が発行されるという状況を考え，同じ財政支出を同額の課税で調達した状況と比較すると，経済全体として資本蓄積が減少し，将来世代にとっての生産機会が縮小する．このこと自体将来世代に負担が転嫁されたことを意味しているのである．

このように将来世代への負担の転嫁といっても，負担の定義はそれぞれに異なるのである．そこで次に，それぞれの負担の定義を念頭において，負担が将来世代へ転嫁するか否かについてあらためて理論的に検討しよう．

10-2. 公債の負担(2)——負担の転嫁——

公債の負担については，前節でみたように負担の概念が多様であり，議論を限定なしに行なうと明確な結論をうることはむずかしい．そこで，ここでは問題を絞って次のような状況の下で負担の転嫁が生ずるか否かを考えてみよう．まず，財政支出の水準とその内容を与えられたものとして，これを租税で調達するか，それとも公債で調達するかによって世代間の負担が変化するかどうか，すなわち負担の転嫁が生ずるか否かを確かめてみよう[5]．このような状況の下

---

3) これは基本的には，ボーエン-デイビス-コップフの議論であり，後に説明するようなバローの見方と負担の定義は同じである．Bowen, Davis and Kopf [1960].
4) これはモジリアーニによる転嫁論である．Modigliani [1961].
5) 同額の公債発行が行なわれるが，支出の内容が経常支出であるか公共投資であるかという比較で，転嫁が生ずるか否かという問題の立て方もありうる．建設公債主義（第2章2-2節参照）はこの問題と関係する．

で公債の負担をみるとすれば，現在の世代の資源利用の視点のみからの機会費用としての公債の負担は意味を失なう．さらにいえば，取引が自発的かそれとも非自発的かの分類によって負担をみることは，この問題と関係があるにせよ，議論を曖昧にするので，ここではこのような定義もとらない．したがって残るところは，一世代にわたる消費量の増減からみた負担の大小という視点と，将来世代に残されるであろう資本の増減という視点から公債の負担の転嫁を議論することになる．

資本蓄積でみた負担の転嫁　ここではモジリアーニが提起した資本蓄積への影響をみた後者の場合からとりあげよう．まず，財政支出（G）と税収入（T）が与えられているとすると，マクロ経済において完全雇用が満たされているためには，特定の市場利子率が成立しなければならない．いいかえるならば，財政政策（GとT）の在り方が与えられていて完全雇用が成立するためには，特定の金融政策の運営（たとえば特定の貨幣量の供給）がなされていなければならない[6]．

このような想定の下で，政府が租税収入を一定としながら，その支出をΔGだけ増加させたとする．このとき，政府の公債残高（D）は，$\Delta D = \Delta G$だけ増加する．物価上昇を生ぜしめないで完全雇用を保つには，総需要の変化は全体としては生じないという条件が満たされなければならない．すなわち，

$$\Delta G + \Delta C + \Delta I = 0 \qquad (10\text{-}1)$$

が成立しなければならない．ここでΔCは個人消費の変化額，ΔIは民間投資の変化額である．個人消費は，可処分所得に依存し，完全雇用所得が一定で課税額も一定であるから個人消費は変化せず$\Delta C = 0$であり，その結果，

---

[6] このような関係は，簡単なマクロ・モデルを頭におけば理解は容易であろう．いま話を簡単にするために，租税はすべて所得税であり，物価（P）は一定とする．生産物市場の需給均衡は$Y = C(Y-T) + I(i) + G$であり，貨幣市場の需給均衡は$\frac{M}{P} = L(Y, i)$である．国民所得（Y）が完全雇用に対応する所得（Y_F）に等しいとすると，二つの均衡式を満たすためには，TとGが外から与えられているとすると，利子率（i）は特定の利子率でなければならないし，また貨幣供給量（M）は特定の水準でなければならない．なお，この種のマクロ・モデルのメカニズムがわかりにくいと思われる読者は次の第11章を先に読んでこの節へ戻られるのをお奨めする．

(10-1)から

$$\Delta G = \Delta D = -\Delta I \qquad (10\text{-}2)$$

が成立する．すなわち，公債によって調達された公共支出は，資本蓄積を同額だけ減少させることとなる．民間投資は，市場利子率が上昇して，その結果，資本コストが高くなり減少するのであるから，公債発行による民間投資の閉め出し，すなわちクラウディング・アウトが生ずることになる．

次に租税によって公共支出が調達される場合を考えよう．租税はいろいろな税目があるが，ここでは所得税の形で課税されるとして，その課税額を ΔT とする．所得税の増税は，当然のこととして個人の可処分所得を同額だけ減少させる．個人の限界消費性向を α とすると，個人消費は $\alpha \Delta T$ だけ減少する．したがって，

$$\Delta G + \Delta C + \Delta I = \Delta T - \alpha \Delta T + \Delta I = 0 \qquad (10\text{-}3)$$

が成立しなければならない．(10-3) を書きかえれば，

$$(1-\alpha)\Delta T = -\Delta I \qquad (10\text{-}4)$$

となり，民間投資は増税額に限界貯蓄性向 $(1-\alpha)$ をかけた額だけ減少することになる．

以上説明した公債発行の場合と課税の場合を相互に比較すると，いずれにしても資本蓄積が財政支出の増加によって減少するが，租税による調達の場合の方がクラウディング・アウトによる民間投資の減少は小さい．公債発行による場合は，課税による場合と比較して公債発行額に限界消費性向をかけた額だけ資本蓄積が減少し，より小さい資本しか保有しない将来世代の生産機会が縮小し，したがってその消費機会も小さくなる．すなわち，負担はこの額 $[(1-\alpha)\Delta G]$ だけ将来世代に転嫁される．

生涯消費でみた負担の転嫁　次に生涯消費からみた負担の視点から公債発行の負担の転嫁の問題をとりあげよう．このような視点は，基本的には課税が貯蓄に与える影響を分析した際と同じような生涯消費の行動を前提とする[7]．

---

7) 第6章 6-2節を参照．

モジリアーニの場合と同じように，経済が完全雇用にあると仮定し，世代が明確に区別され，簡単化のため30年間を一世代が現役として働いている期間とし，退職後の平均余命が30年あるとしよう．いま，均衡財政が維持されえなくなったとして，財政支出を一部公債発行によって調達し，これを第一世代が現役の期間中に，この世代が老後のための貯蓄の一部として購入したとしよう．この第一世代は，退職後その公債をすべて現役である第二世代に売却し，その消費に当てるとする．この場合には第一世代は，その生涯設計はまったく公債発行によって影響を受けず，その生涯にわたる消費量は変化しない．さて第二世代が現役である期間に公債が償還されることになり，そのため課税が所得税でなされたとしよう．第二世代にとってはこの新たな課税により，その可処分所得は減少し，この世代の生涯にわたる消費量はこの課税のために減少する．いいかえるならば，第二世代の経済厚生は低下する．すなわち，世代間にわたる公債発行とその償還は，負担の将来世代への転嫁を引き起こすのである．

負担は転嫁されるか*　　以上，資本蓄積からみた負担の転嫁と生涯消費からみた負担の転嫁の議論を説明したが，最近では転嫁の有無について疑問視する主張が出されているので，この点を検討しておこう．

　財政支出の調達は，租税であっても公債発行であっても民間の経済主体の行動に与える差異はなく，この意味で公債発行は経済に中立的であるという見方は，古典派経済学者リカードによって主張された．これはリカードの等価定理と呼ばれることがある．この見方についてわかりやすく説明すれば，公債発行が行なわれても，納税者は公債の償還のための将来の増税を予想して消費計画を立てるので，結局現在の時点において課税されたのと同じ効果をもち，この点では二つの財源調達方式の間に差異はないというのである．いま，この主張を生涯消費でみた負担の視点から説明しなおし，この主張がどの程度まで当てはまっているかを検討する．

　まず，すでに説明された二つの世代間の負担の転嫁の例よりも簡単な例から始めよう[8]．前の例では，二つの世代のうち第一世代においては，最初に発行

された公債の償還はなく,第二世代になって初めて公債の償還が行なわれ負担が発生した.しかし,もっと簡単な例で同じ世代のうちに公債が発行され,償還される場合をみてみよう.たとえば,第一世代が現役の時期に公債が発行され,退職後償還されるとしよう.この場合は,一生涯をとってみれば,公債発行と課税との間にはタイミングのずれがあるが,第一世代が負担することには変わりがない.いま,この点を正確に議論するために,財政支出を直ちに課税によって調達する場合と,公債を発行してあとで課税によって償還する場合のそれぞれの生涯にわたる予算制約式を比較してみよう.

まず,財政支出を直ちに課税によって調達する場合,第1期(現役の時期)と第2期(退職後の時期)の個人の予算制約式は次のようになる.

$$C_1 = Y - S - T_1 \quad (10\text{-}5)$$
$$C_2 = (1+i)S - T_2 \quad (10\text{-}6)$$

ここで Y は所得(マクロ経済の完全雇用所得に対応), S は老後のための貯蓄,i は利子率,T_1 と T_2 はそれぞれ第1期と第2期の税負担額,C_1 と C_2 はそれぞれ第1期と第2期の消費額を示している.与えられた財政支出 (G_1 と G_2) はすべて税収で賄われるから,

$$G_1 = T_1 \quad (10\text{-}7)$$
$$G_2 = T_2 \quad (10\text{-}8)$$

が成立し,(10-7)と(10-8)を(10-5)と(10-6)に代入して S を消去すると,生涯を通ずる予算制約式として,

$$C_1 + \frac{1}{1+i}C_2 = Y - \left(G_1 + \frac{1}{1+i}G_2\right) \quad (10\text{-}9)$$

がえられる.

次に,第1期の財政支出を公債発行(D)で調達し,第2期に課税によって公債利子支払額と償還を行なうケースの個人の予算制約式は,

$$C_1 = Y - S - D \quad (10\text{-}10)$$

---

8) 以下の説明は,井堀[1986]第3章にもとづくところが大きい.なお,最近の理論的発展についてはIhori [1996]参照.

$$C_2 = (1+i)(S+D) - T_2 \qquad (10\text{-}11)$$

となる．すなわち，第1期には負担はなく，第2期に税負担が生ずる．政府の予算制約式は，

$$G_1 = D \qquad (10\text{-}12)$$
$$G_2 = T_2 - (1+i)D \qquad (10\text{-}13)$$

となり，(10-13)は元来の財政支出(G_2)に加えて債務の償還額と利子支払額を含めて税収で賄わなくてはならないことを示している．(10-12)と(10-13)を(10-10)と(10-11)に代入して，DとSを消去すると，

$$C_1 + \frac{1}{1+i}C_2 = Y - \left(G_1 + \frac{1}{1+i}G_2\right) \qquad (10\text{-}14)$$

となり，(10-9)と同じ生涯を通ずる予算制約式となる．

消費者は生涯にわたる予算制約式の下でその効用関数$U(C_1, C_2)$を極大にするように行動して，その結果，消費量を決定するのであるから，制約条件が同じであるかぎり課税による調達と公債発行による調達は差異を与えず，リカードの等価定理が成立する．

以上は，一つの世代内における公債発行についてであるが，すでに説明した生涯消費における負担の転嫁の場合にみたように，二つの世代に公債発行がまたがるとどのように説明がかわるであろうか．

この場合には，遺産という形で第一世代が第二世代に資産を残すことが考慮されなければならない．もし，遺産を通じて後の世代を含めて世代間にわたる消費計画が最初に立てられるとすれば，すでに説明した一つの世代内における公債発行と同じことになり，等価定理が成立するはずである．この点を主張したのが，バローの中立命題であり，世代間にまたがって課税と公債発行との同等性が成立する[9]．

リカードの等価定理は，理論的にはその成立可能性を否定することはできない．しかし現実には，公債発行が将来同額の増税をもたらすと消費者が予想するかどうかには疑問が残る．さらには個人間の貧富の差は，高所得者層には低

---

9) Barro [1974] 参照．

い金利，低所得者層には高い金利という形で，予算制約式における割引利子率の差異をもたらすかもしれない．したがって，等価定理あるいは中立命題の成立は，現実の経済からの実証的証拠から判断する必要がある．いままでのところ，中立命題が完全に成立するという実証結果はないが，不完全には成立しているとみられる．すなわち，少なくとも公債発行の一部が将来課税されることを見越して消費者は行動していると思われる[10]．いいかえるならば，公債の負担は部分的には転嫁されているとみてよいようである．

---

10) 中立命題の実証研究については，井堀[1986]第3章を参照．その後のこの問題に対する研究結果はこのような結論をくつがえすには至っていない． Rosen [2002] Ch.18参照．

第11章

公債発行と総需要

　現実の財政支出はかなりの部分公債発行によって賄われている．前章では財政支出が租税によって調達されるのと公債によって調達されるのとでは，長期的にみてどのような差異が生ずるかについて，公債の負担という形で検討した．本章では，両者の差異をマクロの経済活動に対する短期的な影響として分析することにしよう．

11-1. 財政支出と総需要

　新古典派的な経済理論は，個別の市場において需要と供給を調整するように価格が伸縮的に動くとみているが，現実の世界では，価格の調整機能はそれほど早いわけではない．短期的には価格が硬直的であると考えて財政政策のマクロ経済に与える影響を分析しておくことは現実の経済活動のメカニズムを理解するうえで重要である．このような見方は，かつてのケインズ経済学が想定する財政政策の効果，すなわちフィスカル・ポリシーの効果であり，最初にこの点を簡単にみておこう[1]．

硬直的な物価・賃金の下でのフィスカル・ポリシー　　　フィスカル・ポリ

---

1) 財政の安定化機能についてはすでに序章で説明を加えたが，ここではこれを分析的にとり扱う．またフィスカル・ポリシーの作用方式についてはマクロ経済学のテキストには説明がなされているので，すでにマクロ経済学をマスターした読者はこの章を省略しても差し支えない．なお，マクロ経済学についての予備知識に乏しい読者には，Mankiew[1997]，吉川[2001]，伊藤[2002]のテキストをあげておこう．

シーが有効に働く典型的な状況は,硬直的な物価・賃金の故に生じた不完全雇用あるいは失業が生じている状況である.以下,国民所得分析の手法にもとづいて,フィスカル・ポリシーの効果を検討してみよう.

最初に民間の投資支出は外生的な要因によって決められ,国際的な取引のない閉鎖経済を前提し,また法人部門の得ている所得(法人留保)を無視した単純なモデルをとりあげる.

総需要が所得を決定するのは,

$$Y = C + I + G \qquad (11\text{-}1)$$

で示され,ここで Y は国民所得,C は個人消費支出,I は民間投資支出,G は政府支出(政府の最終消費支出と政府の資本形成)である.

個人消費支出については単純な消費関数

$$C = a + bY_d \qquad (11\text{-}2)$$

を想定する.ここで a, b はそれぞれ定数であり,限界消費性向である b は1より小さい正の値であり,Y_d は可処分所得である.公共部門は,その支出を調達するために課税を行なうが,ここではもっぱら所得税によって課税されると前提する.この場合,所得税(T)は個人がそのまま負担するから,可処分所得は,所得から T を差し引いた額になる.すなわち,

$$Y - T = Y_d \qquad (11\text{-}3)$$

が成立する.現実の所得税の課税の仕方は複雑であるが,ここでは,所得から控除を差し引いた課税所得額に一定の限界税率(d)が課される簡単な課税方式(線型累進所得税)を想定すると,税収(T)は,

$$T = c + dY \qquad (11\text{-}4)$$

となる.ここで c は所得からの控除を反映してマイナスの値をとり,d は1より小さい正の値である.政府支出(G)は,政府が完全にコントロールしうるから外生的とみなし,民間投資(I)も最初は外生的に決まるとする.すなわち,

$$G = \bar{G} \qquad (11\text{-}5)$$

$$I = \bar{I} \qquad (11\text{-}6)$$

(11-3)と(11-4)式を(11-2)に代入し,(11-5),(11-6),(11-2)式を(11-1)

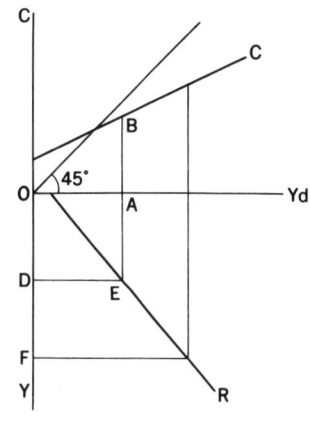

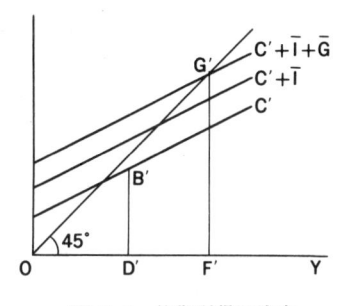

図 11-1　所得と消費との関係　　　図 11-2　均衡所得の決定

に代入して Y の値を求めると，

$$Y = \frac{a - bc + \overline{I} + \overline{G}}{1 - b(1-d)} \quad (11\text{-}7)$$

となる．この Y の値は，いうまでもなく均衡所得である．念のために以上の数式による説明を図で示すと図 11-1，11-2 のようになる．

　まず，図 11-1 の第 I 象限の C 線は，(11-2) の消費関数であり，第 IV 象限は Y 軸のマイナスの尺度をプラスに読みかえて，所得と可処分所得の関係，すなわち，(11-4) を (11-3) に代入した関係を R 線で示したものである．この図 11-1 の C 線と R 線とを組み合わせて，所得 (Y) に対する消費 (C) の関数としてみたのが，図 11-2 の C' 線である．たとえば図 11-1 において可処分所得 A をとると，この可処分所得に対応する消費水準は AB であり，また所得 OD が対応する．この OD の水準と AB の水準との対応関係は，図 11-2 においては OD に等しい OD' と AB に等しい $D'B'$ となる．図 11-2 において消費関数 C' に $\overline{I}$ を加えたのが $(C' + \overline{I})$ 線であり，さらに $\overline{G}$ を加えたものが $(C' + \overline{I} + \overline{G})$ 線である．均衡所得は，(11-1) が示すように $(C' + \overline{I} + \overline{G})$ 線が 45°線と交わる G' において決まり，OF' が均衡所得となる．図 11-1 では，OF' に等しい OF に対応して，均衡所得に対応する均衡可処分所得がもとめられる．

さて,(11-7)は外生変数である$\bar{G}$や$\bar{I}$が与えられれば,内生変数であるYが決定されるという関係を示しているから,政府がコントロールしうる$\bar{G}$の水準をかえれば,均衡所得は当然変化するはずである.経済は不完全雇用の下にあると想定すると,政府支出の拡大(ΔG)によって所得の拡大をはかることができる.(11-7)を微分することからわかるように$\bar{G}$の値を変化させれば,

$$\Delta Y = \frac{1}{1-b(1-d)}\Delta G \qquad (11\text{-}8)$$

となる.ここではbは限界消費性向,dは限界税率であり,それぞれ1より小さい正の値であるから,(11-8)のΔGにかかる係数は分母が分子より小さく,したがって1より大きな値をとる.

財政を政策手段として用いて景気の安定をはかるという場合には,政府支出(G)を操作しても均衡所得(Y)を完全雇用水準に見合う水準にまで誘導するならば,その目標が達せられるのである.フィスカル・ポリシーのもつ基本的な役割は,もっとも単純な形では(11-8)に集約されうるのである.なお,この場合,財政支出の増加にもとづく所得の増加に見合って税収入も増加するが,その増加は支出増までには及ばず予算の収支は悪化する.かりに,均衡財政から出発すれば,公債発行による財源調達が不可避となる.

乗数効果 さてフィスカル・ポリシーの量的効果は,(11-8)のΔGにかかる係数の大小によって判定することができ,すでにみたようにこの係数は1より大きい.ケインズが民間部門で外生的に決まってくる投資支出($\bar{I}$)の変化に対する国民所得への影響度を投資乗数と呼んだと同じように,(11-8)の係数を政府支出乗数と呼ぶことができる.すなわち,政府支出の変化に対して何倍に当たる変化が,内生変数であるYに生ずるかが示されているのである.

さて,上述の例は,政府が政府支出を操作して全体としての均衡所得に影響を与える場合であるが,同様なことは租税を操作することによっても達成可能である.いま,政府が所得税の減税を課税最低限を引き上げる(所得控除を引き上げる)ことによって実施したとすると,上述の説明では,(11-4)の所得

控除を反映する c の値が小さく（絶対値では大きく）なる．数式で示せば次の (11-9) のようになる．

$$\Delta Y = \frac{-b}{1-b(1-d)} \Delta c \tag{11-9}$$

ここで減税の場合は，Δc はマイナスの値をとるから，減税によって GNP は増加する．

(11-8) と (11-9) とを比較すると，財政支出増と減税による GNP に対する影響が異なることがわかる．すなわち，財政支出乗数よりもちょうど限界貯蓄性向（$1-b$ の値に等しい）の比率だけ減税の効果が小さくなる．すなわち，フィスカル・ポリシーを雇用の拡大のために用いるとしたときには，同額の財政支出増と減税幅（正確には所得控除の増加額）を比較すれば，前者の方が雇用拡大効果が大きいのである．もし，財政支出と税収入との差額である財政収支（財政赤字）の増加を望ましくないとすれば，減税よりも財政収支悪化の程度が少なくてすむ財政支出拡大の方が選択されることとなる．最近の事例でいえば，第一次石油危機後の昭和 50 年〜53 年まで長引いた不況に対して拡大的なフィスカル・ポリシーがとられたが，減税ではなく公共投資の支出増が選択された理由の一つにはこのような配慮があったといえよう．

11-2. 金融的要因の重要性

いままでの議論は，すべて物価・賃金が硬直的でしかも民間投資が外生的に決まり，利子率を通ずる効果が働かないきわめて単純な世界を想定していた．しかし，フィスカル・ポリシーの問題を考えるときには，経済の金融的側面を無視すると重要な側面が脱け落ちたことになり，現実の政策を理解するには不十分となる．したがって以下では，金融面を考慮し単純な所得決定のモデルを拡張することにしたい．

IS-LM 曲線　ここではまず民間投資を内生化し貨幣需要・供給を組み込むが，物価・賃金が硬直的であるという前提はそのまま残そう．すでに示した

(11-1), (11-2), (11-4), (11-5)式はそのままで, (11-6)の代わりに,

$$I = e + fi \qquad (11\text{-}6')$$

という投資関数が入る. ここで i は利子率, f はマイナスの値をとる. すなわち, 投資需要は利子率が上昇すれば減少するという資本の限界効率表が反映されていることになる. 次に貨幣供給量 $\bar{M}$ は, 通貨当局（中央銀行）によって完全にコントロールされるとし, 貨幣需要関数 L は, 流動性選好説にしたがい, 所得と利子率に依存するとみる. すなわち,

$$\bar{M} = L(Y, i) \qquad (11\text{-}10)$$

が満足され, 貨幣需要は, 取引動機を反映して GNP の増加関数, 資産需要（あるいは投機的動機）を反映した利子率の減少関係である. なお, (11-10)では, 貨幣需要関数は利子率が低くなるとわずかな利子率の低下によって需要が大幅に増加する（需要の利子弾力性が大きい）ということを考慮に入れて, 一次式ではない複雑な形をとっている. なお, 需要の弾力性が無限大となり, 利子率の下限が生ずるときは, 流動性のわな（liquidity trap）と呼ばれ金融政策は完全に効果を失う.

さてこのような貨幣を含んだモデルは, 周知の *IS-LM* 曲線を使って図示できる. いま, (11-2), (11-3), (11-4), (11-5), (11-6′)式を(11-1)式に代入すると,

$$Y = a + b\{Y - (c + dY)\} + (e + fi) + \bar{G}$$

となる. この式を整理し直すと,

$$i = \frac{bc - a - e - \bar{G}}{f} + \frac{1 + b(d-1)}{f} Y \qquad (11\text{-}11)$$

であり, b（限界消費性向）は 1 より小さく, d が 1 より小さい正の値, f が負の値であるから Y にかかる係数はマイナスの値をとる.

この(11-11)は, ヒックスが示した *IS* 曲線, すなわち投資・貯蓄の均等（総需要と総供給の均等）をみたす所得と利子率の組合せを示している. (11-10)から, 一定の貨幣供給量との均衡を達成する所得と利子率との組合せが求まるが, これが *LM* 曲線である. この両者を図示したのが図 11-3 であり, *LM* 曲

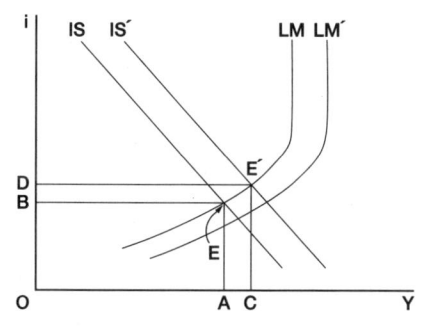

図11-3 貨幣需給を組み込んだ均衡

線とIS曲線が交ったE点が均衡GDP(OA)と均衡利子率(OB)である．このE点は特定のフィスカル・ポリシーの運営の仕方($\bar{G}, c, d$)と金融政策の態度($\bar{M}$)に応じて決まってくるのであり，財政政策・金融政策の運営如何によって国民所得の水準を望ましい水準に近づけることができる．

いま，均衡点(E)に対応する国民所得の水準が，完全雇用以下の水準であるとしよう．政府は雇用を拡大するために財政支出Gを拡大したとすると，(11-11)からわかるように，第1項は大きくなり(Y切片は増加し)，IS曲線は右方へシフトする．したがって新しい均衡点はE'点へ移り，国民所得はOCに増加する．しかしここで注意を要するのは，利子率もまたODに上昇することである．前節までの議論において用いられてきた単純な所得分析においては，財政支出の拡大は国民所得の増加をまねくが民間投資はまったく影響を受けなかった．しかし，貨幣需給を考慮に入れ，投資が利子率に依存するとすると，財政支出の拡大は，民間投資の水準に影響を与えるのである．利子率がOBからODに上昇したことの結果，(11-6′)からわかるように投資需要が減少するのである．政府支出の拡大は，税制を固定して行なわれるから，国民所得の拡大によって多少税収入は増加するが支出の拡大にはおよばず，国債の発行あるいは黒字の縮小によって大部分調達されざるをえない．他方，ここでは貨幣供給量($\bar{M}$)は一定であるから，国債を中央銀行が引き受けてそのまま貨幣供給を増加させることはできず，国債はすべて市中で消化されることにな

る.すなわち新しい国債発行は,民間部門の資金需要と競合し市場利子率が上昇することによって民間の投資需要を一部分締め出す(crowd-out する)のである.

　貨幣供給量を一定におさえて,財政支出増や減税によって拡張的な財政政策をとり続けたとすれば,IS 曲線は右方へ移動し続けるが,やがて民間資金を締め出す程度が強くなり,国民所得を拡大する効果は弱まってしまう.極端な場合には,財政支出増と同額の民間投資減が生じて完全な締め出しが起きる.このようにみてくると財政政策のみによって雇用を拡大していくのは限界があって,民間投資への締め出しを避けようとすれば,金融政策は緩和基調に運営して貨幣供給量を増加させ(LM を LM' へシフトさせ),利子率を一定に保つような政策をとる必要がある.フィスカル・ポリシーが長期にわたって景気拡大に有効性をもつためには,金融政策の協力が必要となる.

国債の市中消化と中央銀行引受け　　以上の分析においては,フィスカル・ポリシーからの中央銀行の独立性を前提としてきた.しかし,政府が財政支出の増加を意図し増税によらず国債発行によってその財源を調達するときには,中央銀行の貨幣供給量が国債発行量自体によって左右される場合が生じうる.国債発行を中央銀行である日本銀行が直接引き受ける場合がこれであり,通常日銀引受けとよばれ,現行の財政法では禁止されている(第2章2-2節参照).しかし,ここでは問題を明らかにさせるために,中央銀行(日銀)引受けが行なわれると仮定しよう.いま,国債発行を全額日本銀行が買い入れるとすると,財政支出が支払われたときに通貨が増発されることになり,国債発行額に応じて貨幣供給量の増加,あるいは正確に議論すれば,信用創造によって国債発行額以上の貨幣供給量の増加が生じるといえよう.いずれにしても IS 曲線の右方へのシフトは,日銀引受けの場合には同時に LM 曲線の右方へのシフトを生ぜしめ,図11-3でみるようにクラウディング・アウトの心配はなく,総需要の拡大効果が大きくなる.日銀引受けによる国債発行にもとづく財政支出の拡大はその政策効果が大きいが故に,深刻な不況においては意味をもつ政策で

あるが，景気が拡大し，むしろインフレ基調になったときに依然として国債発行が行なわれるとすると，物価安定のために貨幣供給を抑制する金融引締め政策の実行が困難になるという危険性がある．

昭和7年から9年に至る深刻な不況期に当時の大蔵大臣であった高橋是清がとった景気拡大政策は，国債の日銀引受けにもとづく財政支出の拡大であり，世界的な大不況にまき込まれた日本経済にとって効果の大きい政策であった．しかし，その後景気が回復し，インフレ基調になっても依然として財政支出の拡大が国債発行により，しかも日銀引受けによって調達される慣行が続けられた結果，中央銀行による貨幣供給へのコントロールが困難となりインフレが進行した．このような歴史的な経験は，中央銀行引受けによる国債発行に対しては警戒を要することを示している．

国債発行が日銀引受けではなくて市中消化によって（たとえば個人投資家が保有することによって）調達される場合には，貨幣供給量は変化せず，前節で示したような IS 曲線の右方のシフトが生じ，金融政策を変更しない限り利子率の上昇による民間資金の締め出しが生ずる．すでにふれたように日本の財政法では日銀引受けによる国債発行は禁止されているが，これは国債発行下においても中央銀行にはみずからの判断によって通貨量をコントロールしうる一つの制度的な保障を与えられているといってよい．

国債発行と資産効果　　国債発行が市中消化によって調達される場合に注意を払うべきもう一つの効果として資産効果がある[2]．資産効果というのは，民間の経済主体が保有する金融資産の増加が消費行動や貨幣需要に与える効果を指す．より具体的には，金融資産の増加は，将来の消費にそなえる貯蓄の必要度の低くなったことを意味するから貯蓄の減少（消費の増加）をまねく．この効果は，デフレーションの進行が実質貨幣残高を増加させ消費を拡大させる効果としてピグーが指摘したもの（ピグー効果）と同じである．また金融資産の増加は，それが貨幣か貨幣以外の金融資産（たとえば債券）によって生ずるか

2）　以下の分析については，Blinder and Solow [1974]．

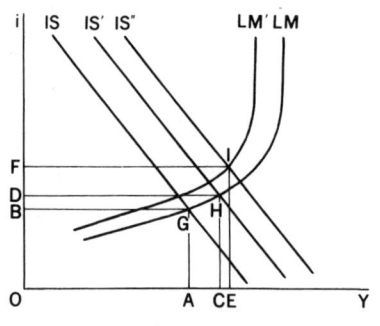

図11-4 資産効果を含む場合

どうかによっても貨幣需要に異なった影響をもたらす．かりに金融資産の増加がすべて国債で占められるとすると，元来投資家はその資産を流動性の高い貨幣と流動性の低い国債と組み合わせて保有しているから，非流動的な資産（この場合は国債）の増加とともに資産保有のバランスを回復するために貨幣需要を増加させ，(11-13)の貨幣需要関数がシフトする．資産効果を通ずる消費と貨幣需要への波及効果を考慮に入れると，市中消化により民間の投資家が国債を保有し，財政支出の拡大が行なわれたときには，図11-4に示されるような $IS\cdot LM$ 曲線の移動が生ずる．

すなわち，まず財政支出の増加によって，IS 曲線が右方へ移動し IS' 曲線となる．次に国債保有の増加による資産効果により，消費性向が上昇するから，IS' 曲線はさらに IS'' 曲線のように右方へ移動する．他方，貨幣需要を反映する LM 曲線は，貨幣需要が資産効果によって増加するのであるから，同じ所得の水準の下では，より高い利子率でないと投資家の貨幣需要を満足させることはできず LM' 曲線へと移動する．

最終的な均衡点 (I) を当初の均衡点 (G)，財政支出のみが拡張したときの均衡点 (H) と比較すると，利子率の上昇の程度が大きくなり，その結果民間需要への締め出し効果は強く働くようになる．均衡所得への拡大効果は，資産効果が貨幣需要を通じて働けば働くほど弱くなり LM' 曲線の左方へのシフトが著しいときには，財政支出の拡大効果がかなりの程度相殺されうることも生じうる．いずれにしても，資産効果は市中消化による国債発行のクラウディング・

11-3. インフレーションと財政金融政策

これまでの議論では，価格と賃金が硬直的な世界を前提にしてフィスカル・ポリシーの効果を取り扱ってきた．しかし現実の世界では，価格・賃金は下方へ硬直性が認められたとしても物価変動と賃金変動はたえず生じている．したがって物価・賃金が変動する世界におけるフィスカル・ポリシーの効果をあらためて検討する必要が生ずる．物価変動を含む経済変動を説明することは必ずしも容易ではなく，経済理論においては大きな争点の一つになっていて定説があるとはいいがたい．そこで以下では，いくつかの手がかりを提供する範囲においてフィスカル・ポリシーの効果を吟味する．

フィリップス曲線　　定型的なケインズ体系の解釈から離れて，価格と賃金の変動を考慮に入れるときに，いままでとはかなり違った見方が成立しうる．

物価と賃金の変動が雇用量の変化とどう結びついているかについては，経験的にはフィリップス曲線 (Phillips curve) と呼ばれる関係がある．フィリップス曲線とは，図 11-5 で示される賃金上昇率と雇用のトレード・オフの関係である．すなわち，この H 曲線上では雇用量が拡大すれば（失業率が減少すれば），賃金上昇率が増加するという関係が成立していて，過去の賃金上昇率は経験的にはこのような関係を満たしている場合がかなりあるのである．

他方，企業がコストの増加の程度に見合って製品の価格を引き上げていくとすると，物価は，

$$\frac{\Delta P}{P} = \alpha_0 + \alpha_1 \frac{\Delta W}{W}$$

という簡単な関係で示される．したがって図 11-5 で示されたフィリップス曲線を利用すると，失業の減少は賃金上昇率を引き上げ，それがそのまま物価上

---

3) この節における議論は政府の予算制約式を入れると動学的な展開が可能になる．前掲の Blinder and Solow [1974] 参照.

図 11-5 フィリップス曲線

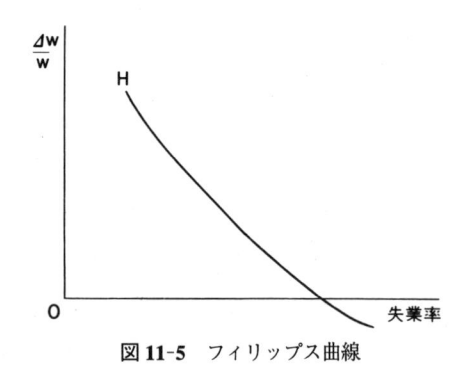

昇率にはねかえるということになる．

　さて，このような賃金・物価の変動を念頭におくと，フィスカル・ポリシーの与える影響は次のようにみることができる．いま，拡張的なフィスカル・ポリシーをとるとすると，すでに分析したように国民所得の水準が上昇し，雇用が拡大し（失業率が低下し），貨幣賃金率が上昇をはやめ，さらに物価上昇率が高まり，インフレーションに結びつく．すなわち，拡張的なフィスカル・ポリシーは物価安定を犠牲にして初めて実現可能であるということになる．

　このような物価・賃金に対するフィスカル・ポリシーの効果は次のようにもみることができる．元来物価上昇と賃金上昇が生じている経済，すなわちインフレーションが進行している経済であり，それ自身の独自のメカニズムをもっているとみることができる．フィリップス曲線は経験的な関係として観察されているが，おそらくその背後には労働市場における需給関係が働いているはずである．いま失業率の低い場合，労働市場においては労働者は売手市場であるから，容易に賃金を引き上げやすいであろうし，労働組合の圧力はさらにこれを助長するであろう．そうすると，賃金上昇率はどうしても高くなり，それが製品市場における売り手の価格支配力の強さとあいまって物価上昇率を高め，さらに賃上げが労働組合の圧力で加速される．そして一度このようなプロセスが始まると，労働市場の需給関係が変化しない限り，そのまま高い物価上昇と賃金上昇が継続していくのである．逆に抑制的なフィスカル・ポリシーはこのようなインフレーションのプロセスに対して，生産物市場における総需要を抑

制して労働市場における需給関係に影響を与え,結果として賃金上昇率と物価上昇率を低下させることになる.この場合,総需要をコントロールする手段としては,フィスカル・ポリシー以外にも金融政策も有力な手段であり同じような効果を期待しうる.

マネタリストの主張　さて1970年代以降フィスカル・ポリシーのみならず,金融政策を含めての安定政策が雇用に与える有効性を否定する貨幣数量説支持者(マネタリスト)の見方と合理的期待形成論者の見方が提出されている.そこで以下これらの見解について吟味してみよう.

マネタリストの一つの疑問点は,図11-5で示されるようなフィリップス曲線が果たして安定的に観察されるか否かという点である.このような疑問点は,主として物価上昇時において経済主体がいだく期待(expectation)のもつ役割に着目している.いま,拡張的な財政政策をとったとする.この場合,もし経済主体がこのような政策によってもっぱら物価上昇期待をもつとすると,労働組合も企業も労働供給量や産出量をかえずに価格を引き上げようという行動をとり,ほとんど雇用量や産出量の増加なしに物価上昇のみが生ずる.拡張的な金融政策の場合(貨幣供給が増加する場合)には,物価上昇の予想がフィスカル・ポリシーの場合よりもさらにはっきりと成立するとすれば,拡張的な金融政策の雇用拡大効果は失われてしまう.以前のフィリップス曲線を用いれば,

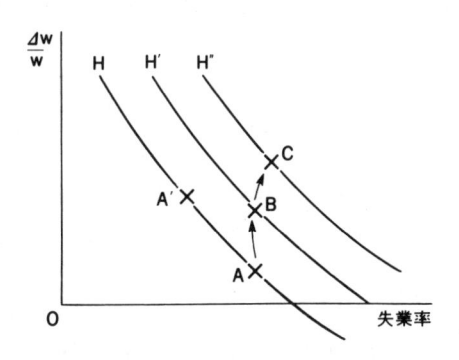

図11-6　物価上昇期待とフィリップス曲線

図11-6のように拡張的な財政金融政策によって，フィリップス曲線それ自体がHからH'，H'からH''へと移動するのではないかというのが貨幣数量説支持者が主張する疑問点である．最初経済がA点にあり，失業率が高すぎるので雇用拡大のためA'点の方へ移行しようとして財政金融政策によって景気を刺激したとしよう．この場合，多少の物価上昇を覚悟していたものの，フィリップス曲線自体がシフトすることにより失業率の低下は達成しえず，物価・賃金の上昇のみが生じ，政策が失敗し，経済はスタグフレーションに落ち込む．

要するに，貨幣数量説の支持者は，安定政策としての財政金融政策が雇用面に与える長期的な効果を否定するのであり，単にフィスカル・ポリシーというよりも，金融政策のもつ効果自体をも否定する点に特徴がある．そしてマネタリストは長期的には価格・賃金が伸縮性をもつから完全雇用は達成されるとみる[4]．ここではあえてマネタリストの議論にコメントを加えるとすれば，以下に述べるような三つの点をあげることができよう．

まず第一のコメントは，経済取引においてどの程度まで長期において賃金や価格の契約が行なわれるか否かが雇用拡大効果の有無を決定することになるという点である．拡張的な財政金融政策が行なわれた場合に，もし賃金や価格の契約が長期間固定されていれば，即座に賃金や価格が上昇することは困難になり，すでに説明した賃金や価格が固定的な状況における IS-LM 曲線の分析が妥当する局面があるはずである．賃金・価格の変動があるにしてもその変動が硬直的であれば，雇用に対して財政金融政策が効果をもちうる余地は残されているのである．

第二のコメントは，フィリップス曲線のシフトの程度は経済変動の局面が異なれば違ってくるはずであり，またそれぞれの経済社会においても差異があるという点である．昭和47, 48年以降の第一次石油危機に伴う急速な物価上昇期には，おそらく図11-6で示されるような状況が多くの国々で生じたことは

---

[4] マネタリストは期待が現実に実現する場合には雇用量に変動が生ぜず，このような雇用量は労働供給と需要が市場の実質賃金の下で一致する完全雇用に一致し，その際生ずる失業率を自然失業率 (natural rate of unemployment) と呼んだ．Friedman [1968]．なお，マクロ理論の最近のテキストにはこの種の観点がとり入れられている．

否定しえないであろう．しかしそれ以前の時期や昭和52年以降物価が沈静してからは，フィリップス曲線の大幅なシフトは少なくとも日本経済においては，生じていないとみられる．

　第三のコメントは，物価上昇期待が拡張的なフィスカル・ポリシーの結果どの程度生ずるかについては疑問が残っている．たしかに，金融緩和政策により貨幣供給量が増加したときに物価上昇の予想が生ずる可能性は高いが，財政支出の拡張が直ちに物価上昇の予想を引き起こすかどうかは，国債発行の増加に対して中央銀行がどのように対応するかによって違ってくる．むしろ財政支出拡大の固有の効果というよりは，究極的には金融政策の如何が物価上昇の期待を左右する可能性が高いのである．したがって前に説明したように，財政支出の拡大によって最初短期間には雇用拡大が生ずるが，雇用拡大効果を保つためには，民間資金の締め出しを避ける必要があり，そのために金融緩和政策が必要となるとすると，やがて貨幣供給量の拡大が必要となり，インフレ期待が生じて雇用拡大効果が弱まるとみるのがわかりやすい．したがって，かりにマネタリストの批判を受け入れたとしても，フィスカル・ポリシーは短期的には効果があるという点を否定するのは困難である．

　合理的期待形成論の主張　　以上は，もっぱら物価上昇期待を考慮した場合の財政政策の効果であるが，これ以外にも別の意味で期待が重要な役割をもつ場合が指摘される．いま景気を刺激するために所得税の減税が行なわれ，しかもこの減税は1年たてば元の税率にもどる（すなわち，1年後には増税）という意味で一時的減税であるとしよう．この場合，消費者はかりに減税があってもその可処分所得をごく一時的にしか高めえないとみるから，減税に合わせて消費水準を高めるという行動をとらずに減税の大部分を貯蓄にまわしてしまう可能性が高い．これに対して税率を下げたきりの恒久的減税は，消費者の消費計画に対してはっきりした効果をもち，消費支出の拡大が期待しうるであろう．

　このような見方は，さらに金融政策の手段に関するルールの設定（たとえば一定増加率の貨幣供給量の伸び率の採用）の如何によってマクロの経済活動へ

の影響度に差異は生じないという合理的期待形成論（rational expectation theory）の議論によってさらに強化される．合理的期待形成論においては，政府と民間とで情報入手のタイミングに差がないとすれば，予期された政策変更はあらかじめ国民の経済行動に織りこまれてしまって効果がなくなり，予期されない政策の変更のみが効果をもつことになる．しかし，ここでも賃金・物価の完全な伸縮性の前提がその結論に必要である．すなわち，賃金・物価に硬直性があると，合理的期待形成の下でも財政金融政策は短期的に影響力をもつのである[5]．

なお，前章で検討されたバローの中立命題は，合理的期待形成論と似た問題提起であり，同じく公債発行にもとづく財政支出の無効を指摘していた．しかし，すでにそこでも説明されたように，財政支出の効果が完全に無効であるという証拠はなく，部分的には有効であるとみられる．

以上，賃金・物価が固定されており，また将来の予想を考慮しない形での*IS-LM*曲線にもとづくフィスカル・ポリシーの効果の分析は，賃金・物価が変動し予想が重要な役割を果たす世界では，かなりの留保条件をつける必要があるが，短期的にみて財政金融政策の有効性が否定されたわけではない．なお，その後の財政政策に関する討論については補論を参照せよ．

11-4. 国債管理政策

フィスカル・ポリシーと結びついてその金融的効果を考える場合に無視できないのが国債管理政策（debt management policy）である．国債管理政策とは通常次のような政策を指す．すなわち，財政収支（黒字幅，赤字幅）は，その時々に必要とされる総需要の調整というフィスカル・ポリシー上の要請やまた資源配分上から必要となる公共支出の規模などによって決まるが，結果として生じた財政黒字・赤字を金融的にいかに管理するかが国債管理政策なのである．財政黒字の場合には，過去の債務を償還するか，それとも，金融資産とし

---

[5] 合理的期待形成論については，志築・武藤[1981]やSheffrin[1983]を参照．

て保有するかの選択がありうるし，また財政赤字の場合には，どのような債務を発行し，どのような経済主体から資金を調達するかの選択に迫られるのである．以下では，もっぱら財政赤字の場合を想定しながら国債管理政策を概観することにしよう．

制度的選択　国債管理政策の意味を広くとると，金融市場における市場原理にもとづいて発行するか否かの選択をも含む．金融市場においては，通常貸し手と借り手の需給を調整するように競争的に成立する金利の下で資金の貸借が行なわれる．国債発行の場合にはアメリカにみられるように，市場原理（公募競争入札）にもとづいて資金の調達が行なわれることもあるが，かつての（1975年以前の）日本のように金利を低く規制しておいて強制的に国債を保有させた場合もある[6]．

どちらの国債発行の仕方を選ぶかは，財政固有の理由のみならず，金融制度上，あるいは金融政策上の配慮が左右する．確かに国債の低利発行は，国債の利子費用を小さくし，最終的には利子費用調達のための租税負担を低めるという長所がある．しかし，国債の発行金利を低く抑えるためには，他の金利を低く抑える必要が生じ，金利水準一般を低く規制するという金融市場全体の規制につながるとすると，金融市場において競争的な市場メカニズムを維持するか否かという判断が重要になる．金融制度，あるいは金融政策上の問題についてはここではふれる余裕がないが，金融市場における市場メカニズムを犠牲にして国債の低利発行を行なうことを支持する意見が賛成をうるとは考えにくい．

日本の国債発行の場合，その大部分を占める長期債は国債引受け団（シンジケート団）がかなりの部分を引き受けるという慣行が定着してきたが，最近では，しかし，発行金利の水準のいかんによって投資家が引き受けるか否かを選択しうる公募入札方式の比重が高くなり，金融市場の市場メカニズムを尊重した方式に移行しつつある．

---

[6]　現在では国債発行金利は流通市場における国債利子率の変化に応じて弾力的に変更されることとなった．

狭義の国債管理政策　さて以下では，金融市場で成立する金利を尊重して国債発行が行なわれることを前提として，いわば狭義の国債管理政策の内容をみてみよう．狭義の国債管理政策とは，通常，①新規に資金を借り入れるために発行する国債の種類と発行条件に関する財政当局の決定，②満期債の借り換えのために発行される国債の種類と発行条件に関する財政当局の決定である．国債の発行条件に関しては市場で成立する金利に見合った発行金利で発行するというのであるから，財政当局が独自に裁量しうる余地はないとすると，国債管理政策とは，もっぱら発行する債券をどのような種類のものにするかに関する意思決定を指すとみてよい．金融市場においては，債券を発行する場合，3ヵ月以下というような短期に償還される債券から，10年をこえる長期に償還される債券までに多様化された資金調達手段があるが，国債発行の場合にも，バラエティのある債券の満期について望ましい満期を選ぶ必要がある．この場合，国債管理政策が目指す目標として何を選択するかが問題となる．

まず，第一に考えられる目標は，安定政策と同じ目標(完全雇用と物価安定)であるが，国債管理政策は次のようなメカニズムを通じてこの目標に影響を与えるものとみられている．すなわち，国債はいうまでもなく金融資産の一つであるが，貨幣と比較するときにはその流動性において劣っている．さらに細かく考えると国債もその償還期限の長短に応じて流動性の差異があり，償還期限の短い国債（短期国債）は償還期限の長い国債（長期国債）に比較して，それだけ換金されるまでの期間が短いのでより流動的な資産とみなされる．換言するならば，長期国債よりも短期国債の方が貨幣に近い（あるいは貨幣と代替的な）資産である．したがって民間の経済主体は，貨幣残高を一定としたときには国債を保有すれば資産を多様化するために貨幣需要が増加するが，同額の国債を保有するとしてもより流動的な資産である短期債を保有する場合には長期国債と比較して貨幣に対する需要の増加が抑制される．すなわち，国債保有の増加は貨幣供給量を不変に保つときにも LM 曲線を左方へシフトさせるが，長期国債にくらべれば短期国債による保有増加は，左方へのシフトの程度が小さいのであり，利子率を引き上げる効果は弱い(図11-4 参照)．このような短

期国債と長期国債との差異を考えると，総需要を抑制する必要があるときには，同額の赤字を調達するとしても利子率を引き上げる程度が強く，それだけデフレ的な効果をもつ長期国債を発行し，逆に総需要を刺激するときには，デフレ効果の弱い短期国債を発行した方が望ましいということになる．

　このような安定政策として国債管理政策を利用することの可否は，いま説明したような政策効果が働きうるかどうかにかかっているといってよい．主としてアメリカにおける実証研究の例では，国債残高の満期別構成をかえる政策が短期金利と長期金利との格差に影響を及ぼす程度はわずかであり，安定政策としての国債管理政策の有効性については疑問視されている．また最近では，長期金利と短期金利の格差が投資家が評価する流動性の差異によって生ずるのではなく，投資家がもつ将来の金利予想によって左右されるという見方が力をえてきている．

　国債管理政策を安定政策として利用するにはその有効性が疑わしいとすると，国債管理政策の目標として次に登場するのが利子費用最小の目標である．国債の利子費用が高価につくことは，最終的には納税者にとっての租税負担が重くなることを意味するから，租税負担の上昇がもつ経済効率上のマイナス面がここでも働くことになり，利子費用最小はそれなりの根拠をもっている．ただし，この目標の実現は長期利子率，短期利子率がどのような格差をもつかとともに水準それ自身の変動の仕方によっても左右され，単純にいっても短期国債の発行が有利であるということにはならない．金融引締め期には，全体としての金利水準が上昇するだけではなく，短期金利が異常に高騰する場合があり，逆に金融緩和期には全体としての金利水準が下落するとともに短期金利が長期金利にくらべても低下する．利子費用最小が長期的な目標であるとすると，金融緩和期には短期で資金調達するよりも，長期間の平均水準からみて低い長期金利で長期間資金を借りる方が結果的には利子費用が小さくなることが十分生じうる．

　以上のように考えてくると，国債管理政策にとって残された政策目標はむしろ消極的な目標，すなわちなるべく経済にとって攪乱要因とならないような中

立的な国債管理，さらには金融政策の効果を弱めないような中立的な国債管理である．公社債市場に大きな攪乱を与えず，また金融引締め政策の足を引っぱらないような国債管理が具体的な政策の目標となろう．

補論　1970年代以降の日本の財政政策
──フィスカル・ポリシーの役割──

　この補論では財政という政策手段が安定化政策として，とくに金融政策との比較において，その有効性を検討し，すでにアメリカなどにおいて安定化政策の主座を去った財政政策が，日本でかくも多用された理由を説明する．とくに，マクロ政策，あるいは，景気政策としての財政政策に関して，マクロ経済学の変化と結び付けて，アメリカにおける考え方の推移をたどり，これと対比しながら，日本の財政政策の特徴を明らかにしたい[7]．

　最初に，財政政策という言葉の意味について，簡単に見ておきたい．財政政策という言葉は，必ずしも厳格な定義の下で使われてきたわけではない．一応本文にあるフィスカル・ポリシーは fiscal policy という英語であるが，fiscal policy という言葉は，多くの場合，安定化政策としての財政政策を意味していて，限定された内容をもつ言葉である．日本において，財政政策といわれる場合には，財政という手段を単にマクロ政策として使うというだけではなく，民間経済のインセンティブを高める手段，資源配分としての財政支出の配分，租税の組み合わせ，あるいは，租税特別措置，さらには，社会保障の分野まで含む多様な内容を持つことが多い．しかし，ここでは，財政政策という言葉を安定化政策としての財政政策に限定して議論する．

安定化政策としての財政政策の地位──アメリカの場合──　財政政策が安定化政策として重要な地位を占めるに至ったのは，いうまでもなくケインズの『一般理論』(1936年)以降のことであるが，現実の経済政策に影響力をもったのは，1950年代・60年代のことであった．典型的には，アメリカ・ケインジアンの代表的存在であったハンセン (A. H. Hansen) の主張が挙げられよう．このような議論の背景には，1930年代に難解な『一般理論』の理解に貢献したヒックス (J. R. Hicks) の *IS-LM* 曲線によるケインズ体系の解釈が

---

7)　この補論は，貝塚[2002b]に手を加えたものである．

あったのである．ヒックスの *IS-LM* 曲線は，一般的に金融政策の有効性を否定したわけではないが，特殊な場合，即ち，金融政策が市場利子率をこれ以上下げられないという場合には，金融政策は，無力になり，有効需要を高めるには，財政政策に頼らざるをえないとみたのである．このケースは，通常，「流動性の罠」といわれているが，1930年代の大不況期におけるアメリカの状況は，これに近いと考えられた．その後，1950年代・60年代においては，金融政策の有効性には，疑問が投げ掛けられ，財政政策の役割が重視された．その代表的な例は，民主党のケネディ政権初期の減税政策があげられる．

その後のアメリカ経済は，失業率の上昇と物価上昇に悩まされ，1970年代に入ると，ミルトン・フリードマン（Milton Friedman）に代表されるマネタリストの意見が影響力をもち始め，フリードマン自身の意見とは，同じでないにしても，金利を直接の目標とする連邦準備制度（FED）が安定化政策の中心と考えられるようになった．また，*IS-LM* 曲線とは異なる新しいフレイム・ワークが提示され，財政政策は，背後に後退することとなった．そして，現在でも，ゼロ金利というような特殊な場合を除いては，金融政策の安定化政策における支配的な地位が確立したと見られる．以下，もう少し詳しく，このような状況を主としてテイラー（John B. Taylor）の整理によりながら，説明しておく[8]．

新しいフレイム・ワークは，三つの関係からなっている．第一は，金融政策のルールである．すなわち，中央銀行は，物価上昇率が増加すれば，短期金融市場の金利を上げるというルールであり，第二の関係は，実質利子率が上がれば，実質GDPが下がるというトレードオフの関係であり，すなわち，実質利子率の上昇は，投資需要を減退させ実質GDPを下げるのである．第三の関係は，物価上昇率と実質GDPとの間の期待を体化したフィリップス曲線である．すなわち，将来の物価上昇期待を織り込んだフィリップス曲線であり，物価上昇期待が高ければ高いほどフィリップス曲線が東北方にシフトするのである．第一の関係と第二の関係とを組み合わせれば，図11-7のような物価上昇

---

[8] Taylor [2000] 参照．

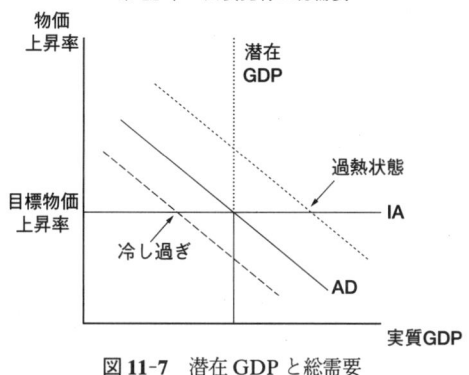

第11章 公債発行と総需要   271

図11-7 潜在GDPと総需要

率と実質GDPとの間の総需要曲線（AD曲線）が得られる．第三の関係は，図11-7においても示され，IAとなづけられた水平上下に動く「インフレ調整線」であり，現実のGDPが潜在的GDPを越えたときには上昇し，現実のGDPが潜在的GDPを下回るときには下落する．

　金融政策は，現実のAD曲線が潜在的GDPを超過しているか，それとも，潜在的GDPに不足しているかによって安定化政策としてその役割を果たす．もし，図11-7の実線のAD曲線の位置にあるとすれば，中央銀行の目標とする物価上昇率に現実の物価上昇率が等しいのであるから理想的な状況にあり，中央銀行は，中立的な政策のスタンスを続ける．しかし，経済が過熱状況にあるときには，東北方の点線のところにAD曲線があり，「インフレ調整線」が上昇し始め，潜在的GDPと交わる点まで物価が上昇し，中央銀行は，物価の上昇を抑えるために，金利を引き上げなければならない．図11-7の西南方のAD曲線は，総需要が潜在的GDPを下回る場合であり，中央銀行は，短期金利を下げ，総需要を潜在的GDPにまで引き上げなければならない．細かい金融政策の運営方法には，意見の差異があるとしても，総需要の伸びを潜在的GDPの伸びに合わせるという点では，異なる金融政策へのアプローチには共通性がある．

　財政政策の効果も，金融政策のそれと，メカニズムとして基本的に異なるわけではない．すなわち，財政政策の拡張効果は，一時的にAD曲線を東北方

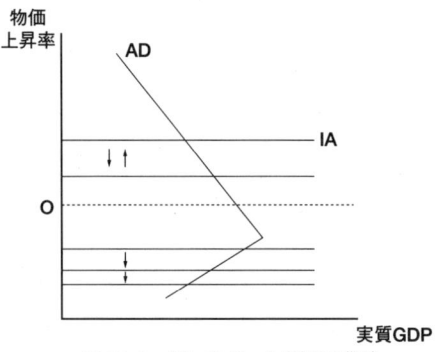

図 11-8 折れ曲がった総需要曲線

にシフトさせるが，やがて物価が上昇することにより，潜在的 GDP に戻る．また，財政政策の場合には，政策の機動性において，とくに裁量的な政策において金融政策に劣る．すなわち，金融政策は，1940 年代において，ミルトン・フリードマンが主張したように，意思決定が素早く，また政策の転換も容易であるという利点をもっている．他方，財政政策は，立法過程を含むがゆえに，意思決定に手間取り，機動性に欠ける．ただし，フリードマンが指摘したように，自動安定化要因による財政収支の変動は，予想可能であり，機動性が高い．以上のような議論から要約的にいえば，金融政策は，安定化政策として主導的な地位を持ち続けてきたといえよう．しかし，財政政策の役割が必要な特殊な場合があり，それがゼロ金利の場合であるというテイラーの指摘があり，日本の現状と密接に関係していると思われるので，この点を検討しておきたい．

日本の最近の事例のように，金利がゼロに近づくと，物価下落が続く限り実質金利が上昇し，さらに物価を下落させる圧力が働く．図 11-7 とは異なり，総需要曲線（AD 曲線）が折れ曲がり，不安定なデフレーションに突入する（図 11-8）参照．

以上のようにアメリカにおける財政政策の役割へのテイラーの評価を念頭におきながら，1970 年代以降の日本における財政政策の役割を跡づけよう．

多用された財政政策——日本の場合—— 1970 年代以降の日本の安定化

政策の特徴は，なんといっても裁量的な財政手段が多用されたこと，さらにいえば，公共投資が主たる政策手段であったことである．1970年代・80年代の安定化政策の事例を挙げれば，以下のようになる．なお，ここでは，安定化政策から見た各年度の予算編成方針は対象にせず，年度中の裁量的財政政策を跡づけることとする．

1) 1971年の第1四半期から明らかになった景気後退に対して，71年3月16日に，景気対策として，71年度上期公共事業の繰上げを決定．1971年7月27日に財政投融資の追加等景気総合対策を決定．

2) 1971年10月12日に，ニクソン大統領のドル防衛対策に対応して公共事業費の増額等を含む補正予算の増額など一般会計の補正予算案および財政投融資の追加を決定．1972年10月20日に，財政投融資の追加を決定．1972年10月20日に，一般会計補正予算および財政投融資の第2次追加を決定．

3) OPEC（石油輸出国機構）による原油価格引上げによる物価上昇を抑えるために，1973年5月8日に，73年度の公共事業の繰延べを閣議決定．同年6月29日に73年度上期公共事業繰延強化を閣議了承．1974年4月12日に，財政執行の抑制を閣議了承．

4) 対前年GDP成長率がマイナス成長となり，不況の進行を食い止めるために，1975年2月14日，第1次不況対策を決定．同年3月24日，公共事業の円滑な執行などを含む第2次不況対策を決定．同年6月16日，第3次不況対策（住宅建設の促進・金利負担の軽減等）．同年9月17日，第4次不況対策の決定．

5) 第1次原油価格の引上げの結果生じた物価上昇と景気後退に対処するため，1977年3月11日に当面の景気対策を決定し，続いて，公共事業の上期末契約目標率を73％とし，公共事業施行推進本部を設置．同年7月26日，自治省が各都道府県に対し公共事業等の施行推進について通達．同年12月23日景気刺激のための1977年度予算の第2次補正予算案を閣議決定し，1978年度には，臨時異例の大型予算案を決定．1978年4月7日，公共事業の上期契約率を前年同様73％とする．同年5月15日，前年所得税の一部還付を内容

とする特別減税についての特別措置法を実施．

6) 第2次原油価格引上げの決定の結果，予想される物価上昇を抑えるために，1980年1月11日に1979年度公共事業予算の5％執行留保を決定．同年，3月19日に当面の物価対策として公共事業の執行抑制を物価問題関係閣僚会議で決定．同年，4月8日に，上期公共事業の契約目標を60％程度に抑制する方針を閣議決定．

7) 原油価格の上昇による国内物価への影響が軽く，景気が後退したので，1980年9月5日に抑制的な経済運営を手直しすることを決定．さらに，1981年3月17日に景気の維持・拡大策を含む第2次総合経済対策を決定．その後の景気の低迷に対して，1982年4月26日に，公共事業の上期契約率を77％強と決定．同年10月8日，内需拡大・不況産業対策などを中心とする総合経済対策を決定．1983年4月5日，経済対策閣僚会議が内需拡大・雇用促進対策など11項目を含む今後の経済対策を決定．

8) 1984年12月29日，1985年度の財政投融資計画を31年度ぶりに前年度当初計画比マイナスに抑える政府案を決定．

9) 1986年4月8日に，電力・ガスの円高差益約1兆円等の7項目を含む総合経済対策を決定．同年5月30日，中小企業対策・雇用対策・円高差益還元策等を骨子とする当面の経済対策の追加措置決定．これらの政策決定は，安定化政策というよりは，産業保護政策（円高対策）といったほうが当たっている．さらに，同年9月19日，内需中心の景気拡大・雇用の安定などにより経済の拡大均衡を目指す総合経済対策を決定し，5,429億円の公共事業費の追加を含む補正予算案を提出．

以上，1970年代と1980年代における裁量的財政政策の推移を見たが，これらの財政政策は，金融政策と並んで発動されたのであり，ほとんど例外なく景気の下降局面・上昇局面で実施に移された．なお，租税政策が安定化政策として用いられたことは，ほとんどなく，唯一の例外は，1978年5月15日に前年度の所得税について一律に減税を行なったことがあるが，珍しい事例といってよい．

財政政策が多用された理由　なぜ，この様な先進諸国と比較して特異な政策がとられたのか，その理由のいくつかを挙げてみよう．

まず，第一に日本におけるマクロ経済学の特異性である．いうまでもなく，ケインズの『一般理論』は，実質的には，第二次世界大戦後の日本の経済学界に受け入れられて，1960年代・1970年代は，その全盛時代であり，現在でも，その影響力は強く残っている．この場合ケインズ経済学とは，伝統的ケインズ経済学を指していて，新しいケインズ主義（New Keynesianism）といわれるものとは，異なっている．日本におけるケインズ経済学の影響力という場合には，伝統的ケインズ経済学の影響力を指している．伝統的ケインズ経済学というのは，1）市場経済は，長期的な労働の超過供給，すなわち，「不完全雇用均衡」（Unemployment Equilibrium）をもたらすこと，2）総需要の変動が失業率の変化を含むマクロ経済の変動の重要な説明要因であること，3）総需要管理政策によって，この様なマクロ経済変動を相殺できるという点で楽観的であるという内容のものである．このような傾向とならんで，1970年代以降アメリカ・イギリスなどで重要視されたフリードマンが提唱した新しいタイプの貨幣数量説がほとんど日本の経済学界で影響力をもたなかったことも挙げておく必要があろう．このようにして伝統的ケインズ経済学に基づく財政政策重視の政策が当然のこととして受け入れられ易かった．

次に，財政運営の法的な枠組みが公共投資に傾斜する方向にあったことである．すなわち，財政法が公債発行を認めず，例外として公共事業の財源調達のための「建設公債」を認めたことから，赤字財政の恒常化は，公共投資への傾斜を高めたのである．経常支出よりも公共投資のほうが正当化されやすかったのである．

第三に，公共投資を巡る政治経済学的な要因があると見られる．公共投資は，地域的にその便益の帰属がはっきりしていて，地域的利害を重視せざるをえない政治家にとっては，これを推進することにメリットがあったのである．

第四に，公共投資は，建設業を受益することが多く，これが圧力団体としてかなりの影響力をもったからである．また，官僚機構内（とくに旧建設省・旧

運輸省内）における技官の役割が無視できなかったこともあろう．

最後に，日本人は，それぞれの地域にモニュメントを作る性向が強く，自然資本や文化資本のない地域では，人為的な社会資本を作ることに熱心であったとみられる．

財政政策の役割はあるのか？ 前項で見たように，日本では公共投資中心の財政政策が多用されてきたが，最近では，財政政策の有効性に対して，かなりの批判が加えられるようになった．典型的には，財政支出の乗数効果が落ちたのではないかという疑問がもたれ，また，資源配分から見た公共投資の効率性が落ちたのではないかという問題が提起されるに至ったのである．この点は，浅子和美氏によって主張されている[9]．なお，アメリカの場合には，すでに引用したテイラー論文の中で，財政政策の有効性が低下した実証研究の例が挙げられている．いわゆる伝統的ケインズ経済学の見方とは対照的に，金融政策と比較して，財政政策の安定化政策としての地位は低下しつつある．

それでは，財政政策の役割がなくなったのであろうか？ 筆者は，日本における最近の論調とは異なり，以下に述べるような理由により，ゼロ金利政策に象徴されるような状況では，金融政策の有効性は失なわれ，かえって財政政策の役割が再認識されるべきではないかと考える．

ゼロ金利政策が困難な状況に直面することは，すでに紹介したテイラーの論文でも主張されていた．このような状況は，かつて，ケインズが『一般理論』において指摘したといわれる「流動性の罠」（Liquidity Trap）において金融政策が直面する困難さでもある．すなわち，ケインズは，将来の金利の期待形成において，金利の上昇が予想されることは無理とみて，金融政策の有効性を否定したのである．興味あることに，ケインズと同じような枠組みで，クルーグマン（Paul R. Krugman）がケインズと逆の想定の下で，日本のケースには，金融政策は，有効であるとしている[10]．すなわち，日本銀行がプラスの金利

---

9) 浅子 [2000] 参照．
10) Krugman [1998].

を目標とするインフレ・ターゲッティングを行なえば，金融政策は効果があるというものである．しかし，日本においても一部の人々が主張しているように，また，アメリカの学者もコメントしているように，中央銀行が行なうこのような約束に信頼性を持ちうるかという疑問はぬぐい得ない．インフレ・ターゲッティングの有効性に疑問があるとすると，ゼロ金利下では，財政政策の出動がかえって必要とされる．

　このような見方が当を得ているとすると，1990年代の日本のマクロ政策は，逆の政策をとっていたと考えられる．すなわち，バブル崩壊後，1990年代初期に金融政策の緩和が遅れ，公共投資を中心とする財政政策が頻繁に使われ，財政赤字が拡大するにつれて，財政政策が抑制気味になったので，1990年代後半には，もっぱら金融緩和政策が使われ，ついにはゼロ金利にまで追い込まれたのである．財政政策は，景気後退が深刻でない時期には，むしろ手控えられ，金融緩和策を最大限に活用し，ゼロ金利近くなったときにこそ使われるべきではなかったか．なお，ここでは，財政の自動安定化要因にふれるところはなかったが，所得税を中心にしてかなりの効果をもったとみられる[11]．

　むすび　　以上，財政政策を安定化政策という視点から，アメリカとの比較を念頭におきながら，*IS-LM* 曲線とは異なる枠組みで分析し，日本の財政政策の特徴を検討した．日本の場合，裁量的な財政政策が安定化政策として多用されたことは，1970年代，1980年代，1990年代前半を通じて顕著であるが，その効果が徐々に低下してきたことも否定しがたい．他方，安定化政策は，金融政策との連携関係において評価されるべきであり，日本の場合は，ここでも裁量的財政政策が前面に出てきたが，マクロ経済政策としては，金融政策こそが物価安定という政策目標と結びついて，評価されねばならない．1990年代の経済停滞の中で，財政赤字の問題が顕在化するまでは，金融政策の運営に十

---

11)　一例として，1984財政年度から1987財政年度にわたる所得税の税制改正がほとんどなかった期間の所得税の対GDP弾力値は，1.384であり，かなりの大きさである．

分な注意が払われず，1990年代の終りから，裁量的財政政策の運用が手控えられ，金融政策への負荷が重くなり，ゼロ金利という金融政策の壁が立ちはだかり，財政政策の出動が期待されるときに，財政政策が身動きできないという時間的に生じた安定化政策手段のミスマッチは，残念ながら現在でも続いているといえよう．

参考文献

A. 財政学の基本的文献

本書の本文で参照した文献は **B** としてまとめて示されているので，ここでは財政学を学ぶ場合の一般的な文献をあげて解説しておく．

[入門書]
1. 井堀利宏『財政』(第2版)(現代経済学入門)，岩波書店，2001年．
2. 貝塚啓明・宮島洋『財政学』(放送大学教材)，放送大学教育振興会，1995年．

[本書と同じレベルのテキスト]
3. 能勢哲也『現代財政学』(有斐閣ブックス)，有斐閣，1986年．
4. 橋本徹・山本英一・林宣嗣・中井英雄・高林喜久生『基本財政学』(第4版)，有斐閣，2002年．
5. 奥野信宏『公共経済学』(第2版)，岩波書店，2001年．
6. 常木淳『公共経済学』(第2版)新世社，2002年．
7. 本間正明編著『ゼミナール現代財政』日本経済新聞社，1990年．
8. 貝塚啓明・野口悠紀雄・宮島洋・本間正明・石弘光編『変貌する公共部門』『税制改革の潮流』『地方の時代の財政』『グローバル化と財政』(シリーズ現代財政 全4巻)，有斐閣，1990年．

　＊ 3, 4は制度面をも解説したテキストであり，5, 6は理論を骨格にしたテキスト．7は広く財政問題への展望をも扱い，8は財政がかかえる問題点を中心にとりくんでいる．

[外国のテキスト] アメリカを中心にすぐれたテキストは数多い．以下，新しい順にあげる．
9. Rosen, H. S., *Public Finance*, McGraw-Hill 6th ed., 2002.
10. Stiglitz, J. E., *Economic of the Public Sector*, W. W. Norton & Company, 3rd ed, 2000. (邦訳は，藪下史郎訳『公共経済学』マグロウヒル好学社，1989年，第2版)．
11. Musgrave, R. A. and P. B. Musgrave, *Public Finance in Theory and Practice*, 4th ed., McGraw-Hill, 1984. (第3版の邦訳は，木下和夫監訳・大阪大学財政研究会訳『財政学』I, II, III, 有斐閣，1984年)．
12. Brown, C. V. and P. M. Jackson, *Public Sector Economics*, 4th ed., Martin Robertson, 1990. (初版の邦訳は，大川政三・佐藤博監訳『公共部門の経済学』マグロウヒル好学社，1982年)．
13. Tresch, R. W., *Public Finance : A Normative Theory*, Business Publication,

1981.
14. Boadway, R. W., *Public Sector Economics*, Winthrop, 1979.
15. Shoup, C. S., *Public Finance,* Aldine, 1969. (塩崎潤監訳『財政学』有斐閣).
16. Musgrave, R. A., *The Theory of Public Finance*, McGraw-Hill, 1959. (木下和夫監訳・大阪大学財政研究会訳『財政理論』I, II, III, 有斐閣, 1961〜63年).

 ＊ これらのテキストのなかでもっとも網羅的なものが 11 であり，標準的な最新のテキストとしては 9 がすすめられる．10 は理論家である著者の主張を平易にかみくだいた興味深いテキストである．厚生経済学からじっくり勉強しようとするには 13 がよく，14 は第 2 版があるがむしろこの初版の方がよい．15 と 16 は，財政学界の長老であるシャウプ教授とマスグレイヴ教授がかつて力を込めて執筆したいわばテキストの古典である．

[水準の高い展望論集]

17. Auerbach, Alan J., and Marti, S. Feldstein ed., *Handbook of Public Economics*, Vol. I & Vol. II, North-Holland, 1985.
18. Auerbach, Alan J., and Martin S. Feldstein ed., *Handbook of Public Economics*, Vol. III a & Vol. III b, Elsevier Science B. V., 2002.
19. Mueller, D. C., *Perspectives on Public Choice*, Cambridge University Press, 1997.

[制度面中心の解説書]

20. 井堀利宏・土居丈郎編『財政読本』(第 5 版)，東洋経済新報社，2000 年．
21. 大蔵省官房企画調査課長編『図説 日本の財政』(毎年度刊行)，東洋経済新報社．大蔵省主税局調査課長編『図説 日本の税制』(毎年度刊行)，財経詳報社．
22. 国税庁『私たちの税金』(毎年度刊行)，国税庁．
23. Ministry of Finance (Tax Bureau), *An Outline of Japanese Taxes*, each year.
24. 浅見敏彦編『世界の財政制度』金融財政事情研究会，1986 年．

[財政統計]

25. 大蔵省官房企画調査課編『財政金融統計月報』(毎月刊行)，特集号 (予算と租税) が利用価値が大きい．
26. 大蔵省主計局調査課編『財政統計』(毎年度刊行)．
27. 大蔵財務協会編『図表解説 財政データブック』(昭和 60 年度から毎年度刊行)，大蔵財務協会．
28. 財政調査会編 (大蔵省主計局)『国の予算』(毎年度刊行)，はせ書房．

参考文献

B. 本文で参照した文献

文献末尾のイタリックの数字は，本文中の参照ページを示す．

[和　文]

浅子和美，2000，『マクロ安定化政策と日本経済』，岩波書店．　*276*
浅見敏彦編，1986，『世界の財政制度』金融財政事情研究会．　*40*
石弘光，1979，『租税政策の効果』東洋経済新報社．　*200, 207*
─────，1981，「課税所得捕捉率の業種間格差」『季刊現代経済』42号．　*222*
─────，1984，「課税の公平と課税ベースの選択──所得課税か支出課税か──」『季刊現代経済』59号．　*195*
井堀利宏，1986，『日本の財政赤字構造──中長期の実証・規範分析──』東洋経済新報社．　*245, 247*
伊藤元重，2002，『マクロ経済学』，日本評論社．　*249*
宇沢弘文，1973，『近代経済学の再検討』岩波書店．　*12*
小椋正立，1981，『サプライ・サイドの経済学』東洋経済新報社．　*186*
貝塚啓明，1974，「公共経済」富永健一編『経済社会学』東京大学出版会．　*70*
─────，1981 a，『財政支出の経済分析』（増補版），創文社．　*65, 122*
─────，1981 b，「均衡予算原則の再検討」，貝塚啓明・兼光秀郎編『現代日本の経済政策』日本経済新聞社．　*105*
─────，1984，「政府支出構造の変化」『経済研究』第35巻第2号，4月．　*103*
─────，1991 a，『日本の財政金融』有斐閣．　*42, 55, 192, 194, 195, 223*
─────，1991 b，「21世紀に向けての社会資本整備」『日本経済研究センター会報』634号．　*118*
─────，1994，「地方分権の政治経済学」貝塚啓明・金本良嗣編『日本の財政システム──制度設計の構想──』東京大学出版会．　*57, 83*
─────，1995，「税制と環境税」宇沢弘文・國則守生編『制度資本の経済学』東京大学出版会．　*209*
─────，2002 a，税制改革論議の混迷の背景『言論NPO』2002年4月号．　*227*
─────，2002 b，「序論 財政政策」『フィナンシャル・レビュー』第63号，財務省財務総合政策研究所．　*269*
─────，2002 c，「税制改革をめぐる争点」『フィナンシャル・レビュー』第65号，財務省財務総合政策研究所．　*227, 229*
木下宗七，1982，『戦後日本の経済行動』有斐閣．　*151*
佐伯啓思，1976，「経済学における公共性と共同性」『季刊現代経済』23号　*70*
志築徹郎・武藤恭彦，1981，『合理的期待形成とマネタリズム』日本経済新聞社．　*264*
シャウプ使節団，1950，『日本税制報告書』．　*189*
田中宏樹，2001，『公的資本形成の政策評価』PHP研究所．　*122*
西部邁，1975，『ソシオ・エコノミックス』中央公論社．　*70*

野口悠紀雄他，1979,『予算編成における公共的意思決定過程の研究』経済企画庁経済研究所（研究シリーズ33号）. *106*

野口悠紀雄, 1981,『試論行財政改革』PHP 研究所. *57*

―――, 1986,『税制改革の構想』東洋経済新報社. *195, 215, 223*

林健久・貝塚啓明編，1973,『日本の財政』東京大学出版会. *201*

藤田晴, 1987,『税制改革』税務経理協会. *223*

―――, 1992,『所得税の基礎理論』中央経済社. *197*

本間正明, 1982,『租税の経済理論』創文社. *164*

―――・跡田直澄・林文夫・泰邦昭, 1984,『設備投資と企業税制』経済企画庁経済研究所（研究シリーズ41号）. *151*

―――・井堀利宏・跡田直澄・村山淳喜, 1984,「所得税負担の業種間格差の実態調査」『季刊現代経済』59号. *222*

宮島洋, 1986,『租税論の展開と日本の税制』日本評論社. *195, 215, 223*

村松岐夫, 1988,『地方自治』東京大学出版会. *57*

吉川洋, 2001,『マクロ経済学』（第2版，現代経済学入門）岩波書店. *249*

[欧 文]

Aaron, H. J., and H. Galper, 1985, *Assessing Tax Reform,* Brookings Institution. *195*

Atkinson, B. A., 1973, "How Progressive Should Income Tax Be?," ed. by E. S. Phelpsed, *Economic Justice*, Penguin. *166*

―――, 1977, "Optimum Taxation and the Direct versus Indirect Tax Controversy," *Canadian Journal of Economics,* November. *127*

―――, 1987, "Income Maintenance and Social Insurance," in *Handbook of Public Economics,* ed. by A. J. Auerbach and M. S. Feldstein, Vol. 2. *115, 142*

―――, and J. E. Stiglitz, 1980, *Lectures on Public Economics*, McGraw-Hill. *161*

Arrow, K. J., 1963, *Social Choice and Individual Values*, John Wiley, 2nd ed. （長名寛明訳『社会的選択と個人的評価』日本経済新聞社，1977年）. *89*

Auerbach, A. J. and J. R. Hines Jr., 2002, "Taxation and Economic Efficiency," in *Handbook of Public Economics*, Vol.3, Elsevier Science. *166*

―――, and J. Slemrod, 1997, "The Economic Effects of the Tax Reform Act of 1986," *Journal of Economic Literature,* June *146, 154*

Barr, N., 1992, "Economic Theory and the Welfare State : A Survey and Interpritation," *Journal of Economic Literature*, June. *142*

Barro, R. J., 1974, "Are Government Bonds Net Wealth?" *Journal of Political Economy*, November-December. *246*

Bittker, B. I., 1967, "A Comprehensive Tax Base as a Goal of Income Tax Reform," *Harvard Law Review*, March. *198*

Black, D., 1958, *The Theory of Committees and Elections*, Cambridge University Press. *98*

Blinder, A. S. and R. M. Solow, 1974, "Analytical Foundations of Fiscal Policy," *The Economics of Public Finance*, Brookings Institution. *257, 259*

Boadway, R. W., 1979, *Public Sector Economics*, Winthrop Publishers. *133, 145, 150*

Bowen, H. R., 1948, "The Interpretation of Voting in the Allocation of Economic Resources," *Quarterly Journal of Economics*, February. *96*

Bowen, W. G., R. G. Davis and D. H. Kopf, 1960, "The Public Debt : Burden on Future Generation," *American Economic Review*, September (J. M. Furgason, ed., *Public Debt and Future Generations*, University of North Calolina Press, 1964 に再録). *241*

Bradford, D. F., 1980, "The Case for a Personal Consumption Tax," ed. by J. A. Pechman, *What Should Be Taxed : Income or Expenditure?*, Brookings Institution. *195*

―――, 1986, *Entangling the Income Tax*, Harvard University Press. *195*

Brennan, G. and J. M. Buchanan, 1980, *The Power to Tax,* Cambridge University Press (深沢実訳『公共選択の租税理論―課税権の制限―』文眞堂, 1984年). *187*

Buchanan, J. M., 1949, "The Pure Theory of Government Finance : A Suggested Approach," *Journal of Political Economy*, December. *65*

―――, 1958, *Public Principles of Public Debt*, Richard D. Irwin. *240*

―――, 1967, *Public Finance in Democratic Process*, University of North Carolina Press. (山之内光躬・日向寺純雄訳『財政理論』勁草書房, 1971年). *187*

―――, and G. Tullock, 1962, *The Calculus of Consent,* University of Michigan Press. (宇田川璋仁監訳『公共選択の理論―合意の経済理論―』東洋経済新報社, 1979年). *95, 105*

Canadian Royal Commission on Taxation, 1966, *Report,* Government Printer. (Hougton R.W. ed., *Public Finance*, Penguin Books, 1970 に一部収録). *189, 193, 206, 214*

Chronko, R-S., S. M. Fazzan and A. P. Meyer, 1999, "How Responsive Business Capital Formation to Its User Costs? An Exploration with Micro Data," *Journal of Public Economics*, Vol.74 October. *147*

Corlett, W. J. and D. C. Hague, 1953-1954, "Complementarity and the Excess Burden of Taxation," *Review of Economic Studies*, No. 1. *160*

Cragg, J. G., A. C. Harberger and P. M. Mieszkowski, 1967, "Empirical Evidence on the Incidence of the Corporate Income Tax," *Journal of Politi-*

cal Economy, December. *175*

Danzinger, S., R. Haveman and R. Plotnick, 1981, "How Income Transfer Effect Works, Savings and the Income Distribution : A Critical Review," *Journal of Economic Literature*, September. *141*

Dasgupta, A. K. and D. W. Pearce, 1972, *Cost-Benefit Analysis*, Macmillan. *122*

Downs, A., 1957, *An Economic Theory of Democracy*, Harper and Row. (古田精司監訳『民主主義の経済理論』成文堂, 1980年). *98*

Engen, Eric and J. Skinner, 1996, "Taxation and Economic Growth," *National Tax Journal* Vol.49 December. *141*

Feldstein, M. S., 1974, "Incidence of Capital Income Tax in a Growing Economy with Variable Saving Rates," *Review of Economic Studies*, Vol. 19, October. *186*

―――, 1977, "Social Insurance," *Income Distribution*, ed. by C. D. Cambell, American Enterprise Institute. *140*

Friedman, M., 1952, "The Welfare Effects of an Income and an Excise Tax," *Journal of Political Economy*, February. (*Essays in Positive Economics*, University of Chicago Press, 1953 に再録). *154*

―――, 1962, *Capitalism and Freedom,* University of Chicago Press. (熊谷尚夫・西山千明・白井孝昌訳『資本主義と自由』好学社, 1975年). *6, 14*

―――, 1968, "The Role of Monetary Policies," *American Economic Review*, March. (新飯田宏訳『インフレーションと金融政策』, 日本経済新聞社, 1972年). *262*

Fry, B. S., 1978, *Modern Political Economy*, Martin Robertson. (加藤寛監訳『新しい経済政策―「公共選択」と政策決定―』ダイヤモンド社, 1980年). *94*

Goode, R., 1951, *The Corporation Income Tax*, John Wiley. *174*

―――, 1976, *The Individual Income Tax*, Brookings Institution, 2nd ed. *190, 195, 197, 201, 207*

―――, 1977, "The Economic Definition of Income," ed. by J. A. Pechman, *Comprehensive Income Taxation*, Brookings Institution. *200*

―――, 1980, "The Superiority of the Income Tax," ed. by J. A. Pechman, *What Should Be Taxed : Income or Expenditure?*, Brookings Institution. *195*

Graetz, M. J., 1997, *The Decline and Fall of the Income Tax*, W.W. Norton. *230*

Gramlich, E. M., 1981, *Benefit-Cost Analysis of Government Programs*, Prentice-Hall. *122*

―――, 1990, "U. S. Federal Budget Deficits and Gramm-Rudman-Hollings,"

American Economic Review, May. *42*
Hall, Robert E., 1995, *The Flat Tax*, Hoover Institution, 2nd ed. *232*
Harberger, A. C., 1962, "The Incidence of the Corporate Income Tax," *Journal of Political Economy*, June. (*Taxation and Welfare*, Little Brown and Co., 1974, の第6章として再録). *179, 184*
―――, 1966, "Efficiency Effects of Taxes on Income from Capital," *Effects of Corporate Income Tax*, ed. by M. Krzyzaniak, Wayne State University Press. *160*
―――, 1968, "Corporate Income Taxes," *International Encyclopedia of the Social Sciences*, Vol. 15. *160*
Hatta, T. (八田達夫), 1986, "Welfare Effects of Changing Commodity Tax Toward Uniformity," *Journal of Public Economics*, February. *165*
Hausman, J. A., 1985, "Taxes and Labor Supply," *Handbook of Public Economics*, ed. by A. J. Auerbach and M. Feldstein, Vol.I, North-Holland. *141*
Hayashi, F. (林文夫), 1985, "Taxes and Corporate Investment in Japanese Manufacturing," *National Bureau of Economic Research Working Paper*, No.1753. *151*
Hayek, F., 1960, *The Constitution of Liberty*, University of Chicago Press. (気賀健三・古賀勝次郎訳『自由の条件』I～III, 春秋社, 1986～87年). *6*
Hicks, J. R., 1946, *Value and Capital*, Clarendon Press, 2nd ed. (安井琢磨・熊谷尚夫訳『価値と資本』岩波書店, 1951年). *154, 194*
Hurd, Michael, 1990, "Research on the Elderly:Economic Status, Retirement and Consumption and Saving," *Journal of Economic Literature* Vol.28 June *115*
Ihori, Toshihiro, 1996, *Public Finance in an Overlapping Generations Economy*, Macmillan. *245*
Institute of Fiscal Studies, 1978, *The Structure and Reform of Direct Taxation*, George Allen & Unwin. *192, 194, 215*
Johansen, L., 1977, "The Theory of Public Goods : Misplaced Emphasis," *Journal of Public Economics*, February. *75*
Jorgenson, D. W., 1967, "The Theory of Investment Behavior," ed. by R. Ferber, *Determinants of Investment Behavior*, National Bureau of Economic Research. *150*
―――, 1971, "Econometric Studies of Investment Behavior : A Survey," *Journal of Economic Literature*, December. *151*
Kaizuka, K., 1990, "The Process of Tax Reform in Japan," Discussion Paper of Faculty of Economics, University of Tokyo, 90-F-13, April. *54*
―――, 1992, "The Shoup Tax System and the Postwar Development of the

Japanese Economy," *American Economic Review*, May. *223*

―――, 1994, "The Tax System and Economic Development in Japan," ed. by R. A. Musgrave and others, *Taxation and Economic Development among Pacific Asian Countries*, Westview Press. *130*

Kaldor, N., 1955, *An Expenditure Tax*, Allen & Unwin. *196*

Kay, J. A., 1990, "Tax Policy : A Survey," *Economic Journal*, March. *166*

King, D. N., 1984, *Fiscal Tiers : The Economics of Multi-Level Government*, George Allen & Unwin. *83*

Krugman, Paul R., 1998, "It's a Baack : Japan's Slump and the Return of the Liquidity Trap," *Brookings Papers on Economic Activity*, No.2. *276*

Krzyzaniak, M. and R. A. Musgrave, 1963, *The Shifting of the Corporation Income Tax*, Johns Hopkins University Press. *175*

Lerner, A. P., 1948, "The Burden of National Debt," *Income, Employment and the Public Policy : Essays in Hornor of Alvin H. Hansen*, W. W. Norton. (J. M. Furgason ed., *Public Debt and Future Generations*, University of North Calolina Press, 1964 に再録). *240*

Lindahl, E., 1919, *Die Gerechtigkeit der Besteuerung*, Lund. *80*

Little, I. M. D., 1951, "Direct versus Indirect Taxes," *Economic Journal*, September. (*Readings in the Economics of Taxation*, ed. by Richard D. Irwin, 1959 に再録). *157*

Mankiw, N. Gregory, 1997, *Macroeconomics*, 3rd ed., Worth. *249*

Mazzola, U., 1890, *I dati scientifici della finanza publica*, Rome. (Musgrave, R. A. and A. T. Peacock, ed., *Classics in the Theory of Public Finance*, Macmillan, 1958 に再録). *66*

McLure, C. E., Jr., 1975, "Integration of the Personal and Corporate Income Taxes : The Missing Element in Recent Tax Reform Proposals," *Harvard Law Review*, January. *209*

―――, 1979, *Must Corporate Income Be Taxed Twice?*, Brookings Institution. *209*

―――, and W. R. Thirsk, 1975, "A Simplified Exposition of the Harberger Model I : Tax Incidence," *National Tax Journal*, March. *181*

McLean, I., 1987, *Public Choice—An Introduction*, Basil Blackwell. *94*

Meltzer, A. H. and S. F. Richard, 1981, "Rational Theory of the Size of Government," *Journal of Political Economy*, October. *104*

Messere, Ken, ed., 1998, *The Tax System in Industrialized Countries*, Oxford University Press. *127*

Mieszkowski, P. M., 1967, "On the Theory of Tax Incidence," *Journal of Political Economy*, June. *179*

Miller, M. H., 1977, "Debt and Taxes," *Journal of Finance*, May. *147*

Mirrlees, J. A., 1971, "An Exploration in the Theory of Optimum Income Taxation," *Review of Economic Studies*, April. *166*
Modigliani, F., 1961, "Long-run Implications of Alternative Fiscal Policies and the Burden of the National 'Debt'," *Economic Journal*, December 1961. (J. M. Furgason, ed., *Public Debt and Future Generations*, University of North Calolina Press, 1964 に再録). *241*
Moffit, R. A., 1983, "An Economic Model of Welfare Stigma," *American Economic Review*, December. *141*
Mueller, D. C., 1989, *Public Choice-II*, Cambridge University Press. *94*
Musgrave, R. A., 1957, "Reviews of Kaldor's The Expenditure Tax," *American Economic Review*, March. *196*
―――, 1959, *The Theory of Public Finance*, McGraw-Hill. (木下和夫監訳『財政理論』有斐閣, 1962年). *11, 65, 77, 170*
―――, and P. B. Musgrave, 1984, *Public Finance in Theory and Practice*, 4th ed., McGraw-Hill. *170, 173*
―――, 1985, "A Brief History of Fiscal Doctrine," in *Handbook of Public Economics*, ed. by A. J. Auerbach and M. Feldstein, Vol. I. *65*
Niskanen, W. A., 1971, *Bureaucracy and Representative Government*, Aldine. *100, 106*
Nozick, R., 1974, *Anarcy, State and Utopia*, Basic Books. *7, 14*
Oakland, W. H., 1987, "Theory of Public Goods", in *Handbook of Public Economics*, ed. by A. J. Auerbach and M. Feldstein, Vol. II. *77*
Pechman, J. A., 1987, *Federal Tax Policy*, 5th ed., Brookings Institution. *201*
Pigou, A. C., 1947, *A Study in Public Finance*, Macmillan, 3rd edition. *67, 190*
Ramsey, F. P., 1927, "A Contribution to the Theory of Taxation," *Economic Journal*, March. *161*
Rawls, J., 1971, *A Theory of Justice*, Oxford University Press. *14*
Ritschl, H., 1931, *Gemeinwirtschaft und Kapitalistische Marktwirtschaft*, Tübingen : Mohr. *68*
Rolph, E. R. and G. F. Break, 1949, "The Welfare Aspects of Excise Taxes," *Journal of Political Economy*, February. (*Readings in the Economics of Taxation*, ed. by Richard D. Irwin, 1959 に再録). *154*
Rosen, H. S., 2002, *Public Finance*, 6th ed., Richard D. Irwin. *127, 170, 247*
Rubinfeld, D., 1987, "The Economics of the Local Public Sector," in *Handbook of Public Economics*, ed. by A. J. Auerbach and M. Feldstein, Vol. II, North-Holland. *83*
Samuelson, P. A., 1954, "The Pure Theory of Public Expenditure, *Review of Economics and Statistics*, November. *71*

―――, 1955, "Diagrammatic Exposition of a Theory of Public Expenditure," *Review of Economics and Statistics*, November. *71*

Sandford, C., 1973, *The Hidden Cost of Taxation*, London, The Institute of Fiscal Studies. *218*

Sandmo, A., 1974, "Investment Incentives and the Corporate Income Tax," *Journal of Political Economy*, March-April. *148*

―――, 1976, "Optimal Taxation : An Introduction to the Literature," *Journal of Public Economics*, July-August. *164*

Seade, J. K., 1977, "The Shape of Optimal Tax Schedule," *Journal of Public Economics*, Vol. 7. *166*

Seidman, L. S., 1997, *The USA Tax*, MIT Press. *233*

Sheffrin, S. M., 1983, *Rational Expectation*, Cambridge University Press. *264*

Shoup, C. S., 1955, "Theory and Background of the Value-Added Tax," *Proceedings of the National Tax Association*, October. *177*

―――, 1969, *Public Finance*, Aldine. (塩崎潤監訳『財政学』有斐閣, 1973 年). *173, 177, 183*

Shoven, J. B. and Whally, J., 1972, "A General Equilibrium Calculation of the Effects of Differential Taxation of Income from Capital in the U. S.," *Journal of Public Economics*, November. *186*

Simons, H. C., 1938, *Personal Income Taxation*, University of Chicago Press. *190, 197, 202*

Skinner, J. and J. Slemrod, 1984, "An Economic Perspective on Tax Evasion," *National Tax Journal*, September. *220*

Slemrod, J., 1990, "Optimal Taxation and Optimal Tax Systems," *Journal of Economic Perspectives*, Winter. *166, 217*

―――, 1996, "Which is the Simplest Tax System of Them All ?," in *Economic Effects of Fundamental Tax Reforms*, ed. by H. J. Aaron and W. G. Gale, Brookings Institution. *219*

―――, and J. Bakija, 2000, *Taxing Ourselves*, 2nd ed., MIT Press. *222, 232, 233*

Smith, A., 1776, *An Inquiry into the Nature and Causes of the Wealth of Nations*, ed. by E. Cannan, 1904, Book V. (大内兵衛・松川七郎訳『諸国民の富』岩波書店, 1969 年). *65*

Stern, N. H., 1976, "On the Specification of Models of Optimum Income Taxation," *Journal of Public Economics*, July-August. *166*

―――, 1987, "The Theory of Optimum Commodity and Income Taxation for Developing Countries," in *The Theory of Taxation for Developing Countries* ed. by P. Newberry and N. Stern, Oxford University Press. *166*

Steuerle, C. E., 1985, *Taxes Loans, and Inflation*, Brookings Institution. *221*

Stiglitz, J. E., 1976, "The Corporation Tax," *Journal of Public Economics*, April-May. *210*

―――, 1985, "The General Theory of Tax Avoidance," *National Tax Journal*, September. *220*

―――, 1988, *Economics of the Public Sector*, 2nd ed. W. W. Norton. *220*

Stone, L. M., 1969, "A Comprehensive Income Tax Base for the U. S.？：Implications of the Report of the Royal Commission on Taxation," *National Tax Journal*, March. *198*

Surrey, S. S., 1973, *Pathway to Tax Reform*, Harvard University Press. *200*

―――, 1975, "Reflections on 'Integration' of Corporate and Individual Income Tax," *National Tax Journal*, September. *208*

Taylor, John B., 2000, "Reassesing Discretionary Fiscal Policy," *Journal of Economic Perspective*, Summer. *270*

Tiebout, C. M., 1956, A Pure Theory of Local Expenditure, *Journal of Political Economy*, October. *83*

U. S. Department of Treasury, 1977, *Blueprints for Basic Tax Reform*, U. S. Government Printing Office. *192, 194*

―――, 1984, *Tax Reform for Fairness, Simplicity and Economic Growth*, November. *188*

Wagner, A., 1883, *Finanzwissenschaft*, C. F. Winter, 3te Aufl., Bd. 1. *68*

Walker, D., 1955, "The Direct-Indirect Tax Problem：Fifteen Years of Controversy," *Public Finance*, Vol. 10. (R. W. Houghton ed., *Public Finance*, Penguin Books, 1970 に再録). *154, 160*

Wicksell, K., 1896, "Ein neues Prinzip der gerechten Besteuerung," *Finanztheoretische Untersuchungen*, Jena. *91*

Wildavsky, A., 1984, *The Politics of Budgetary Process*, 4th ed., Little Brown. *106*

―――, 1986, *Budgeting―A Comparative Theory of Budgetary Processes*, 2nd ed. Transaction. *43*

Williamson, O. E., 1975, *Markets and Hierarchies : Analysis and Antitrust Implications*, Free Press. *3*

索引

ア 行

IS-LM 曲線　　253, 254, 262, 264, 269
青色申告制度　　224
赤字公債(特例公債)・赤字国債　　34, 50, 239
足による投票　　83, 85
アダム・スミス　　6, 65
アロー　　88-90
　　——の不可能性定理　　88, 89
安定政策　　266, 267, 269
一般会計　　37
　　——予算　　42
　　——予算主要経費別分類　　27
一般均衡分析　　133, 176
一般消費税　　142, 179-183
一般税(general tax)　　178
一般政府の経常収入　　29
医療保険　　111
ヴィクセル　　63, 66, 67, 91, 94, 170
ウィルダウスキー　　106
宇沢弘文　　12
売上税(sales tax)　　142, 176-179, 183
エッジワース　　65, 67, 189
大きな政府　　18, 101

カ 行

会計年度独立の原則　　41
介護保険　　113
陰の価格(shadow price)　　74
価値財(merit goods)　　11
貨幣数量説　　17, 275
　　——支持者(マネタリスト)　　261
借換債　　34, 50

カルダー　　191, 196
簡易生命保険・郵便年金特別会計　　39
環境税　　209
間接税　　127, 153, 156, 157, 160, 229
簡素な税制　　207, 217
官僚機構の役割　　106
議会制民主主義　　98, 99
機会費用　　74, 240
企業年金　　113
基準財政需要　　60
帰属家賃(imputed rent)　　203
帰着(incidence)　　167-171
　　——分析　　176, 179, 183
機能的財政論　　240
共済組合保険　　112
均衡予算帰着(balanced-budget incidence)　　171
均衡予算原則(balanced-budget principle)　　17, 49
金融政策　　242, 254-257, 261, 263, 269, 277
　　——の有効性　　276
　　——のルール　　270
クラウディング・アウト　　243, 256
繰越明許費　　41
クリザニヤーク　　175
クルーグマン　　276
クロヨン　　201, 205, 219, 222, 224
経済力の指標　　189, 191, 194
経費の算定　　204
ケインズ経済学　　275
決算　　46
結託　　105
健康保険　　112

292　　　　　　　　　索　引

減債基金制度　51
建設公債(4条公債)・建設国債　34, 50
建設公債主義　241
源泉徴収制度　218
憲法第86条　41
公共経済学(public economics)　2
公共財　78, 79
　——の定義　75
公共事業関係費の分野別配分　120
公共選択(public choice)の理論　63, 87, 94
公共投資　273, 275
公共部門(政府)
　——の政策的介入　7
　——の存在理由　5
　——の比重　21, 22, 102
　——の役割　8
　　安定化機能　15, 17
　　資源配分上の機能　8
　　所得再分配機能　13, 15
公債　34, 50
恒常所得(permanent income)　194
厚生年金　114
公的企業　39
公的金融(政府金融)　39, 55
公的年金　113, 115
公平の原則　211
後方転嫁　173, 211
公募競争入札　51, 265
合理的期待形成論　263, 264
　——者　261
国債管理政策(debt management policy)　263-267
国債の市中消化　256
国債の種類　50
国債の中央銀行引受け　256
国債引受け団　265
国税　27, 33
　——収入の構成　32

国民医療費　109, 113
国民健康保険　112
個人的価値(individual values)　68
個人年金　113
国庫債務負担行為　43
コップフ　241
固定資産税　84
個別消費税　154, 156, 159, 161, 168, 172, 173, 175
　——の超過負担　162, 164
コーレット　159
混合経済(mixed economy)　2
混雑(congestion)　76, 85

サ　行

歳出抑制のためのシーリング(上限枠)　43
歳出予算(appropriation)　42
歳出予算法　42
財政赤字　265
財政委員会　54
財政金融政策　255, 262
財政計画　47
財政錯覚　105
財政政策　249, 256
　——の有効性　276
財政制度　37
財政投融資　54-57
　——改革　55
　——計画　54, 55
財政の中期展望　49
財政法
　——第4条　50
　——第5条　50
　——第12条　40
財政力指数　60
最適意思決定のルール　94
最適課税　161
最適間接税　161, 164, 165

索　引

歳入委員会　54
サイモンズ　190, 197, 202
裁量にもとづく政策　16
サプライ・サイダー　115
差別的帰着(differential incidence)　170, 172
サムエルソン　63, 71, 75, 76
サリー　200, 208
資金運用部　55, 56
　——特別会計　39
資産効果　257, 258
資産所得　138
資産税(wealth tax)　191
支出税(expenditure tax)　142, 191, 231, 232
市場経済(market economy)　2
市場の失敗(market failure)　2, 7, 74, 78
次善(second best)　159, 161
シ団引受け方式　51
市中消化の原則　50
市町村税　132
実効税率　206
私的財(private goods)　102
自動安定化要因　272
自発的均衡　80
支払い能力(ability to pay)　188, 189
資本利得　198, 203
シャウプ　177, 183
　——勧告　223, 224
社会的価値(social values)　68
社会的選択(social choice)の理論　87, 88
社会的割引率(social discount rate)　123
社会保障　109, 113
　——移転　22
　——給付　138, 198, 203
　——基金　39

従価税(ad valorem tax)　161
従量税(unit tax)　161
シュムペーター　64
準公共財(quasi-public goods)　102
純粋公共財　76
生涯消費　142, 243, 244
乗数効果　252
消費課税　142
　——中心の租税体系　227
消費税(consumption tax)　128, 142, 215
情報の非対称性　111
所得控除　205
所得再分配機能　13
所得税　128, 133, 156, 159, 176-178, 197
　——中心の租税体系　227
　——への信認低下　230
所得の移転　22
ジョルゲンソン　150, 151
人口の高齢化　110
人頭税(poll tax)　153
政策評価　122
税制改革　223, 226
税制改正大綱　44
税制調査会　52
政府活動　1, 4, 21
政府関係機関予算　42
政府規模の拡大　101
政府金融機関　55
政府支出の目的別分類　9
政府の一般原則(general rule of law)　7
政府の比重　104
税務行政コスト　217, 219
税率　206, 207
節税(avoidance)　219
　——の機会　224
前方転嫁　172, 173, 175, 210
戦略的な行動　92

早期退職　115
総需要曲線（AD曲線）　271
相続税（贈与税）　204
租税回避（tax avoidance）　219
租税過程　52, 53
租税裁定（tax arbitrage）　221
租税支出（tax expenditure）　200
租税システム　52
租税収入の構成　30, 32
租税神学（tax theology）　208
租税特別措置　200, 221, 224
租税負担の
　　垂直的な公平（vertical equity）　13,
　　　15, 189, 206, 209
　　垂直的な不公平　221
　　水平的な公平（horizontal equity）　13,
　　　189, 206, 209
　　水平的な不公平　221
租税負担率　23
租税法定主義　52

タ 行

大衆課税（mass tax）　32
ダウンズ　98
高橋是清　257
多数決原理（majority rule）　96
只乗り（free rider）　75, 80
脱税（tax evasion）　219, 220
単一国家　57, 58
短期国債　266, 267
単独事業　120
単年度主義　41
単年度予算　47
単峰型の選好　90, 99
　　――でない選好・結託　93
地域的公共財（local public goods）　76
　　83-85
地方交付税　26, 59
地方自治　68

地方税　27, 31, 132
地方政府　24-26, 83
地方分権　57, 58
中位投票者（median voter）　98, 99,
　　104, 105
中央政府　24
中立性の原則　192
超過負担（excess burden）　153, 156,
　　159-161
長期国債　34, 266
帳簿方式　54
直接税　127, 153, 156, 157, 160, 229
直接民主主義　99
積立方式　115
定額税（lump-sum tax）　135, 136, 153
定額年金　114
ティブー　83, 85
テイラー　270
デュー　175
転嫁（shifting）　127, 167-169, 171, 175,
　　210, 240-244
伝票方式　54
ドイツ流財政学　65
投票
　　――者の選好　103
　　――の交換（votes trading）　93
　　――のパラドックス（paradox of voting）
　　　89-91
道府県税　132
特定の税目の帰着（specific tax incidence）
　　170
特別会計　38, 42
　　――予算　42
トービンの q 理論　151

ナ 行

内部組織の経済学　3
二重課税　212-213
ニスカネン　106

索　引　　　　　　　　　　　　　　295

日銀引受け　256, 257
納税協力費用　217-219
能力説　63, 65, 67, 187, 188

　　ハ　行

ハイエク　6
排除原則　75, 76, 87
ハーヴェイ・ロードの前提　104
ハーバーガー　160, 171, 179, 184
　──・モデル　181
ハール　232
パレート最適　73, 74, 77, 79, 82, 91
バローネ　66
バローの中立命題　246, 264
ハンセン　269
パンタレオーニ　66
ピグー　65, 67, 190, 191, 257
ピグー効果　257
非市場型経済（non-market economy）　2
ヒックス　154, 254, 269
費用・便益分析（cost-benefit analysis）　121
ビルト・イン・スタビライザー（built-in-stabilizer）　16, 17
比例所得税　135-137
フィスカル・ポリシー（fiscal policy）　16, 17, 249, 252, 253, 256, 269
　──の効果　259, 260, 264
フィッシャー　192
フィリップス曲線　259-262
フェルドスタイン　139, 186, 191, 199
付加価値税　32, 171, 179
賦課方式　115
ブキャナン　63, 65, 87, 94, 96, 104, 187, 240
ブキャナン＝ワグナーの仮説　105
福祉国家（welfare state）　23, 141
負の所得税（negative income tax）　206
部分均衡分析　133, 154, 171

ブラック　96
フラット・タックス　232
フリードマン　6, 7, 14, 78, 154, 155, 194, 270, 275
ブレーク　154
分類所得税　194
ヘイグ　159
ペックマン　200
包括的所得　202
　──税　220, 224
報酬比例年金　114
法人実在説　208
法人税　128, 146-148, 150, 160, 171, 174, 175, 183-186, 208-210
ボーエン　90, 96, 99, 239
補助金（国庫支出金）　26, 59
補助事業　120

　　マ　行

マーク・アップ原理　174
マクリュアー　209
マーシャル　191
マスグレイヴ　11, 63, 65, 77, 170, 171, 175
マツォーラ　66, 71
マネタリスト　261, 263, 270
マーリース　166
マル優　224
ミエツコウスキー　171, 179
ミード報告　192, 194
みなし法人課税　224
ミル，J. S.　65, 67, 189, 192
民営化　81
無制限の貯蓄控除　234
目的税　128
モジリアーニ　241, 242, 244

　　ヤ　行

郵政事業特別会計　39

郵便貯金　55
　——特別会計　39
USA税　233
予算(budget)　28, 37, 40
　——過程(budgetary process)　43
　——書(budget)　42
　——における増分主義　106
　——の構造　42
　——の執行　46
　——編成　43, 44
　——編成権　42
予算制約式　245, 246
予備費　46

　ラ　行

ラーナー　240

ラムゼー　161, 164
　——のルール　165
利益説　63, 65, 66, 70, 73, 187
リカードの等価定理　244, 246
リッチュル　68
リトル　157
流動性の罠　276
リンダール　65-67
　——均衡　79, 80, 91
累進所得税　136, 137
連邦国家　57, 58
ロルフ　154

　ワ　行

ワグナー　68, 101, 104

著者略歴

1934 年　京都市に生れる
1956 年　東京大学経済学部卒業，同大学大学院社会
　　　　科学研究科修了
　　　　東京大学経済学部教授（経済学博士），
　　　　中央大学法学部教授を経て，
現　在　京都産業大学客員教授

主要著書　「財政支出の経済分析」（創文社）
　　　　「日本の財政金融」（有斐閣）
　　　　「日本の財政システム」（共編，東京大
　　　　学出版会）
　　　　「変革期の金融システム」（共編，東京
　　　　大学出版会）
　　　　「分権化時代の地方財政」（共編，中央
　　　　経済社）

財政学［第 3 版］

　　　　1988 年 2 月 25 日　　初　版　第 1 刷
　　　　1996 年 2 月 15 日　　第 2 版　第 1 刷
　　　　2003 年 3 月 20 日　　第 3 版　第 1 刷
　　　　2009 年 3 月 6 日　　 第 3 版　第 3 刷

　　　　　　　［検印廃止］

　　著　者　　貝塚　啓明
　　　　　　　（かいづか　けいめい）
　　発行所　　財団法人　東京大学出版会
　　代表者　　岡本和夫
　　　　　　　113-8654　東京都文京区本郷 7 東大構内
　　　　　　　電話 03-3811-8814・振替 00160-6-59964
　　印刷所　　株式会社ヒライ
　　製本所　　株式会社島崎製本

© 2003 Keimei Kaizuka
ISBN978-4-13-042116-4　Printed in Japan

Ⓡ〈日本複写権センター委託出版物〉
本書の全部または一部を無断で複写複製（コピー）することは，著作権法上での例外を除き，禁じられています．本書からの複写を希望される場合は，日本複写権センター（03-3401-2382）にご連絡ください．

貝塚啓明 金本良嗣 編	日本の財政システム　制度設計の構想	A5判・3500円
林　健久	財政学講義［第3版］	A5判・2600円
井堀利宏 編	公共部門の業績評価	A5判・3800円
野口悠紀雄 編	公共政策の新たな展開	A5判・4800円
館　龍一郎	日本の経済	A5判・2400円
中村隆英	日本経済　その成長と構造［第3版］	A5判・3500円
貝塚啓明 植田和男 編	変革期の金融システム	A5判・3500円

ここに表示された価格は本体価格です．ご購入の
際には消費税が加算されますので御了承下さい．